大東亜共栄圏のクールジャパン

「協働」する文化工作

大塚英志
Otsuka Eiji

a pilot of wisdom

図版作成／ＭＯＴＨＥＲ

目次

本文の引用文は原則として、旧字体を新字体に改め、旧仮名遣いはそのままとした。
また、読みやすさを考慮して句読点なども適宜改めた。

序章　協働する「文化工作」

本書は戦時下、いわゆる大東亜共栄圏に向けてなされた宣伝工作、いわゆる「文化工作」の具体的な姿を追うものである。特に宣伝工作の中でもまんが・アニメ・映画といった大衆文化における事例を軸に紹介するため「文化工作」の語を中心的に用いることにする。

その際、重要なのは、戦時下このような「文化工作」において個別の表現は「作品」ではなく「宣伝」のツールであるということだ。外見は独立したまんがやアニメであっても、大東亜共栄圏の理念なり正当性を主張するプロパガンダを実装する広告であり、それが標語やポスターでなく娯楽作品の形をとったに過ぎない。その点でいえば、アニメやまんがといったおたく文化の海外への発信力に乗せて「日本」をアピールしようとする、ゼロ年代以降から続くクールジャパン政策のさもしい思惑と重なる。クールジャパン政策とは、まんがなどの表現を工作のツールに貶《おとし》める点で昔も今も変わらない。

さて、その戦時下の「文化工作」の最大の特徴は三つある。

一つめは多メディア展開である。それをメディアミックスと形容することも可能だが、文化工作は作品やメディア単体でなく、新聞、雑誌、ラジオ、ポスターといったメディア様式、映画、まんが、アニメ、演劇など、その時点で存在した多様な表現領域を超えて同時多発的に行われるということが特徴的だ。だからこそ、もう一度念を押すが、それらが現在のメディアミックスと違うのは、一つ一つが「作品」でなく「プロパガンダ」を伝達することが目的のツールである点だ。

二つめは、そのプロパガンダには「内地」に向けたものと、「外地」あるいは領地や国際社会に向けたものの二種類があり、それぞれ語られ方が異なるということだ。地域ごとの統治政策や政治的、社会的背景に応じてローカライズされることもしばしばある。

三つめは官民、そして何よりプロとアマチュア(戦時下は「素人」と呼ばれた)の垣根を越えた共同作業であることだ。この官民を軍や翼賛会が主導し、アマチュアが能動的に文化工作に参加する。このような創造的行為における共同作業を翼賛体制用語で「協働」と呼ぶ。大政翼賛会が「上意下達」でなく「下意上達」をするように、戦時下のファシズムはこのような「参加型」の文化創造運動としての側面がある。この「協働」は「協同」とも記すが、その出自は大政翼賛会を主導した近衛《このえ》文麿《ふみまろ》のシンクタンクである昭和会の提唱した協同主義にある。

　実践の根本的規定は、ものを作るといふことである。それが如何なるものであれ、政治上の制度の如きものであれ、経済生活の物資の如きものであれ、更に文化財の如きものであれ、ものを作るといふことが実践の本来の意味である。（昭和研究会編『新日本の思想原理・協同主義の哲学的基礎・協同主義の経済倫理』生活社、一九四一年）

このような文化を含む翼賛体制構築のための実践の基本原理が「協働」なのである。その意味で「協働」は翼賛体制の本質を示す語でもあるといえる。この「協働」は多メディア間の連動、すなわちメディアミックスを連想させると同時に、共栄圏構築における「協和」が目的である。戦時下の「文化工作」は「協働」という語に収斂《しゅうれん》されるにふさわしい。

と記すと本書はあたかも文化の「協働」的なあり方を賛美するかのように聞こえるかもしれないが、無論そうではない。ゼロ年代以降、「協働」の語は一方ではニコニコ動画を始めとするオンライン産業内部で、他方ではクールジャパンの文脈で礼賛される同人誌文化などを形容する官僚用語として、実は広汎に使われてきた。その戦時用語のさり気ない現在における復興に、当然だがぼくは危惧を覚える。それゆえに「文化工作」と「協働」とを対にして、戦時下の対外プロパガンダをめぐる本書の副題に冠することで、その復興に見え隠れする政治性に注意を喚起したいと考える。

それが本書の書名『大東亜共栄圏のクールジャパン――「協働」する文化工作』の由来でもある。

【図1】 ニコニコ共栄圏アイコン （齋藤總務長官「笑へ笑へ」『台湾日日新報』昭和十七年九月七日）

ところでこのような戦時下の対外的な文化工作を特徴的に示す語として、もう一つ、書名には採用しなかったが「ニコニコ共栄圏」なる奇怪な語がある。まるでドワンゴのニコニコ動画がそのイベントなどで不用意に用いそうな造語のようにも思えるが、歴とした戦時下用語である。

戦時下、「ニコニコ共栄圏」の語は「内地」でなく「外地」であった台湾の新聞の見出しに見つけることができる（図1）。広く使われたものではないが、台湾での大政翼賛会に相当する皇民報国会が皇民化運動の一つとして一九四二年に行ったメディア横断型の宣伝活動「ニコニコ運動」に呼応したコラムの見出しに確認できる。
その「ニコニコ運動」の概要は報国会の文書にこうある。

長期戦を断乎戦ひ貫くためには銃後に於て明朗闊達各職域に精励することが絶対必要である。茲に於て本会は「笑つて翼賛台湾一家」をモツトーにニコニコ運動を提唱し九月一箇月を該《ママ》運動期間として十月以降も本運動の真精神を持続しニコニコを日常生活化せしむる様指導することとし皇民奉公会中央本部及各支部を中心に各官庁、新聞社、放送局、興業統制会社、全日本写真連盟台湾支部等の前面協力を得て全島民に協力に運動を展開した処、時局下「笑ひ」を要求せる様の関係もあり、期せずして大なる効果を収めることが出来た。

（皇国奉公会中央本部編「第二年目における皇民報告運動の実績」一九四三年）

大東亜共栄圏とはそもそも「家族」、すなわち「一家」を単位とし、それが数戸からなる「隣組」も「一家」と比喩される。そしてその上の行政単位の「町内」から「内地」までもが「一家」、そこに日本統治下の台湾や朝鮮も「一家」となり、八紘一宇《はっこういちう》という入れ子構造の「一家」を構成するというイメージである。引用した文書では「ニコニコ」する目的が「長期戦を断乎戦ひ貫くため」とあるが、その主眼は「台湾一家」を「笑ひ」を以て形成することにある。

台湾はいわゆる先住民族（現在は「原住民」と表記される）、清朝統治時代に移住した中国系移民、そして日本統治下における「内地」からの移住者からなる。実際には台湾「原・住民」は日本統治時代で七族に分類され、現在では台湾政府認定に限っても十六民族からなっているが、認定外の部数も多数存在する。それ自体が多様性をはらむものだ。

しかし満洲国において「五族協和」を掲げ、中国大陸だけでなく南方へとそれを拡大し、共栄圏全体を「一家」とする国策化において、台湾における「三族」の「協和」はそのモデルケースであった。そもそも先住民族と中国系住民との間には清朝から引き継いだ対立構造があり、差別と軍事衝突が繰り返された歴史がある。それを「ニコニコ」笑って解消しようという何とも勝手な運動だが、「『笑顔で翼賛、台湾一家』の標語を以て作製せる」（同前）大小のポスター三万枚が台湾中に貼り出され、「ラジオ放送、演劇、映画、壁新聞、千社札式貼札（いつもニコニコ親切、丁寧）その他胸部佩用マーク、紙芝居、スライド、漫画、写真展覧会、標語普及、講演、訓話等あらゆる方法に依り」（同前）あらゆる場・メディアに「ニコニコ」の文字が躍った。そうやって「ニコニコ」の文字が、本書第四章で述べる戦時下のメディアミックスの最大の特長であるユビキタス（遍在化）として演出された。しかもその「ニコニコ」は、最後はいわゆる高砂義勇兵として「死の直前にニッコリ笑って万歳を叫ぶ」ことにすり替わる。

その発言をしたのが当時の皇民報国会中央本部長・齋藤樹である。「台湾日日新報」紙上での「笑へ笑へ」という連続インタビューにおいてだった（図2）。このインタビューは〝三族〟、男女、さまざまな職域の人々の「ニコニコ」運動を紹介する「協和」記事で、総督府トップである総督長谷川譲も市井の人の一人に交じり登場するという演出である。「ニコニコ運動」が官民一体、そして先住民・中国系住民・内地からの移住者の「三族」の「協働」を意味することがわかるだろう。

しかし齋藤だけは、あからさまに先の本音を述べたのである。そして、その記事に「笑へ笑へ」のタイトルとは別に添えられたのが「ニコニコ共栄圏」のロゴなのである。

【図2】　ニコニコ運動記事。齋藤總務長官「笑へ笑へ」『台湾日日新報』（1942年9月9日）

この「ニコニコ」に限らず「朗らか」「愉快」、あるいはこの「ニコニコ運動」自体が内地の「笑話運動」に呼応するものだが、本書で扱う事例に限らず、戦時下の大衆文化では官製の「笑い」が強要される。ぼくは二〇二一年三月に刊行した『「暮し」のファシズム―戦争は「新しい生活様式」の顔をしてやってきた』（筑摩書房）で翼賛体制下、まるでコロナ下の自粛生活のように「日常」の更新や「生活」の新体制がプロパガンダされることを強調したが、「ニコニコ」や「朗らか」はそのような「日常」記述の作法の一つとして「銃後」のみならず戦地にさえ求められた。だから本書では踏み込まないが、映画においても喜劇映画が戦時下、隆盛もするのである。

そしてもう一つ、戦時下の文化工作の大きな特徴は「文化工作」そのものの公然化である。本書でも改めて扱う戦時下の文化工作ツール「翼賛一家」でも隣組や町内を扱うまんがの中に「防諜《ぼうちょう》」の語が頻出する。小説版「翼賛一家」でも一家がスパイを摘発するエピソードがあるし、「翼賛一家」も登場するアニメ、山本早苗《さなえ》作画・演出「スパイ撃滅」（三幸商会、一九四二年）は、どこかの町内に連合国からのスパイが潜入するところから物語が始まる（図3）。

このように諜報員や工作員が跋扈《ばっこ》する「日常」を翼賛体制はデザインしたといえる。翻って現在を見た時、一方ではオカルト雑誌の定番に近い陰謀論とそれに伴う「工作」がオ

【図3】 日常を跋扈する工作員たち。山本早苗「スパイ撃滅」（1942年）

ンライン上ではまことしやかに語られ、配偶者や父母が陰謀論にハマってしまったという冗談のような訴えを人生相談の類いで幾度となく側聞もした。北米のドラマ『Xファイル』もどきの影の政府による陰謀説を唱えるQアノンがトランプ政権下で一定の政治力を得てしまうという笑えぬ事態も起きているが、日本でも限定的な意味での「保守」系政治家や団体に真顔で陰謀論を唱える人々が相応にいる。

その一方でdappiやchoose life proiectなどのオンラインを通して、自民党も立憲民主党も文化工作として安易にネット上のプロパガンダを外注する。また政治には無縁のYouTuber格闘家シバターは、二〇二一年末の格闘技イベント「ＲＩＺＩＮ」でＳＮＳで試合の段取りを「工作」した上に、それを暴露し合う。このように今の日本でも文化工作の「案件」化、カジュアル化という事態が起きている。元首相が隣国との「歴史戦」を煽《あお》り、報道機関が呼応しＳＮＳ上の投稿へと拡大していくさまは文化工作の「協働」そのものである。

つまり、「文化工作」がどこにでもある日常が復興しているのだ。

ここまで読んで、お前は以前『大政翼賛会のメディアミックス――「翼賛一家」と参加するファシズム』（平凡社、二〇一八年）で「メディアミックス」の戦時下起源を語り、前述の『「暮し」のファシズム』ではコロナ禍の「日常」や「生活」が戦時下起源だと主張し、つい今し方「協働」の出自も昭和会といった口で、今度は「文化工作」の氾濫《はんらん》も戦時下と同じだと匂わせる。つまりは、無闇に何でも戦時下にこじつけているだけではないかと憤る読者諸氏もおられるだろう。しかし、全てが戦時下に連なるというのはある意味では正しい。ぼくは戦後から現在に至る生活や政治や文化のあり方が戦時下を基調としていて、その表層をお色直し、コーティングしてきた戦後民主主義が衰退して剝離することで、戦時下の様相が復興したと考える。そして、そもそも戦時下に設計されたそれらの文化創造や政治参加のあり方は良くも悪くも（私見ではより悪く）SNSやオンラインと整合性が高いとも考えられるのだ。

だから本書もまた、ぼくは戦時下の「協働する文化工作」をめぐる諸相を「現在」への極めてベタな批評として語ることにする。その際、歴史を記述する作法として「文化工作」や「歴史戦」がカジュアル化した世相に冷静な距離をとる意味で極力、一次資料を参照したことは付記しておきたい。

そしてぼくがまんがを表現を中心にアニメや映画など、メディア産業における「文化工作」について語るのは、それは自分が今もその現場の片隅で作者として生きるからに他ならない。一体、自分の立ち位置や来歴を批判的に疑う以外に私たちは歴史を学ぶ意味があるのか。

それでは始めよう。

第一章　「外地」の「翼賛一家」
——戦時下華北地方・日本統治朝鮮の事例を中心に

一　共栄圏に発信されるキャラクター

「大東亜共栄圏のクールジャパン」をめぐる最初の「文化工作」の事例として「翼賛一家」における「協働」を改めて扱う（図1）。

翼賛一家・大和家の家族

【図1】「翼賛一家」大和家キャラクター（「写真週報」内閣情報部、1941年1月1日号）

改めて、というのはその国内での展開と台湾での事例のみ以前、本にまとめたことがあるからだ（『大政翼賛会のメディアミックス』）。「翼賛一家」は今でいうメディアミックスのプロジェクトだが、ヒットした原作があって二次的にアニメやラジオなどの多メディア展開がなされたのではない。あらかじめ多メディア展開用にキャラクターや設定が用意され、「版権」として管理されて、複数の創り手によって複数のメディアに同時多発的に展開していく点で原作先行型とは異なるが、むしろ現在のメディアミックスはこの形に近い。トランスメディアストーリーテリング、といういい方もある。

ただし現在と違うのは、その「版権」がコンテンツ企業ではなく大政翼賛会という政治組織に帰属していた点である。それゆえにメディアミックスの目的は多メディア展開による相乗効果で収益を上げることではない。

翼賛体制、あるいはこれを推進した第二次近衛文麿内閣に由来する近衛新体制と呼ばれる政治体制の宣伝、特にその政策の日常生活への浸透が目的であった。そしてその対象は「序」で触れたように「内地」に留《とど》まらず「大東亜共栄圏」として拡大していく「外地」にあった。その点で「翼賛一家」は「内地」から「共栄圏」に発信されるプロパガンダ用キャラクターとして目論《もくろ》まれたのである。

二 「翼賛一家」とはどのような国家宣伝企画だったのか

まず、基礎知識として「翼賛一家」とはどのようなプロジェクトであったのかをおさらいしておく。

いわゆる翼賛体制が発足したのは、一九四〇年十月十二日の大政翼賛会の発足を一つの指標とし得るが、それは同時に「新体制」と呼ばれる、政治経済のみならず、文化や生活、日常そのものの更新を迫る国策下の「新しい日常」の始まりであった（『「暮し」のファシズム』）。その日常の更新という国策を啓蒙《けいもう》、推進するインフラの一つとして期待されたのが大衆文化であった。中でも映画、まんが、歌謡などのメディア表現や、大衆表現に見えながら実際には、左翼運動の周辺で再編されていた演劇、紙芝居、人形劇といった新興の表現の政治利用がその中核であった。マージナルな表現がその来歴にかかわらず、動員されやすかった事情は今と変わらず、まんがやアニメなど、いわゆるオタク文化が承認欲求ゆえに政治権力に積極的に利用される現在を想起させもする。

中でも演劇については、大政翼賛会の文化政策は文化部長が岸田國士《くにお》だったこともあり、大正期、そして昭和初頭の左翼系の演劇の理念であった「公共演劇」「素人演劇」の考え方、つまり、大衆自らが創り手となり、同時に享受する参加型の運動論がそのまま翼賛体制にスライドした感がある。「公共演劇」は近衛新体制の基本方針である「協働主義」との整合性があった。くだけた言い方をすれば「みんなで力を合わせて何かをつくることで公共性に参加する」

というのが「協働主義」である。問題はつくり上げる「公共性」が翼賛体制だということ、そして「協働」の相手に国家も含まれるということだ。

だから「翼賛一家」は当初は古川ロッパの商業演劇の舞台企画もあったが、実際には「厚生演劇」といって、隣組や職域で国民自らが舞台制作から上演までを行うための脚本として具体化される。つまり、プロパガンダ演劇を大衆自ら手製で制作・上演するのである。戦時下の大衆文化はしばしばこのような参加型の側面を持つ。中でも人形劇という、よりマイナーな領域では「翼賛一家」人形劇上演のマニュアル冊子が三冊つくられ、各地で翼賛会の下でノウハウの講習会が開かれた（図2）。

このように近衛新体制下、各分野の表現は「国家宣伝」、つまりプロパガンダのインフラとして再構築さ

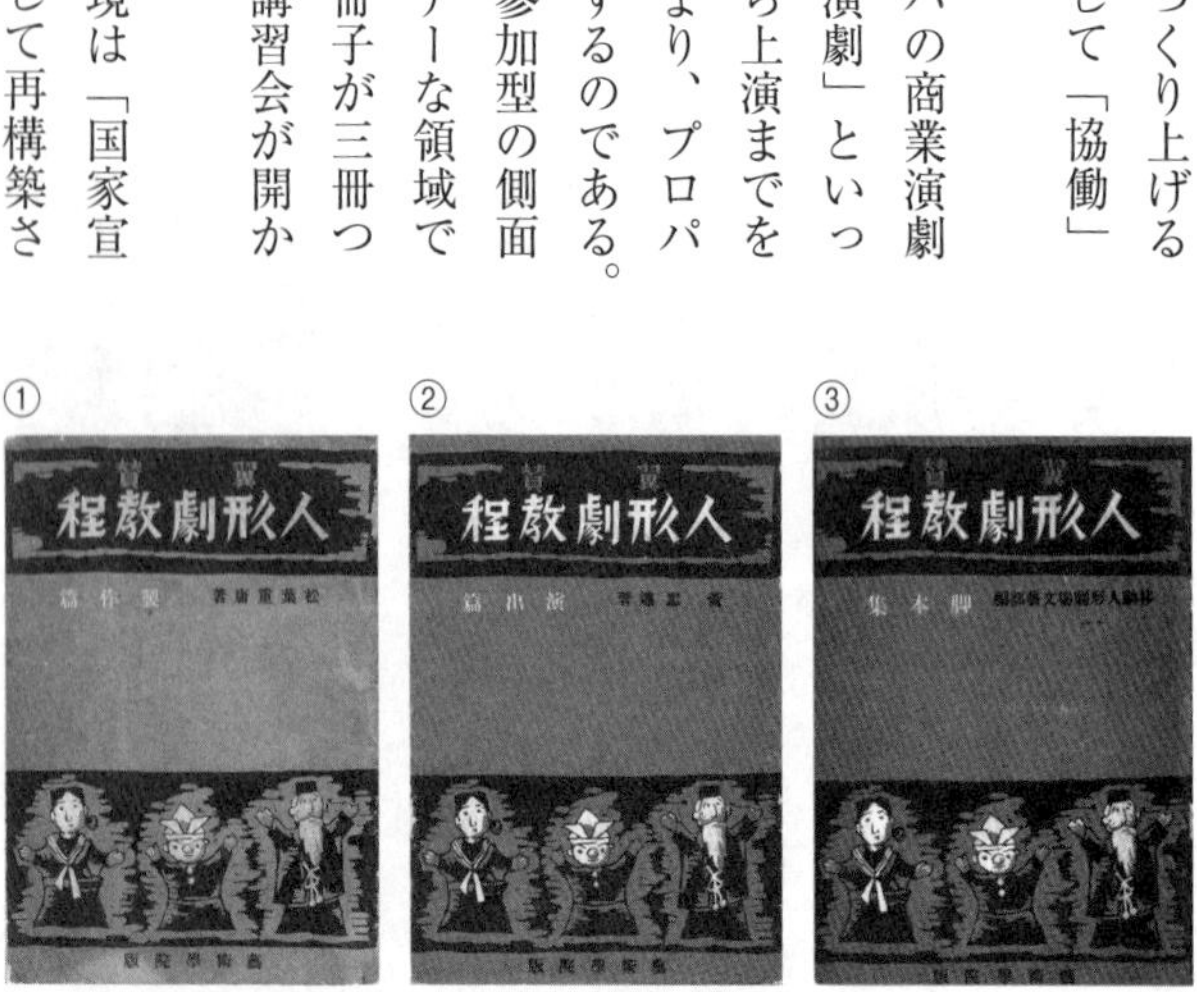

【図2】「翼賛一家」人形劇制作マニュアル。駅の売店などでも売られた（①松葉重庸『翼賛人形劇教程製作篇』芸術学院、1941年　②菅忠道『翼賛人形劇教程演出篇』芸術学院、1942年　③ 移動人形劇場文藝部編『翼賛人形劇教程脚本集』芸術学院、1942年）

れることを期待された。「期待された」というのは「下意上達」が新体制のスローガンの一つであったように、「国民」の側の自発的行動が同調圧力として求められたのである。政党の大政翼賛会への自発的合流は「バスに乗り遅れるな」と当時形容（あるいは揶揄《やゆ》）されたが、多くの文化領域の中で新体制への呼応が最も早かった一つが、実はまんが界である。

まんが界では、中堅まんが家を中心に「漫画集団」の「大同団結」として新日本漫画家協会が、翼賛会の発足に先立ち一九四〇年八月三十一日、結成されている。漫画集団というのはプロのまんが家数名からなる制作プロダクションのような互助組織である。

その新日本漫画家協会に対し、大政翼賛会宣伝部より協力要請のあった旨、会員に報告があるのが同年十一月二十六日である。

この時、翼賛会からなされたのは極めて具体的な要請であった。「連載漫画形式」「献納の漫画」について話しあわれ、「翼賛一家」の題名も記録に残る。翼賛体制の発足後、一ヶ月半で企画の骨格が固まったのである（小川武ノート「新日本漫画家協会　記録」さいたま市立漫画図書館蔵）。

この「翼賛一家」は複数の作家がキャラクターや設定をシェアする「合作」というシステムが前提となっている。「合作」の主体は先の「漫画集団」と呼ばれるもので、プロレタリア芸術運動と呼応した表現運動体としての側面を持つ漫画集団もあったが、本質は政治運動でなく、数名のまんが家による制作マネージメントプロダクションである。「漫画集団」はしばしば「合作」という名称で雑誌や新聞の執筆スペースを確保することを試みた。「合作」にはリレー形式の掲載と単一のスペースを共同で埋める形式があり、その際の「縛り」として同一のテーマ、あるいはキャラクターのシェアがあった。キャラクターの「共有」合作は一九三五年「アサヒグラフ」で連載された横山隆一のキャラクターデザインによる「合作漫画 コレがニッポン」、「東京日日新聞」が知られる。まんが家からまんが家のリレーだけでなく「漫画四人社」「新漫画派集団」など漫画集団名義でリレーされた「トラ吉一代記」(図3-1、3-2)などもある。「翼賛一家」は「漫画集団」が翼賛体制に乗じて大同団結した大「漫画集団」としての新日本漫画家協会の設立の真意が、翼賛会の庇護《ひご》の下、広い媒体の執筆機会を確保することにあったと考えられる。しかし、そういう目論見のもとつくられた「翼賛一家」の企画は「版権」を翼賛会に「献納」、つまりは召し上げられ、結果「翼賛一家」は「外地」まんが家を含め協会外のまんが家に開かれることになる。

　それにしても企画の具体化とメディアミックス企画は早かった。「翼賛一家」のキャラクター設定と企画案、そして新聞連載の告知記事が東京大阪の両「朝日新聞」、「読売新聞」、「大阪毎日新聞」など、主要新聞のほぼ全紙で掲載されるのが一九四〇年十二月五日である(図4)。

その翌日、翌々日には各紙で異なるまんが家によって、あるいはリレー形式や投稿形式でのまんが連載が始まる。翼賛会と協会の接触からわずか九日である。さらに、同年十二月のうちにレコード化や映画化企画が新聞発表され、映画化こそ実現しなかったが、病床から復帰したての古川ロッパが年末ぎりぎりにレコーディングに駆り出された様子が日記に残る（古川ロッパ著、滝大作監修『古川ロッパ昭和日記・戦前篇』晶文社、一九八七年）。横山隆一による単行本の刊行も「十二月三十日発行」の奥付で刊行される。

一九四一年から、新聞だけでなく週刊誌から婦人雑誌に至るまで、いまだその全貌の把握が難しいほどさまざまなバージョンのまんが連載が行われた

①

②

【図3-1、図3-2】 合作まんが「トラ吉一代記」。「漫画四人社」名義（「東京日日新聞」1936年10月2日）から「新漫画派集団」名義（「東京日日新聞」1936年11月24日）に作者グループがリレー

だけでなく、ラジオドラマ、絵本、舞踏、演劇台本、新作落語、浪曲、紙芝居、小説、ジオラマといった当時存在したほとんどのメディア表現、あるいは雛人形《ひなにんぎょう》やメンコや反物といったモノに至るまで、同一のキャラクターと世界設定から多様な創り手の参加によるメディアミックス的展開がなされた。

　映画は「東宝が乗り出す」旨第一報が十二月十二日に報じられた後、「満洲日日新聞」がその詳細を十二月二十

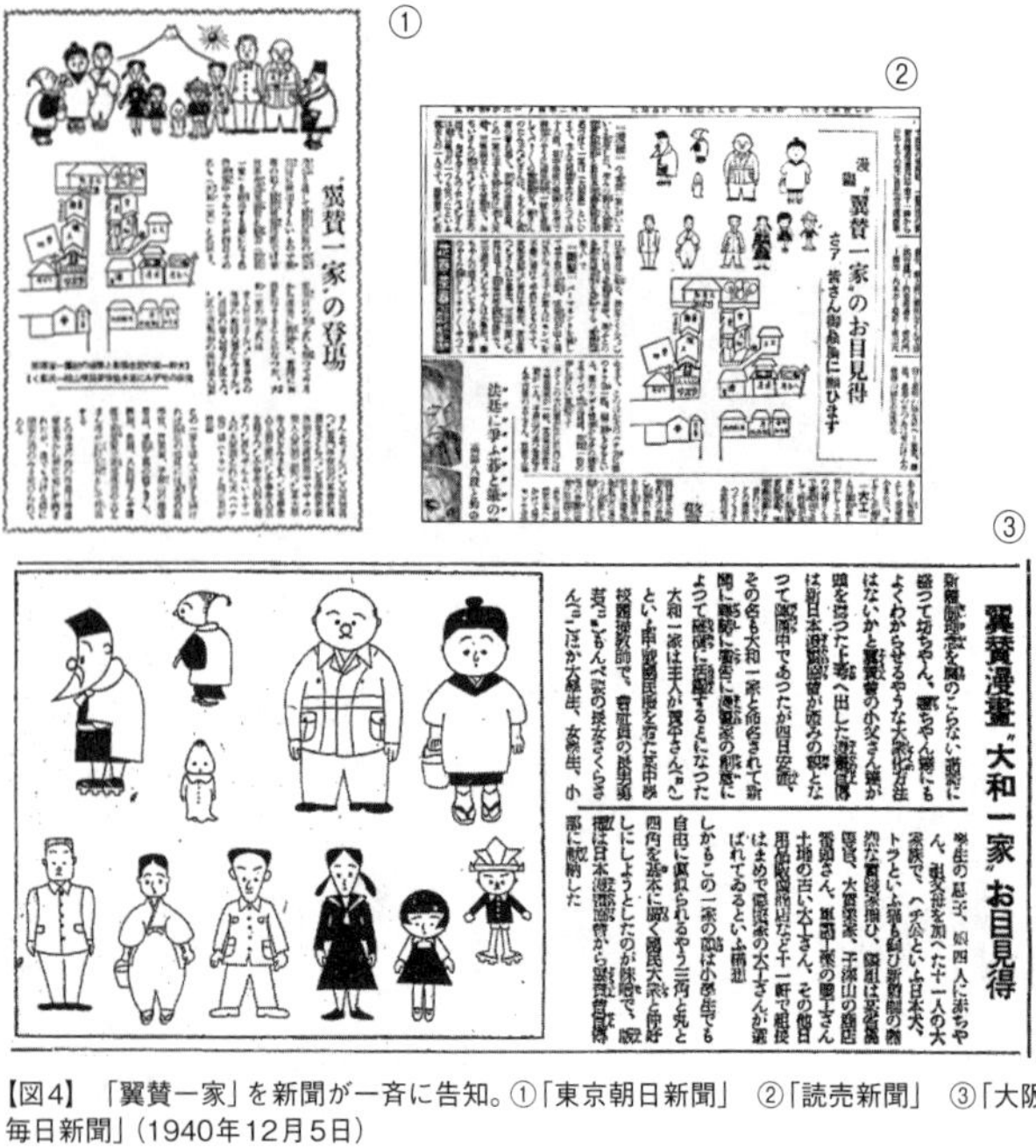

【図4】「翼賛一家」を新聞が一斉に告知。①「東京朝日新聞」　②「読売新聞」　③「大阪毎日新聞」（1940年12月5日）

日に報じているのが興味深い。小さな記事ではあるが製作・山下良三、監督は斎藤寅次郎、脚本・山崎謙太とある。山下良三は徳川夢声主演で「とんとんとんからり」の歌い出しで知られる歌謡「隣組」（岡本一平作詞、飯田信夫作曲）を題材に、翼賛会発足のタイミングである一九四〇年十月十六日に公開された近藤勝彦監督『隣組の合唱』のプロデューサーである。斎藤寅次郎は「喜劇の神様」といわれ、東宝移籍後は榎本《えのもと》健一、古川ロッパ、エンタツアチャコら人気喜劇俳優を擁した喜劇映画を撮り続けた人物である。山崎謙太も前年、ロッパ主演の『ロッパの大久保彦左衛門』（一九三九年）で斎藤と組んでいる。山崎は大本営海軍報道部企画『ハワイ・マレー沖海戦』（一九四二年）の脚本も手がけている。これでロッパが主演なのだから企画の上では万全の布陣だが、『映画旬報』一九四一年三月一日号の「撮影所情報」に小さく「斎藤寅次郎」が「子宝夫婦に次いで監督。翼賛思想を鼓吹するもので、東宝喜劇俳優を総動員する」と報じられるが、映画「翼賛一家」はクランクインされた形跡はなく立ち消えになっている。

ちなみにこの東宝喜劇俳優総動員というコンセプトは敗戦の年、一九四五年一月に公開された成瀬巳喜男《みきお》監督『勝利の日まで』で実現している。さらに手塚治虫の「翼賛一家」二次創作「勝利の日まで」は同映画に触発された戦時下の有名まんがのキャラクター総動員という趣向

【図5】「翼賛一家」登場アニメ。山本早苗作画・演出『スパイ撃滅』（三幸商会、1942年）

であるのは興味深い。

アニメの方は読売新聞社が翼賛会宣伝部の後援で脚本を公募、入選作も決まり同社、つまり読売新聞社の映画部よりただちに製作される旨報じられるが、これも中断している。

映画は類似の『隣組の合唱』が先行し、アニメも一九四一年二月に日本映画科学研究所製作で熊川正雄が原画を手がける『動物となり組』が公開されており、企画の重複も理由の一つだろう。ただし少し遅れて、山本早苗によるアニメ『スパイ撃滅』（一九四二年）に「翼賛一家」が登場する（図5）。同作は隣組による防諜プロパガンダアニメである。

執筆に参加したまんが家の中には、協会のメンバーだけでなく、当時無名だった酒井七馬《しちま》や長谷川町子もいた。手塚治虫は自分の本当のデビュー作は戦後でなく戦時下の「翼賛一家」だった、と述べていた時期がある（手塚治虫、馬場のぼる、竹内敏晴、富田博之座談会「マンガの発

見」「民話」第二〇、未來社、一九六〇年)。

「翼賛一家」で特筆すべきはそのメディアミックスの参加者にはプロの創り手だけでなく、当時「素人」と呼ばれたアマチュアの創り手も参画していたことである。

新体制に最も前のめりであった「朝日新聞」はいち早く東京本社版で読者による投稿を募集し、連載掲載している。「翼賛一家」のキャラクターは円や三日月などの図形によるキャラクターの描き分けなど、模倣可能性が高いデザインを意図しており、いがぐり頭の少年やおかっぱ頭の少女など、この時点ですでに類型化していた記号を踏襲している。このキャラクターの「模倣」による創作への参加は、現在でいうところの二次創作といえるもので、無名のアマチュアに対しても開かれていた。手塚治虫の幻の「翼賛一家」デビュー作は確認されていないが、手塚治虫少年の戦時下の習作「勝利の日まで」が「翼賛一家」のキャラクターだけでなく、「町内」という設定を踏襲した防空まんがとして大学ノートに描き留められた事実は、その広がりをよく示している(図6)。

このように素人動員メディアミックスを目論んだ「翼賛一家」は、「協働」と呼ばれた参加型ファシズムとしての翼賛体制のあり方と正確に呼応しているのである。

しかし、この「翼賛一家」は、まんが史的には、多くのまんが連載が短期で終了したこと、作品的に見るべきものがなかったこと、戦後の言説で影響力を持つ加藤悦郎のような戦時下は転向していた左派まんが家が当時から批判していたこと（といっても翼賛体制づくりには手ぬるいという批判だったが）、何より戦後も活動したまんが家が多数参加していたことで一種のタブーとなったことなどから、その存在を過小評価する向きがある。しかし、わずか九日で全国紙の連載をはじめとするメディアミックスを可能にしたことは、翼賛会宣伝部による国家宣伝の試運転としては成功以上の結果であった。たった九日でメディアミックスをスタートさせるなど、今のメディアの常識では考えられない。

【図6】「翼賛一家」大和賛平も登場する手塚治虫「勝利の日まで」（『幽霊男／勝利の日まで 手塚治虫 過去と未来のイメージ展 別冊図録』朝日新聞社、1995年8月）

以上が「翼賛一家」について論じた『大政翼賛会のメディアミックス』で言及したことの要点である。

しかし重要なのは、そのような「国家宣伝」としての「翼賛一家」が、当然ではあるが、当時、拡大の一途であった「外地」に向けても展開していく性質のものであった、という点にある。

そこに本章の主題がある。

『大政翼賛会のメディアミックス』執筆の時点では、「外地」への展開の調査は台湾を除き、十分ではなかった。

台湾については在野の研究者・蔡錦佳《サイチンチア》の協力があったこともあり、その概要が把握できていた。すなわち、①日本とリアルタイムで「翼賛一家」の紹介記事が掲載され、「朝日新聞」外地版を含めた複数の現地新聞で連載されたこと、②他メディアとの積極的連動は見られないが、現地企業への広告の援用はあったこと、③「ニコニコ運動」と称された現地の人々の兵役への志願を求める皇民化運動と合流したことがその特徴であった。「翼賛一家」への二次創作的動員は確認できなかったが、新日本漫画家協会と台湾総督府による、国策宣伝を想定したまんが家の育成や公募による作品展は積極的になされた様子が記録に残る。

他方では上海《シャンハイ》、満洲に関しては「大陸新聞」（上海）、「満洲日日新聞」（満洲）など、日本で入手可能な一部の新聞、雑誌を調査したが、「翼賛一家」の告知や展開が日本とリアルタイムであったとすると、該当時期の新聞紙面が現存せず、横山隆一の単行本の告知、浪曲のレコード広告、企業広告、ラジオ番組のOAなどの断片的な展開しか確認できなかった。

しかし、いわゆる「外地」においては、日本国内における「地域版」に相当するページが「外地版」に差し換えられる他は、新聞の本体は国内のものと同一のニュースを掲載していたと考えられ、「翼賛一家」関連の告知や連載も内地と同じものが流布していたと考える方が妥当であろう。

そうでなければ、いくら翼賛会主導の国策まんがであっても、文脈抜きに単行本の刊行や企業広告への転用がなされるとは考え難いからである。最低限のメディア間の連動はあった、と考えるべきである。

台湾では「朝日新聞」外地版に新日本漫画家協会の主要メンバーによるリレー形式の連載「翼賛一家より台湾への絵だより」シリーズが掲載されているが、これは台湾向けの作品ではなく、「内地」の地域版連載を想定して制作されたものの台湾バージョンだ。

以上のように、前掲書執筆の時点では残念ながら、台湾を除く「外地」での展開の詳細が調査としても不充分な状態であった。

三　華北における「翼賛一家」――漫画集団間の「協働」

けれども、中国および韓国での追跡調査により戦時下の中国華北地方、および朝鮮での展開が新たに確認できた。その結果、各地における展開は地域の事情に応じてローカライズされている点で特徴的であることが判明した。その事実から「翼賛一家」が大東亜共栄圏に向けたメディアミックスであったことが改めて読み取れるのである。

まず、北京を中心とする華北について報告する。その特徴は内地と外地の「漫画集団」間の協働として目論まれていた点にある。

日中戦争下、日本の占領下に置かれた華北地方では、傀儡《かいらい》政権として一九三七年十二月、中華民国臨時政府が設立される。一九四〇年三月、南京に汪兆銘《おうちょうめい》を主席とする中華民国国民政府が成立すると、臨時政府は形式的に吸収され、華北政務委員会に改称したが、実質的には日本が統治権を有し、日本の敗戦まで占領統治が続いた。

華北地方を含む外地では、「内地」主要紙の外地版が発行される一方で、外地独自の邦家新聞が各地域で刊行されている。その中で、中国での「文化工作」を担う国策通信社と評される同盟通信社発行の「東亜新報」が一九三九年七月、現地既存新聞を統合して創刊、その存在と名称は研究者間でよく知られる。しかしその一方、新聞の現物は散逸していて、全体を確認することは難しい。

今回、幸いにも北支版「東亜新報」の一九四〇年十二月から一九四一年九月までの調査が行えた。「翼賛一家」内地展開の時期に呼応する時期の紙面である。その結果、同紙における「翼賛一家」の展開の詳細が確認できた。結論からいうと、「陣中まんが」「慰問まんが」という形式で描かれている点、北京漫画協会の関与があったことが確認できた点で、特徴的であった。

「東亜新報」北支版紙面において最初に「翼賛一家」が登場するのは「僕こそは〝大和賛平〟お目見得した翼賛一家〝大和家〟」と題する一九四〇年十二月九日付の記事である（図7）。記事には「翼賛会宣伝部では日本漫画協会と協力、漫画を通じて啓蒙宣伝に乗出さうといふので苦心の結果出来上つたのが名づけて〝大和一家〟」「今月から新聞に雑誌に広告にお目見得する」とある。その後にキャラクターと簡単な紹介が続く。地図には「隣組の配置図」との説明が付されるが、隣組のメンバー紹介など隣組と大和一家の関連付けの記述は内地に比し、希薄である。また、版権が翼賛会に「献納」され誰でも承諾さえ得ればキャラクターを使用できることや、投稿を想定して描き方を簡略化した旨の内地版にあった記載はない。

「新日本漫画家協会」が「日本漫画協会」とぶれた記載となっているのは、実は「東亜新報」に限らないものだ。台湾版でもブレがある。それは名称の正確さよりも「内地」を代表するまんが家組織であるという印象こそが重要であったからと考えられる。

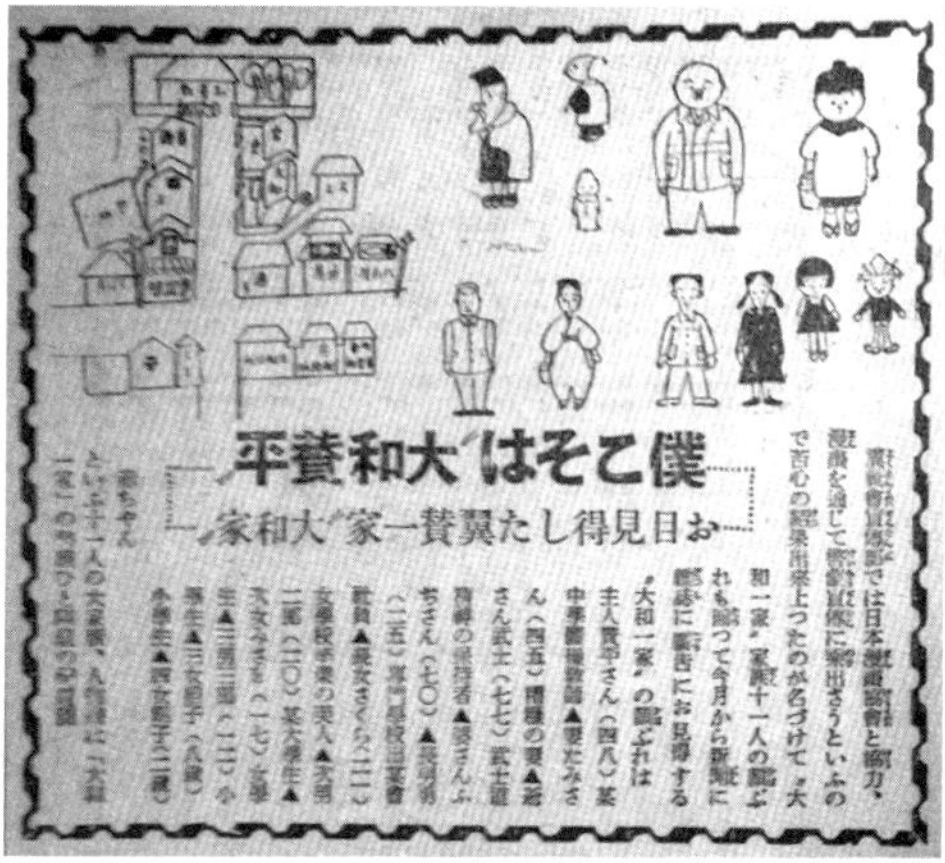

【図7】　華北地方における「翼賛一家」第一報（「東亜新報」1940年12月9日）

内容面で隣組との関連付けや参加型という要素が希薄なことは、内地と異なる。内地ではすでに見たように、「翼賛一家」が直接的には当時、ナチスの末端組織であるブロックに比定された「隣組」および、それを拠点とする新体制下の生活のつくり替えをプロパガンダの主題とし、そこに「投稿まんが」による参加を結びつけるという、メディアミックスとしての設計がなされていたが、華北では異なる目的に使われた印象である。

そのことは「翼賛一家」が展開する紙面において端的に見られる。

内地において「翼賛一家」は生活情報が報じられる家庭欄に掲載され、しばしば隣組関連の記事に並べて配置される。それが明確に「翼賛一家」が受けとめられるべき文脈を示していた。まんがとしての題材も近隣との助け合いなど隣組間の「共助」を扱うものが少なくなかった。

対して「東亜新報」において「翼賛一家」が掲載されたのは「陣中新聞」と題されたページである。一見すると、文化欄というより娯楽欄という印象のページである。それに先立って十二月九日の一般紙面にキャラクターと町内会地図が揃《そろ》って掲載されたが、これは内地新聞のフォーマットと同じである。

まんがとして「翼賛一家」が初めて登場するのは、一九四〇年十二月二十二日の紙面であり、「笑ひの慰問袋　現地版の翼賛一家」と題されている。リレー形式ではないが、複数作者で同一紙面をシェアする「合作」形式である（図8）。

執筆者には阿久津元、野中勲夫、ひさし、中野庸一、出雲平太郎の名がある。見出しカットを含め五編の「翼賛一家」が競作されている。これ以外に紹君、楊平という中国名の「翼賛一家」ではない作品が二作、今泉博全のこれも「翼賛一家」ではない作品が二作掲載されている。今泉以外は名の後に「協会」とある。

このうち野中勲夫、ひさし（川口久）は、新日本漫画家協会の準備会には「漫画協団」の一員として参加したが、協会には加わらなかった面子《メンツ》ではないかと考えられる。川口久は朝日新

【図８】「陣中新聞」欄に初登場した「翼賛一家」（「東亜新報」1940年12月22日）

聞社が台湾を含む地域版用に用意した「翼賛一家」の絵便りバージョンにも寄稿している。野中勲夫はフィリピンに報道班員として従軍する。その他の日本人を含め華北版「翼賛一家」寄稿者は新日本漫画家協会には参画していない。

　このような同一紙面を同一のテーマで複数のまんが家が執筆する「合作」と呼ばれる形式は、「漫画集団」が自身のグループで紙面を独占、シェアする際に用いる手法であることはすでに述べた。つまり、表記された「協会」とは「新日本漫画家協会」とは別組織の漫画集団で、その「協会」の「合作」だとわかる。

　そもそも「新日本漫画家協会」発足そのものが、若手中堅らの漫画集団がひとまとまりとなって新体制下の権益を確保することが目論見であり、だからこその「翼賛一家」であった。キャラクターのシェアによる新聞の紙面の確保はまんが家側の思惑であったが、「版権」を翼賛会が召し上げるという想定外のことが起きたのである。メディアミックスという言葉こそないが、翼賛会は「版権」によって各執筆者や作品を統一的に管理することを考え、漫画集団は旧来の権益確保の手段としての「合作」がまず念頭にあった。その両者の乖離《かいり》が内地「翼賛一家」にはあった。

続く一九四一年一月五日の「陣中新聞」のページには「笑ひの慰問袋 陣中双六《すごろく》」と題される「合作」が「北京漫画協会」の名称で掲載されている（図9）。「協会」が「北京漫画協会」であったことが明らかにされる。「上がり」のコマでは「翼賛一家」キャラクターとともに踊る「勲夫」（野中勲夫）、「ひさし」（川口久）、「英比古」（藤原英比古）、「庸一」（中野庸一）の名と自画像が確認できる。これが北京漫画協会のメンバーであろう。つまり、「陣中まんが」ページのまんが企画「笑ひの慰問袋」は本来、外地の北京漫画協会の「合作」の場であり、その枠を利用して「現地版 翼賛一家」が掲載されたと考えられる。

この北京漫画協会による「翼賛一家」華北版立ち上げは、後述する朝鮮ローカライズ版「敷島一家・金山一家」のスタートにおいても朝鮮漫画人協会が発足しているなど、外地協会と「翼賛一家」の立ち上げが同じタイミングで仕掛けられている点で共通である。外地まんが家

【図9】 北京漫画協会の「合作」による双六。「上り」に「一家」と協会メンバーが描かれる（「東亜新報」1941年1月5日）

の「統治」に「翼賛一家」が利用されている印象が強い。「合作」形式は「協働主義」との整合性もあったと思われる。

一方の新日本漫画家協会も設立当初、「外地」との「協働」を強く意識していた。朝日新聞社の斡旋《あっせん》で上海に渡った可東（加東）みの助、遼東《りょうとう》で「軍指導部で縦横に活躍」と紹介された清水昆、益子しでをの三名による「現地報告」の集まりが企画された記録が残っている。

このようにどこまで実態があったかは別として、外地で、内地の翼賛体制に呼応するタイミングで現地居住者を含む漫画家協会結成の動きが盛んであったことは事実である。例えば、可東みの助は上海でまず、一九四〇年六月二日、「大陸漫画グループ」を結成している。みの助以外は内地在住の新日本漫画家協会に参加する面々である。また、一九四二年三月八日には上海在住のまんが家でアニメーターの万兄弟、他に白系ロシア、ハンガリー、ドイツ出身の上海在住まんが家による「上海漫画家クラブ」が結成されている。これは朝日新聞系の邦字新聞「大陸新報」の主導であると思われる。

内地でも一九四一年二月六日には新日本漫画家協会の九名によって「日独漫画協会」が設立され、こちらは日本のまんが家のドイツでの作品展開催を目的とすると記事にはある。

このように翼賛体制に向かう中、「内地」だけでなく「外地」でも国際間のまんが家協会結成とトランスナショナルな「協働」が一つの国策下で進行しているさまがうかがえる。その中で国際「協会」を名乗りもするが、本来、まんが家たちの制作プロダクション、あるいは「互助会」といった方が正確な「漫画集団」の衣替えとしては無理がある。結果、内地では新日本漫画家協会という「漫画集団」が翼賛体制の中で利益を「合作」によって寡占しようと目論み、失敗したのと対照的に、華北においては、北京漫画協会という「漫画集団」の「合作」紙面がつくられた。

しかし、この紙面そのものはそれ以前からまんがの「投稿」を公募してもいるアマチュアとの協働的紙面であった点に注意したい。そこには「☆兵隊さん、どうぞ前線のユーモアと絵をどしどしお送り下さい ☆銃後から前線の勇士へ健康な『笑ひの慰問袋』漫画をどしどし本欄へ送って下さい」（『東亜新報』一九四〇年十二月二十二日）とある。そして実際に紙面には部隊名を記した投稿作品も掲載されている。

このような紙面のあり方を理解するには「陣中まんが」、あるいは「慰問まんが」と呼ばれた領域の存在を改めて思い起こす必要がある。

その背景には、まずまんがを描くアマチュアという裾野の広がりがある。一九二〇年代に入るとまんが入門書の刊行が始まり、一九三〇年代には叢書《そうしょ》形式の入門講座や通信教育も登場す

【図10】「自宅で大漫画家になれる」（左）が「支那に満洲に国内に漫画家は大多忙なり」（右）と広告文が劇的に変わる（通信教育広告「少年倶楽部」大日本雄弁会講談社、1938年3月、同7月）

る。大正後期から昭和前期は、大正デモクラシーとともに形成された「アマチュア」創作者が、翼賛体制下の参加型ファシズムに動員される、協働する「素人」へと変容していく時代であるが、まんが表現も例外ではない。それは通信教育の広告コピーの劇的な変化に正確に見てとれるだろう（図10）。「銃後」における「慰問まんが」という需要が、プロアマ問わず成立したことがわかる。通信教育用の教材も多くが需要の変化に対応して、つくり直されている。

一方では第二章で改めて触れるが、出征したアマチュアやセミプロまんが家の兵士が戦地の様子を伝える「陣中まんが」という形式があり、「陣中新聞」と題されたこの紙面においても「兵隊さん」の投稿まんがの受け皿となっているのはすでに見た。

つまり、「陣中新聞」紙面に「翼賛一家」は、このような「慰問まんが」「陣中まんが」として形式上、つくられていると改めてわかる。先の「笑ひの慰問袋　現地版の翼賛一家」はその題名からして陣中兵士へ「外地」の戦地外に居住するまんが家の手による慰問まんがということになる。

しかし、その見出しカットからして戦車に乗った「一家」がまず描かれ、「翼賛会臨時中央協力会議万歳!!!」「高度国防国家建設」「前線の兵隊さんに手紙と慰問袋を送りませう」という幟《のぼり》や垂れ幕に文字が躍る（図11）のは露骨なプロパガンダである。翼賛会臨時中央協力会議とは一九四〇年十二月十六日から、三日間にわたってものものしく開催された、内地の「各界」の代表者を集め、その方針を知らしめた、ナチスの党大会を彷彿《ほうふつ》させる会議である。「翼賛一家」開始の各新聞での一斉告知は、この日に照準を合わせている。

【図11】　翼賛会スローガンの幟を掲げる「翼賛一家」（「東亜新報」1940年12月9日）

ちなみに『国民家族会議』の名称で一般向けに刊行された会議録の表紙裏には、横山隆一の『翼賛一家』単行本

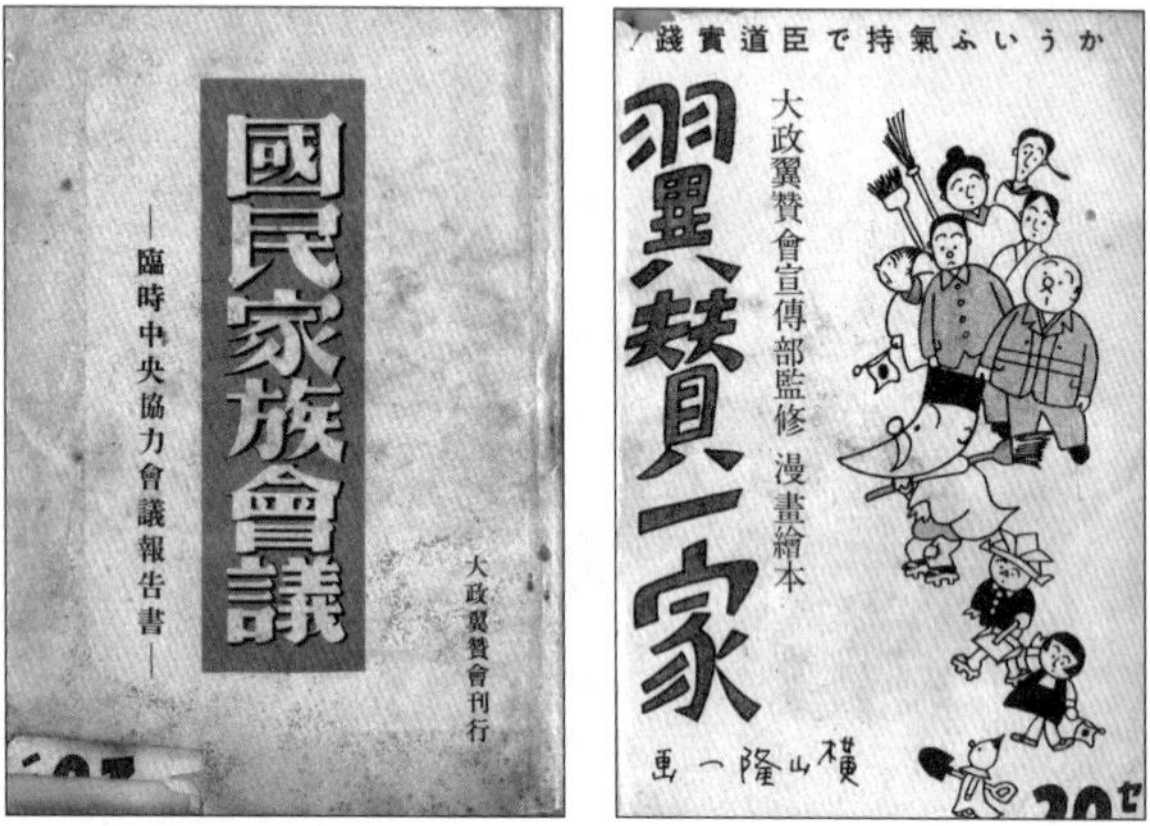

【図12】　会議録の表紙裏には、横山隆一の『翼賛一家』単行本の広告が躍る（『国民家族会議録　臨時中央協力会議報告書』大政翼賛会、1941年）

の広告が躍る（図12）。このように「翼賛一家」は翼賛会発足の時点ではその宣伝用ツールとして早々に仕込まれていて、この時点では「翼賛一家」は翼賛運動そのもののアイコンでもあった。その「会議」の開催に「万歳」の幟を掲げ大陸に戦車で一家がやってくるこの一枚絵が、何を意味するかは説明するまでもない。すなわち、翼賛運動が「外地」にも及ぶという宣言であり、その対象は「慰問」先の「陣中」（つまり戦場）というよりは「現地」居住者に向けたものだとわかる。

したがって一つ一つのまんがは「下意上達」（図13－1）、「虚礼廃止」（図13－2）と翼賛会のスローガンを右から左にまんがにしたものだ。「下意上達」とは、翼賛運動が建前上は下から

【図13-1、図13-2】　翼賛運動の標語がモチーフ①野中勲夫「下意上達」②出雲平太郎「歳末の回覧板」（「東亜新報」1940年12月9日）

上への意志の積み重ねによる運動（下からのファシズム）であることを意味する。もう一編、「さくらさんの北京第一印象」は一家の長女さくらさんが、華美な服装や女給賃金の高さなど「支那人」たちの豪華な暮らしや物価の高さを批判し、日本人の傷痍《しょうい》兵を訪問し、「スッキリ感激」するという内容である。実はこの時点で「外地」住民への差別的表現はまんがでは戒められていて、田河水泡《たがわすいほう》「のらくろ」は中国人を豚のキャラクターで描いたという理由で一九四〇年の秋には連載中断を余儀なくされる。

しかし、華北版「翼賛一家」は一方ではすでに見たように、あからさまに「侵略」的な立ち位置を隠さない。その中で、画家の今泉博全は「翼賛一家」ではない一コマを寄稿、巨大な象

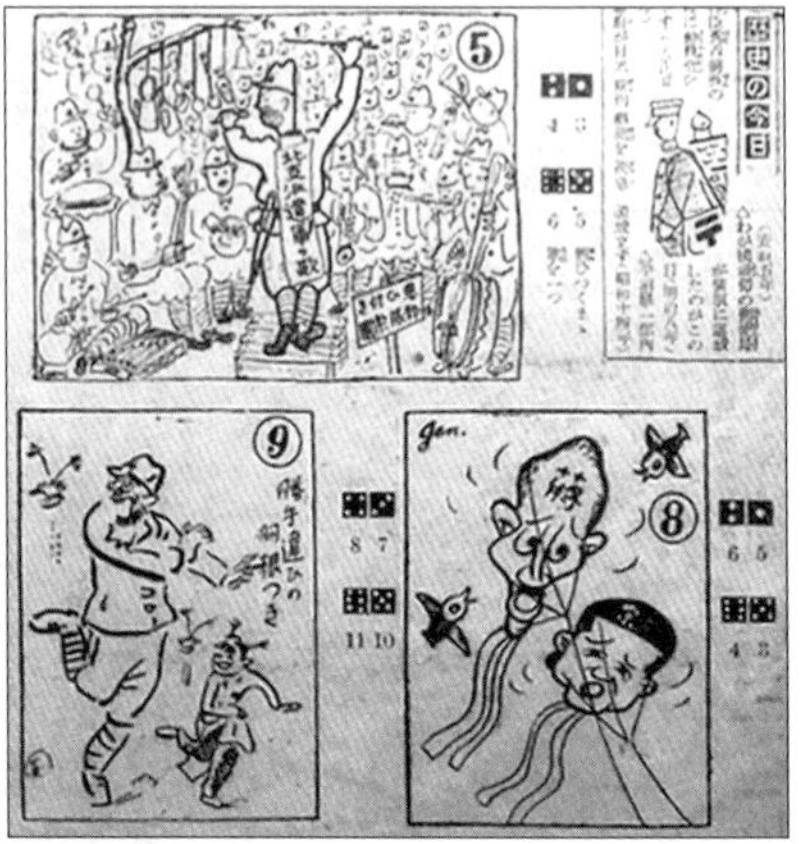

【図14】　北京漫画協会の「合作」による双六。1コマ1コマは陣中の日常を描くまんが（「東亜新報」1941年1月5日）

に小さい虫が何かをがなり立てるが象は平然としている、という含蓄に満ちた作品で不服従をかろうじて示しているようにも思える。

「内地」の「翼賛一家」と異なるもう一つの特徴は「戦車」が象徴するように、「日常」や「生活」のテーマがやや乏しい点にある。「翼賛一家」は「生活新体制」と呼ばれた「日常」や「生活」そのものの上書きや更新を「家族」「隣組」という翼賛会のヒエラルキー組織の最末端で実践する運動なので、まんがが表現にせよその他の表現にせよ、勇ましいプロパガンダとは対極的な柔らかい題材や表現を一方では持つ。その意味で「翼賛一家」の中の「町内」や「家族」の「日常」は、戦後の新聞まんがのルーティンの基礎となる。だが華北版「翼賛一家」には「家族」も「町内」もなく、ただスローガンのみが躍る。それはこの時点で華北に翼賛運動や組織が及んでいなかっただけでなく、「外地」にあっての「日常」は、「陣中」により近いがゆえの温度差があったからだ。先に示した一九四一年一月五日の「北京漫画協会・作」のクレジットによる「笑ひの慰問袋 陣中双六」は「上がり」の絵にこそ「一家」は見えるが、その一つ一つのコマは「陣中」の「日常」を描いたものだ（図14）。無論「陣中まんが」もまた戦場の愉快で楽しい「日常」をことさら「まんが」というユーモアや笑いを連想させる形式と結びつけることで、戦場の現実をいわば「日常ウォッシュ」するものでしかない。

二月二日付紙面では、見出しカットに「大政翼賛会」の旗を持つ近衛文麿を先頭に「現地奉公」の幟を兵士が掲げ、家族とおぼしき人々や市井の人々が行進するさまが描かれる。しかし「家族」は「翼賛一家」ではない。また「東亜の隣り組」と題して日中関係を「隣組」に比喩した作品（図15）が混じる。投稿まんがとしてアマチュアによる「翼賛一家」（図16）も掲載される。スケートが得意と見栄を張った祖父が深夜、氷の張った湖上で練習するというもので、唯一「外地」環境の上に描かれたものだ。同じく三月九日紙面にも「子

【図15】「隣組」を題材に政治諷刺（「東亜新報」1941年2月2日）

【図16】　投稿による二次創作「翼賛一家」
（「東亜新報」1941年2月2日）

宝報国」と題した翼賛一家二次創作作品が掲載されている。投稿作品としてはこの二作のみが確認できる。このように、一応は「参加型」という内地での目論見は実践はされている。しかしこの陣中まんがページの「家族」からは早々に「翼賛一家」が消え、現地家族の描写にシフトしたことは、北京漫画協会員の抵抗というよりは戦地に近い大陸である華北の「日常」と「銃後」である「内地」の日常の乖離があるように思う。

その点は台湾と対比すると事情の違いは鮮明である。台湾では内地翼賛体制に呼応して一九四一年四月十六日から台湾版新体制運動組織である皇民奉公会が発足し、そのタイミングに合わせて複数の「翼賛一家」の連載が始まっている。台湾では内地刊行の「隣組マニュアル」で見られた隣組制度が中国の「保甲」制度に由来するという記述に呼応する形で、明治時代に始

【図17】 慰問写真に収まる「翼賛一家」（「東亜新報」1941年1月19日）

まる日本統治下で漢民族の移住とともに台湾に持ち込まれた自治組織である保甲制度が、対台湾先住民の地域治安組織として行政的に利用されていたことも大きい。大陸の戦火からは相対的には遠い「銃後」であること、翼賛体制の隣組にシフトしやすい保甲制度があることが、台湾における「翼賛一家」の相応の広がりを可能にしたと対比的に考えられる。華北版では隣組的体制づくりとの関係が内地や台湾ほどに強くはないのだ。

再び論を戻せば、「翼賛一家」の人々はあくまでも「内地」の家族であり、そのことは「戦車でやってくる」一枚絵で表現されただけでなく、一九四一年一月十九日号紙面の「慰問写真」（図17）と題し出征兵士の母を一家の人々が囲む一葉の写真と題して表現されることに見てとれる。次女が慰問袋を掲げているように「内地」の「家族」が「陣中」を慰問するという距離がそこには存在する。

現存する紙面が限られるので「東亜新報」で確認できる現地版「翼賛一家」は以上である。それ以外には内地と同様の「翼賛一家」の雛人形の記事、上海や満洲など外地で多く見られる栄養飲料ポリタミンの広告に「一家」をあしらったものが確認できるが、内地のまんがを中心とする初期展開と同様、一九四〇年末から始まり四一年春で終了する。

四　植民地・朝鮮における二つの「翼賛家族」と「国語」教化

韓国における「翼賛一家」の展開は、予備調査をデータベースでの新聞記事検索などを通して行ったため、当初、その所在を確認できなかった。しかし、それは朝鮮においては「翼賛一家」の展開がなされなかったことを意味しない。そうではなく「翼賛一家」のコンセプトを踏まえ、キャラクターや設定そのものを完全にローカライズした別企画として展開されていたからだ。つまり、「金山一家」「敷島一家」の二家族が新たに設定され「朗か愛国班」の名称で展開されていたのである。それは、朝鮮における日本統治を強く反映したものとなっている点で極めて特徴的である。現状、調査が及んでいる台湾、上海、華北、満洲、朝鮮の五地域の中で設定やキャラクターに及ぶローカライズがなされているのは朝鮮のみである。

以下、その概要を通観していきたい。

この朝鮮版「翼賛一家」の構想が公になったのは「翼賛一家」の開始から半年後の一九四一年六月である。「内地」における「翼賛一家」メディアミックスは、翼賛会が直接仕掛けたと思われるものについては、一九四一年前半にほぼ展開が終わる。戦時下のメディアミックスは短期間で一つのコンセプト（多くの場合は「標語」）を軸に集中的に多メディア展開するものであり、「翼賛一家」は、先に見たように華北展開ではリアルタイムである一方、台湾では皇民化運動の本格的なスタートに合わせ、内地よりやや遅れる。華北では「北京漫画協会」による「合作」、台湾では「内地」まんが家が中心だが、現地のまんが家と推定できる「翼賛一家」連載も存在した。

しかし朝鮮での展開が他の地域と決定的に異なるのは、何より新たに「一家」のキャラクターが設定し直されたことである。しかもそれが植民地・朝鮮での政治的「ローカライズ」として徹底しているのである。すなわち、創氏改名させられた朝鮮人一家と「外地」在住の日本人一家の二家族が設定されているのだ。

朝鮮版「翼賛一家」を報じる記事として最も早いのは、「釜山《プサン》日報」一九四一年四月六日の記事「〝漫画〟『朗らか愛国班』／半島の漫画家、文案作家の肝煎りでお目見得」である。

【京城電話】漫画家も総立ちで明朗に総力戦完遂の一役をかつて在鮮漫画家並びに文案作家等凡そ三十名が五日午後四時から総力連盟事務局に参集、『朗か愛国班』を新聞で皆さんに紹介しやうと協議の結果、先づその集団として朝鮮漫画家協会の結成を申合わせ連盟宣伝部文化部の肝煎で愈々漫画漫文報国に乗り出すこととなり内地の「大和一家」「翼賛一家」に呼応する朗らか愛国班「東亜一家」（内地人家庭）、「敷島一家」（半島人家庭）（何れも仮称）と云ふ模範的総力戦明朗家族を主役として腕自慢の会員が総力挙げて得意の漫画、漫文を揮ふと云ふ意気込みである試みに「東亜一家」の配役を紹介すると父力（五〇）は愛国班長を勤めこれに配する母は総子（四五）と言つて文字通り総力夫婦である。この夫婦を中心におぢいさん、おばあさん、子供四男三女、締めて十一名と云ふ子宝部隊それに忠犬ハチ公迄活躍すると云ふ筋書である。

尚この作品は連盟宣伝部文化部から新聞雑誌に提供されて全半島連盟員にお目見得すると云ふから相当に期待がかけられる訳である。

「朝鮮漫画家協会」によって「朗か愛国班」の啓蒙のため、「東亜一家」（内地人家庭）、「敷島一家」（半島人家庭）の二家族を主役とする「漫画漫文」が連盟宣伝部文化部から提供されることになった、という第一報である。「連盟」とは「国民総力朝鮮連盟」のことで、内地の翼賛会に対応することになる組織である。

家族名は仮称であり、「大和一家」の「大和」と同義である「敷島」を冠した一家が朝鮮人家族であるなどの混乱は見られるが、植民地であった朝鮮で内地人と朝鮮人の二家族を設定するという方針が当初からあったことがまずわかる。

余談だが「敷島」という姓にぼくなどの世代は、まんがの「鉄人28号」の主人公・敷島博士の名を思い起こす。「鉄人」は戦時下に開発された兵器の応用だから「敷島」は戦時下に呼応する名付けなのだ、と改めて思う。

記事に戻れば、まず朝鮮における総力戦の推進組織・総力連盟の主導で「朝鮮漫画家協会」が結成、連盟宣伝部文化部の「肝入り」で内地の「大和一家」「翼賛一家」に呼応するべく「朗か愛国班」「東亜一家」「敷島一家」が構想されたという流れである。「協会」の結成を最初に行い、次にそのプロジェクトを立案するという「内地」における「翼賛一家」成立の手順を踏んでいること、「愛国班」という朝鮮における「隣組」を踏まえた設定になっていることが改めて確認できる。その手順からして正確なローカライズであることがわかる。

記事はよく読むと「翼賛一家」と「大和一家」の二家族が内地版にも存在すると誤認している節があるが、一方ではこのローカライズ版が「宣伝部文化部から新聞雑誌に提供され」るとあり、翼賛会が「版権」を管理し、その許諾を得れば建前上は誰にでも執筆可能な内地版に比して、管理の方策が根本から異なっていることもうかがえる。内地版の作者は当然、版権が一種の同調圧力となり、忖度《そんたく》が働き、投稿も含め内容は否応《いやおう》なくプロパガンダ作品となるが、同時にその主題には、投稿であるがゆえのばらつきがある。しかし後述するように、朝鮮版「翼賛一家」はそのプロパガンダの方向が一貫している。それはこのような作品の「統治」の仕方が影響していると考えられる。表現形式は「漫画漫文」としており、実際、これも後述するように「漫文」形式のものも存在する。

この四月六日の記事には、二家族のキャラクターについては「東亜一家」と父母の名称年齢、家族構成の原案は示されるが、設定画や地図といった内地版の第一報の定番の要素はない。連盟との会合での合意事項が速報された印象である。この日本語記事に三日遅れて一九四一年四月九日の「毎日新報」では「漫画家協会結成／明朗愛国班建設」と同趣旨の記事がハングルで掲載されている（図18）。この朝鮮版「翼賛一家」の担い手である「朝鮮漫画家協会」については「国民新報」一九四一年四月十三日の囲み記事「漫画家総立ち」という十数行の記事でその成立の経緯が確認できる。

> 我々漫画家も時局の波をぼんやり見送つてゐてはならない、総力だと、漫画家達が集まつて、今までのばらばら体制をきゆつと緊きしめやうではないかと、こんど一斉に奮起して漫画家協会（仮）を結成し笑ひの世界を開拓して、総力の一翼を担ふことになりその結成準備会を進めてゐたが、国民総力朝鮮連盟宣伝部と連絡し、協会の組織を決定して、各方面から会員を集め四月一日発会式を挙げた。

漫畫家協會結成
明朗愛國班建設
東文、名講座
「白鳥の死」
朴慶浩氏
海外映畫消息

【図18】「漫画家協会結成／明朗愛国班建設」の記事（「毎日新報」1941年4月9日）

朝鮮においても「内地」同様に翼賛体制構築のためのまんが家の大同団結が行われ、その発足は一九四一年四月一日であることが確認できる。国民総力朝鮮連盟宣伝部との「連絡」とあることから、朝鮮版「翼賛一家」の成立の背景も日本と同様であった

【図19】　朝鮮漫画家協会「結成式」（「総力戦」国民総力朝鮮連盟、1941年第3巻5号）

ことがこの記事からも推察される。

この「協会」の発起人として岩本正二、佐々木礼三、堀萬太郎、神林久雄、藤原州馬の名と三十余名の参加があった。そして、同年四月五日に国民総力朝鮮連盟事務局会議室で「結成式」があったことがその「写真」（図19）とともに別途、報じられている（『総力戦』国民総力朝鮮連盟、一九四一年第三巻五号）。このうち、岩本正二は一九一二年、朝鮮で生まれた在朝鮮日本人二世である。上海や北京で結成された「内地」人と外地出身者の双方からなる協会だが、中心が内地人にある点を含め外地漫画家協会共通の特徴を持つ。

さて、朝鮮版「翼賛一家」のキャラクター設定を含む詳細が絵入りで公表されるのは四月下旬である。現状の調査では、「朝日新聞」一九四一年四月二十四日が西鮮、中鮮、北鮮の各外地版のページで「誕生の翼賛家庭『敷島一家』と『金山一家』」と題する同一の記事を掲載しているのが最も早い（図20）。

内地の〝大和一家〟の向ふを張つて半島の翼賛家庭〝敷島一家〟（内地人）と〝金山一家〟（朝鮮人）が誕生した
　産みの親は国民総力朝鮮連盟宣伝部と朝鮮漫画人協会、いよいよ近く各種の発表機関は勿論商店、会社の宣伝印刷物にも登場、朗かな笑ひと諷刺の中に半島総力運動の展開に微笑ましい一役を買ふことになつた

「敷島一家」が「内地人」、「金山一家」が「朝鮮人」として設定され、名称上の矛盾は解消されている。また、二家族のキャラクターデザインの一覧表が掲載され、「朝鮮漫画家協会」は「朝鮮漫画人協会」と表記が変わっている。これが正式名となる。「新日本漫画家協会」の表記も各紙報道でブレがあるのと同様なのか、国策漫画集団の名称に対しては杜撰《ずさん》であるのも共通のようだ。参加者の側は「新日本」の「新」なり「漫画人」の「人」に相応の自負なり意気込みがあるはずだが、ガバナンスする側から見れば「日本」「朝鮮」「北京」とい

誕生の翼賛家庭
「敷島一家」と「金山一家」

【図20】「敷島一家」「金山一家」記事（「朝日新聞」中鮮版1941年4月24日）

った共栄圏の拡大を示す地名のみに意味がある、といったところか。

この記事では展開はまんが以外に、広告関連での使用が予告されているが、それ以外のメディアミックス的展開の構想は示されていない。台湾などの「外地」で、「翼賛一家」の展開が「内地」より流入した単行本、ラジオ、レコードを除くと広告に留まっていた現状とも一致する。広告は献納広告といって自社の広告スペースを国策宣伝に提供することが習慣化していたから、実現が一番しやすかったのである。

一方で、日本版「翼賛一家」告知には必須であった隣組の「地図」は示されていない。これは、朝鮮版「翼賛一家」が単体でなく二つの愛国班を舞台にするからであるとともに、後述するようにこの作品に期待される役割が内地と異なるからである。

続いてやや詳細な記事が「国民新報」一九四一年五月四日紙面に掲載される（図21）。「『大和一家』の向ふを張つて」とその独自性と対抗心が強調される。「朗か愛国班」という企画名や両一家が「銃後を笑ひと教訓のうちにほがらかに護つて」いくとあり「総力漫画」とも形容されている。「朗か愛国班」の啓蒙がそのまま正式タイトルになっている。しかし、「朗か」「笑ひと教訓」の強調は、内地における「笑話運動」、台湾における「ニコニコ共栄圏」を彷彿とさせる。

ここで少し朝鮮における翼賛体制について、概要を記しておく。台湾における翼賛会が「皇民奉公会」として組織されたように、朝鮮においては国民総力連盟という名称で組織される。一九四一年二月七日に連盟より刊行された「国民総力朝鮮連盟概要」掲載の「朝鮮国民組織新体制要綱」にはこうある。

> 国体ノ本義ニ基キ内鮮一体ノ実ヲ挙ゲ各々其ノ職域ニ於テ滅私奉公ノ誠ヲ捧ゲ協心戮力ヲ以テ国防国家体制ノ完成、東亜新秩序ノ建設ニ邁進センコトヲ期スルモノトス

【図21】「生れました　朗か愛国班」記事(「国民新報」1941年5月4日)

「要綱」はシンプルで「内鮮一体」がまず言及され、実践方法で国民精神総動員運動、世界恐慌以降の内地における「自助」「共助」政策、農山漁村更生運動の朝鮮版である村振運動など翼賛体制以前の「動員」を一つに収斂させるという流れが明示される。その組織図は「内地」の翼賛会組織とほぼ同一で、行政組織の各階層に連盟組織がパ

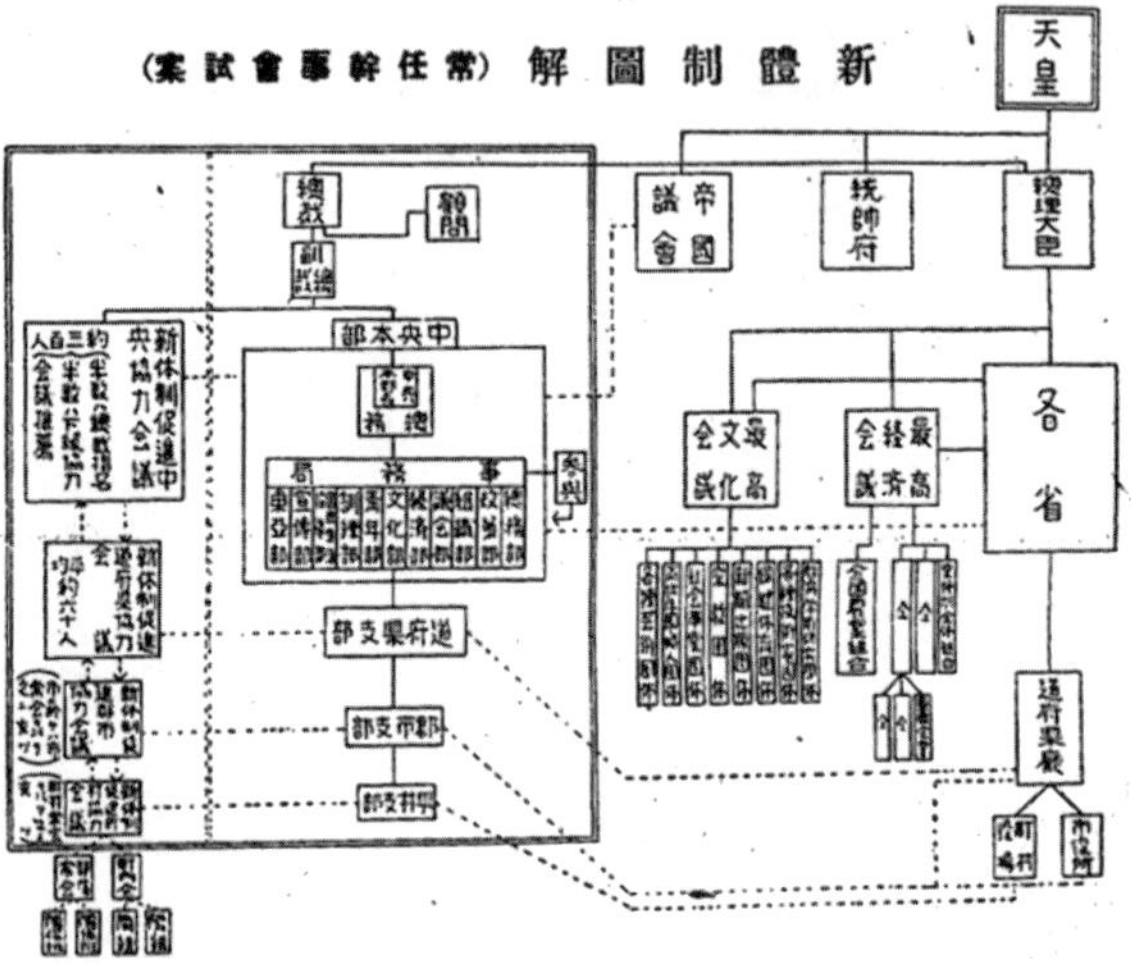

【図22】　最末端が「隣組」の内地翼賛体制「新体制図解（常任幹事会試案）」（「朝日新聞」1940年9月4日）

ラレルに対応している点で「内地」の翼賛会組織図（図22）と重なる。

　しかし、一点、興味深いのは、右下側の「行政組織」の末端が「個人」であり、そこに「愛国班員」が対応している点だ（図23）。翼賛体制に至る流れの中で「個人」という語は欧米型民主主義や自由主義と結びつけられ、悪《あ》しき個人主義という現在の一部での語法に近いニュアンスを持っていて、当時も忌避される傾向にあった。「連盟」そのものが「全団体及個人」を構成員とし、この場合の「団体」は「漫画家協会」のように職域ごとに再編される団体である。その組織図では「個人」が「愛国班員」へと上書きされる文脈が鮮明である点が興味深い。また「愛国班」に対応する従来型行政組織が存在しないのも注意していい。多くの「愛国班」マニュアルがつくられ配布された点は変わらないが、内地ではしばしば言及された「隣組」が近世の五人組を経由して、さらに遡り、古代中国の「周代」起源で「満洲・支那に於ける保甲制度」とも連続させる伝統起源説に触れるものは見当たらず、「個人」を「国民」に上書きしていく新組織として語られる。「国民総力朝鮮連盟実践要綱」はまず「実践大綱」として「第一　思想ノ統一」「第二　国民総訓練」「第三　生産力ノ画一」の三つが掲げられ、「第一」が「1、日本精神ノ昂揚《こうよう》」「2、内鮮一体ノ完成」という「実践項目」からなる。「内鮮一体」と「日本精神ノ昂揚」が一体となった政策だとわかる。

これは台湾において、内地人、漢民族、先住民族間の「民族問題」の融和政策のモデルケースとして「南方広域共栄圏ニ対スル皇道宣布ノ前進基地」としても皇民化運動が位置づけられた点と大きく異なる。

実践項目のうち「1、朝ノ宮城遥拝　2、神社参弁　3、正午ノ黙禱《もくとう》　4、国旗掲揚　5、皇民臣民ノ誓詞朗誦」は台湾皇民化運動でも求められたものと同一だが、「内鮮一体」の「実践事項」として「1、国語教育ノ普及　2、内鮮風習ノ融合　3、団結ノ強化」が同時に強く

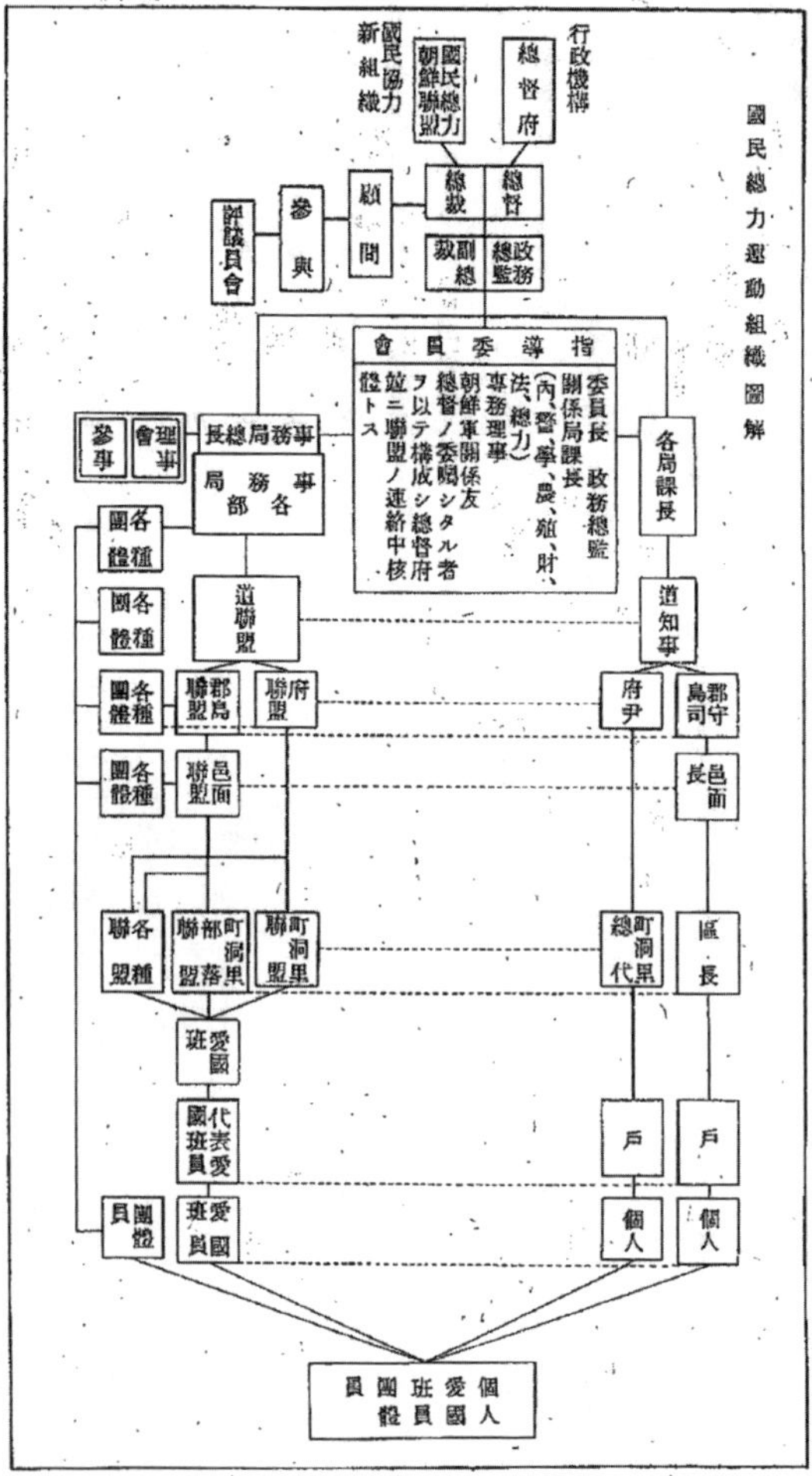

【図23】　最末端が「個人」の朝鮮総力体制（『国民総力朝鮮連盟概要』国民総力朝鮮連盟事務局、1941年）

示される。国語教育は「国語常用」化、内鮮風習の融合は「創氏改名」、団結の強化は「愛国班」という新組織に対応する。

中でも愛国班は「我等の愛国班の如きは、半島に於ける精勤運動の一大特色をなすもの」（国民精神総動員朝鮮連盟事務局「我らの愛国班」「総動員」国民精神総動員朝鮮連盟事務局発行、一九四〇年四月号）として総動員運動の時点から位置づけられる。内地でも隣組という「下意」の発信は隣組長が担うが「愛国班」も同様で、例えば京城府内の愛国班長らによる座談会「スクスク育つ愛国班強化育成座談会」（「国民総力」一九四一年六月号）の見出し「愛国班が融和のかけ橋」「美し内鮮一体の具現」を見ても、愛国班が「内鮮一体」の実践単位であったことがうかがえる。そのことは「国民総力運動」の組織化に「大政翼賛」の名称を用いなかった理由として「朝鮮の現状に照し、基の語義が一般大衆に理解されず動《ママ》もすれば政治運動なるかの如き誤解を生じ得なかった」（朝鮮総督府南次郎「総督訓示」『国民総力朝鮮連盟概要』）点に配慮したと述べられていることを考えた時、「内鮮一体」政策が、一方では「名」や「ことば」という人間の根幹に及ぶがゆえの政治性を踏まえての言い繕いだったという本質がわかる。

朝鮮での国民総力運動は「内地」における翼賛体制下の近衛新体制と同様に、日常生活の細部に及ぶ。その点で戦時下朝鮮でも「暮しのファシズム」とぼくが形容するファシズム体制が何気ない日常の細部に周到に入り込む事態が見られるが、それは「名」と「ことば」という個人そのものの書き換えというより深層において何より求められていたのである。

以上の文脈を踏まえて朝鮮版「翼賛一家」を読みとっていきたい。

「金山一家」「敷島一家」についてのより詳細な記事は、国民総力朝鮮連盟の発行する「国民総力」一九四一年五月号に掲載される（図24）。発行は同年五月七日である。四月二十四日の新聞発表を受けて直後に書かれた記事だとわかる。現状、確認できるキャラクター設定記事としては最も詳細で、雑誌の発行元が連盟であることを考えれば、これが公式設定だと考えられよう。「朗か愛国班」と記事は題され、これがそのまま朝鮮版「翼賛一家」の正式タイトルであると改めてわかる。

記事では「朝鮮漫画人協会」を連盟宣伝部の「協力団体」と明記しているのが注目される。これまでの記事で文化部宣伝部と併記されていたのは両セクションの提携の意味だと明らかになった。「総力漫画の基本案を考究し」「具体案」を「協会に示し」とあり、完全に連盟主導である。協会のコメントも以下のように示されている。

漫画化に成功した　朝鮮漫画人協会一同より

朗か愛國班

【図24】「朗か愛国班」記事（「国民総力」国民総力朝鮮連盟、1941年5月号）

> 朗かで善良で、描き易い顔といふのを工夫してみましたが、少しむつかしいでせうか、しかしちよつと練習されたら国民学校の生徒さん達ちにも上手に描けるやうになるでせうこの「朗か愛国班」を先頭に立てて大いに私共の漫画的構想を働かせよう、といふのですが、何分材料つまり「案」の立て方には苦労するでせう。主として毎日の生活のうちから取材する積りですが、面白い案は今後どしどし教へて下さい、そして出来るだけ多くの新聞雑誌に描かせて貰ひたいと思ひます。（「朗か愛国班」「国民総力」一九四一年五月号）

キャラクターデザインについては、内地版と同様、「描き易い顔」「ちよつと練習」すれば「国民学校の生徒」でも描けるように工夫しているとと素人参加（協働）のハードルを下げているが、円や月形などはめ絵のように顔の外郭を図形化した内地版ほどの模倣可能性はない。あくまで読者に求めるのは「面白い案」であり、一方自分たちには「出来るだけ多くの新聞雑誌に描かせて貰ひたい」と執筆者の立場を確保しようとしているのは、内地版が翼賛会に「版権」を「献納」させられて、協会での執筆機会の寡占化に失敗したことを知っているかのような牽制《けんせい》ぶりがうかがえる。

他方で、その題材が「毎日の生活」、つまり「日常」であるという基本路線は内地と同一である。

記事には「敷島一家」「金山一家」の二家族の細かな設定も載っている。

漫画　朗か愛国班が生れました

東西！東西！

内地の大和一家の家風をうけ継いでしかも朗かさその上をゆく「敷島一家」「金山一家」の両家が、このたび半島にお目見得致しました。両家は偶々同じ町内、隣り合せの愛国班にカマドを据ゑまして忽ち近隣の人気もの、数日前共々名誉の班長に就任致しました。

家族関係は敷島家が戸主力以下八名金山家は東植以下八名です、詳しくは別紙戸籍謄本を御覧ねがひます。これは当連盟文化部と宣伝部の考案になるのですから、御両家は総力発揮の模範家庭に相違ございません。が偶には朗かな脱線失敗も致し兼ねないでせう。今後両家、両家族の活躍は、漫画に図案にポスターに、その他あらゆる部面に展開させて、軟な教訓と微笑のうちに、両家の「素晴らしき家風」を全鮮のご家庭に伝播、移植させたいと考へます。宜敷く御引立御活用のほど願上げます。

（同前）

キャラクター紹介を「戸籍謄本」と形容しているのが注目される。その「家風」の「伝播」「移植」という言い方も含め「家族」というより家父長的な「家」が内地版「翼賛一家」に比して強調される印象だ。

金山一家は家族七名、使用人一名、職業は食料品小売商、中流家庭とある。

積極的に国策に協力しやうとし愛国班に懸命にして生活改善に協力しつつある明朗健全なる家庭。町内の評判大によし。

主人東植は愛国班々長なり。

同じ町連盟内の隣りの愛国班に（敷島一家）あり愛国班を中心して常に意見の交換と連絡をなし特に親しくして居る　（同前）

「敷島一家」とは同一「町連盟」にあって、隣接する隣組の班長家庭として交流していると設定されている。これは一つの府内の各町に「町連盟」、その下に、「区」「愛国班」があるからで、二つの家族は、内地人と朝鮮人との結合、愛国班同士の結合を暗示した設定となっている。このあたりは愛国班の目的の一つに「内鮮一体の具現」があることを正確に反映している。

ここで今少し一家の設定の政治的背景としての「創氏改名」と「国語常用」について概観しておく必要があるだろう。

「創氏改名」とは朝鮮総督府が一九三九年に政令で本籍地を朝鮮とする「日本臣民」に新たな「氏」の創氏と改名を「許可」したもの。総力戦体制が朝鮮にも求められる中での「内鮮一体」「皇民化」政策の一環であり、強制ではなかったという主張があるが、内地を含め翼賛体制が同調圧力を背景に自発的に参加する運動を装っていただけのことである。「金山一家」も元の姓はおそらく「金」であり、これは従来の姓の「漢姓」として認められていたが、日本式の「金山」となっている。連盟が主導する「愛国班」まんがのこのような一家名が同調圧力、つまりは「せざるを得ない状況」（宮田節子『朝鮮民衆と「皇民化」政策』未來社、一九八五年）を醸成する一つであることはいうまでもない。この「国語」の普及（「国語常用」）は「皇民化」という日本化のみならず、朝鮮における徴兵制の導入のための下地づくりでもあった。

日本語教育は日本統治下の初等教育で「朝鮮教育令」（一九一一年施行）によってどの教科でも日本語使用が求められ、朝鮮語による授業が削減された。日本語の実質的な強制による普及は日中戦争を境に徹底され、教育や官公庁の職員にその使用の徹底が総督府の「説話」や「通牒」としてなされ、一九三七年二月二十三日勅令陸軍特別志願兵令を受ける形で三月四日、第三次朝鮮教育令の小学校規定で朝鮮語随意科目が「廃止」となる。七月七日には内地同様、翼賛体制の前史として国民精神総動員運動朝鮮連盟の発足と続く。三九年には職場での日本語講習も求められ、十一月十日の朝鮮民事令改正により創氏改名の政令が公布、一九四〇年十月十六日、国民総力朝鮮連盟発足となる。その流れの中で「国語や学会・国語講習会」などが各地で開催、その普及を推進する。さらに、愛国班が「国語を常用」する呼びかけを行い、民間の側から「国語全解運動」（一九四〇年）を起こさせ、国民総力連盟の「国語常用奨励運動」（一九四一年）などに至る。その中で地域ごとに例えば以下の如《ごと》き方策がとられる。

一、町連盟、愛国班常会その他諸会合には必ず国語を常用すること
一、商店の看板、広告などは原則として国語を用ひること
一、電車、バスの車掌、案内人は凡て国語を常用すること
一、学生、生徒、児童の常用語は学校にあると否とを問はず国語を常用するやう指導すること

(「京城日報」一九四一年二月十二日)

そして一九四二年五月六日、総力連盟は「国語普及運動要綱」を決定、九日発表の朝鮮人への徴兵制導入と一体の国策となり、「全鮮一斉に国語常用運動を展開」するようになる。「朗か愛国班」の二家族はこのような政治的文脈の上に設定されているのである。

これを踏まえ、改めて「国民総力」一九四一年五月号に示された二家族のキャラクター設定の詳細を確認しよう。

「金山一家」の家族構成は、東植(六五)、貞淑(五九)の家長夫婦。長男夫婦である文化(三〇)、賛子(二八)とその長女朝子(九)、同じく文化夫婦の長男栄(三)、東植の三男武夫(一九)(なぜか次男不在)、使用人引川一郎(一七)からなる。家長の名からして、東植、つまり、東の国(日本)の植民地であり、それに「貞淑」な妻という「名付け」がなんともあからさま

である。それ以外の名も同様で、まるで名そのものがプロパガンダの如きである。

しかし、ここで改めて確認しておきたいのは、彼らが「創氏改名」によって「日本名」を名乗らされていることである。「積極的に国策に協力」はその点も含まれる。

だからこそ、幼い栄の設定が「国語と鮮語をカタコト乍ら両刀使い」、使用人の一郎が「国語は家中で一番上手」とあることにも注意したい。彼らの母語は当然だが「日本語」ではない。この「国語」問題は後述するが、東植が愛国班の班長で隣接する愛国班の敷島一家との交流が強調されるように、この作品は朝鮮版隣組「愛国班」が主題であるが、もう一つ、「国語」教化のツールとしても用いられていることは、キャラクターの設定に示唆されているのである。

一家の説明にある「生活改善」とは、そのような「日本化」に他ならない。

一方、「敷島一家」の設定は以下の通りである。

積極的に国策に協力し、愛国班を中心に活躍し、内鮮一体と生活改善に全力を注いでゐる。明朗健全なる家庭。

—外来語を極度に嫌ひ決して使用しない事にしてゐる。—

主人力は愛国班々長。

同じ町連盟の隣りの愛国班に（金山家）あり愛国班を中心として常に意見の交換と連絡をとり、特に親しくして居る
（「朗か愛国班」「国民総力」一九四一年五月号）

こちらも二家族間の綿密な関係が強調されるが、「内鮮一体と生活改善に全力を注いでゐる」、すなわち「日本化」を金山一家に求めるのが敷島一家の役割であると取れる設定である。「外来語を極度に嫌ひ決して使用しない」という記述にも「朗か愛国班」と日本語教化政策との関係が見てとれる設定である。

一家の構成は明治（七〇）、キク（六七）の隠居夫婦、力（四八）と総子（四五）の夫婦に長男公明（二四）、長女愛子（一七）、次男国光（一二）、三男班三（七）、それに犬の「ハチ」の構成である。金山一家で祖父世代の東植が愛国班班長、敷島一家では父母世代の力が班長で、世代が異なる点も注意したい。

このように内地版「翼賛一家」のローカライズとしては、創氏改名、国語常用という植民地政策に忠実に設計されていることがうかがえる。台湾においても翼賛一家は皇民化のツールであったが、朝鮮ではその目的がよりピンポイントになっている印象だ。

この雑誌「国民総力」では「朝鮮漫画人協会員」の連名で「まんが総力」と題されたページ

【図25】「朗か愛国班」キャラクターを用いた合作第1回（朝鮮漫画人協会「まんが総力」「国民総力」1941年6月号）

もこの号から始まる。初回は「愛国班」のキャラクターはまだ使われていない。「協会」メンバーとして岩本正二以下、凡太郎、堀萬太郎、朴天一、帯屋庄太郎、大野晃、神林久雄、野本年一、藤原州馬、小丸長文ら十名の名が並ぶ。同一テーマで「漫画集団」が同一紙面を共有する「合作」である。時節柄、金ではなく国債を奪う強盗を描く作品など七点からなる。

翌六月号より「朝鮮漫画人協会」名義で「まんが総力」のページ（図25）に、「愛国班」二家族のキャラクターを用いたまんがが登場する。これも「合作」形式である。

しかし、六月号では六作品中四本が「愛国班」キャラクターであり、残る二作品に

【図26】「金山一家」の武夫の志願兵訓練（「国民総力」1941年6月号）

【図27】　両家が参加し「総力の大砲」が「目的完遂」の弾を発射（「国民総力」1941年10月号）

は使用されていない。一本は「金山一家」の武夫が志願兵の訓練として扇風機の風に当たっているというものだ。金山一家の男子が志願兵になることが求められているわけだ（図26）。この「まんが総力」での「愛国班」キャラクター使用は一九四二年一月号まで不掲載の号もあるが、散発的に確認できる。十一月号では両家が参加し「総力の大砲」が「目的完遂」の弾を発射するといういかにもの作品が掲載されている（図27）。

一九四一年八月号「まんが総力」コーナーでは、見出し以外の四点が「愛国班」まんがとして掲載される。一点は、東植が孫のために「豆債権」を買うというものだ（図28）。豆債権とは子供でも購入できる少額債権のことである。

ちなみに七月号には「翼賛一家」を用いた企業広告が掲載されている（図29）。

「愛国班」まんがを一覧して感じるのは、一応は「生活」

▲【図28】　東植が孫のために「豆債権」を買う（「国民総力」1941年8月号）

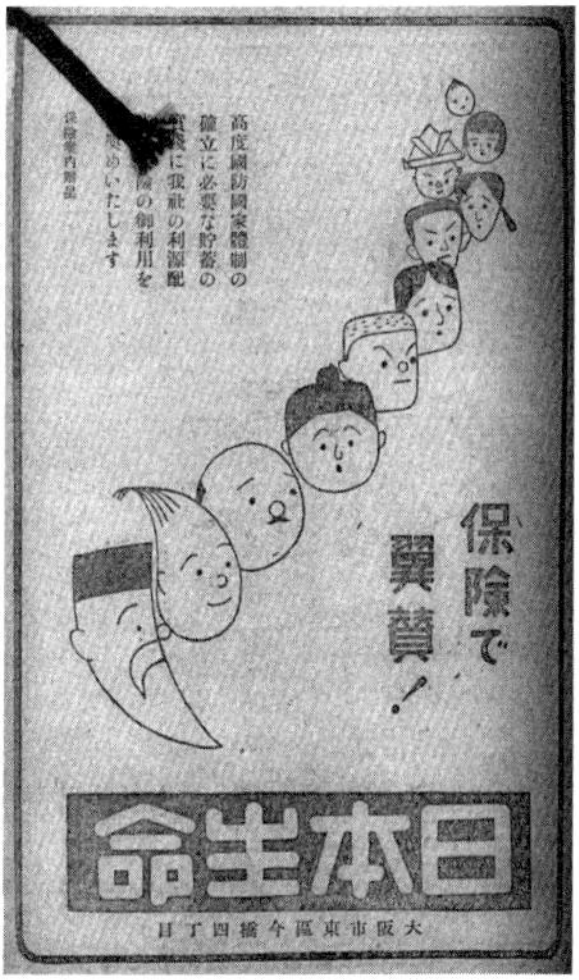

◀【図29】　「翼賛一家」を用いた企業広告。上海、満洲など「外地」各地で見られる（「国民総力」1941年7月号）

を描きつつスローガンが強調されたりはするものの、「合作」まんがとしてはテーマが定まらない点である。そもそも「合作」のうち一部がアリバイ証明的に「愛国班」であるケースが多い。しかし、見方を変えると実は誌面において政策的には正確に同じ方を向いているのである。

「国民総力」で展開される「朗か愛国班」においで突出した描き手が「凡太郎」というまんが家である。筆の大胆なタッチでキャラクターを自分のものにしていて、生き生きと表現する力量がある。残念ながらその素性は現時点では調査できていない。

しかし、朝鮮版「翼賛一家」の当初の展開予定の中に「漫画漫文」とあったように、凡太郎はカートゥーンだけでなく「漫文」を得意としている点で特筆される。「朗らか愛国班敷島一家漫画訪問」（一九四一年十月号、図30－1）、「朗か愛国班長新春対談」（一九四二年一月号、図30－2）など一家の架空訪問記や架空対談を文章と絵で寄せているのである。架空の一家を「実在する」と見立てる趣向は内地「翼賛一家」にも散見したが「国民総力」誌上では同じ協会の岩本正二による実在の愛国班の訪問ルポも掲載されているので、その点で手が込んでいる。

　とはいえ、ここでもその記事の内容そのものは実に他愛ない。勤労奉仕や愛国班によって近隣が親しくなったといった一応は国策に沿った内容は織り込まれるが、漫談に近く、しかし読みやすい。重要なのは、この「読みやすさ」にある。漫文は、平易な口語体、会話体で書かれ、しかも漢字には総ルビが振られている。そもそも「国民総力」という雑誌は、軍や総督府、連盟の関係者や文化人による、檄文《げきぶん》に近い政治論文が中心のプロパガンダ総合誌であり連盟の機関誌でもある。ルビもない。その中で凡太郎の漫文「愛国班」、そして岩本の愛国班ルポは、例外的に平易な会話体と総ルビからなるのである。

　このことから、協会員による愛国班漫文の位置づけがおのずと明らかになるだろう。

　凡太郎の漫文で中心的に描かれるのは二編とも東植と明二《ママ》の双方一家の老人である。凡太郎は二人の老人を偏屈な国粋老人でなく、飄々《ひょうひょう》とした人物として描く。とはいえ、単に子供向

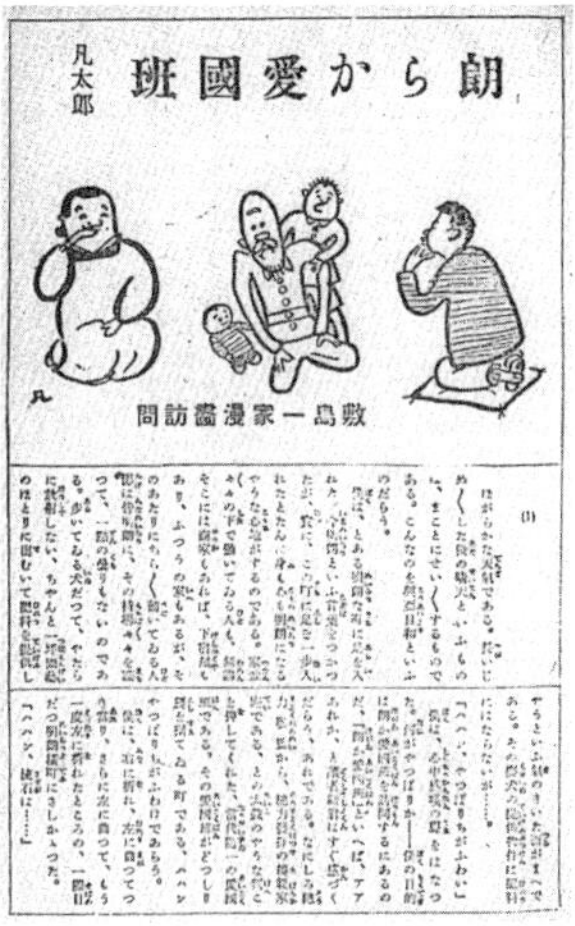

【図30-1】 漫文形式の架空訪問記（凡太郎「朗らか愛国班敷島一家漫画訪問」「国民総力」1941年10月号）

【図30-2】 漫文形式の架空対談（凡太郎「朗か愛国班長新春対談」「国民総力」1942年1月号）

けを対象としたものなら両家の子供や犬を主人公にすればよいがそうではない。無論、「国民総力」のまんが・漫文ページを目当にする子供がいないわけではなかったろうが、これらのページは実際には、「国語」、すなわち「日本語」の教化のツールとして目論まれていたと考えるべきである。その内容にプロパガンダ色がさほど強くなく、平易な読みものになっているのも何より「日本語を読ませる」ことに主眼があった、と考えられる。このように「愛国班」は「国語」教化と密接に結びついている。

「朗か愛国班」のある程度長期的な連載としては、堀萬太郎「ツヅキマングワ愉快ナ家族」が目立つ。「皇民日報」創刊号一九四二年六月二十五日から開始、一九四二年十二月三十一日の一五九回めまでの連載が確認できる（図31）。そして、この作品もまた「国語」教化のための「朗か愛国班」なのである。

タイトルの下には「国語常用」と表記され、タイトル、台詞《せりふ》は漢字交じりのカタカナでほぼ総ルビである。「国語常用」は「国語」教化において文字通り常用されたフレーズである。

そもそもこの「皇民日報」自体が「国語」教化のための媒体であった。京城日報社から発行され、創刊号冒頭にはこうある。

だから朝鮮の人は一日も早く皇国臣民として恥かしくない人間にならなければなりません。又みんなが皇国臣民となる為には、一人残らず国語を使ふやうにせねばなりません。そこで京城日報社ではけふから皇民日報を出すやうになつたのです。だから皇民日報は国語のわかる人なら誰にでも読めるやうに、やさしい国語で書いてあります。私は朝鮮の人達が一そう皇民となる為に大きな助けとなり、又国語を勉強する為にも大きな助けとなる新聞を作りたいと固く決心してをります。どうか皆さん方の御助けと御愛読を願ひあげます。

（「皆さんの皇民日報」「皇民日報」一九四二年六月二十五日）

【図31】 堀萬太郎「ツヅキマングワ愉快ナ家族」（「皇民日報」創刊号1942年6月25日から開始、1942年12月31日までの159回）

つまり「皇民日報」とは国語啓蒙新聞なのである。しかも徴兵制準備のため特化した媒体である。

だから、総力朝鮮連盟事務局総長波《は》田《た》重一《しげいち》が創刊号に「国語で皇民へ」と題し「半島同胞にとつて今が一番大切な時に、やさしく、わかりやすく誰にでも読める新聞として」「毎日国語の勉強になり」「愛国班などではこの新聞を常会の参考書や、国語講習の教科書として」使うことを薦める一文を寄せているのである。一方、総督府の政務総監田中武雄は「皇国臣民への助け」と題し「殊に朝鮮は東亜の北の方にある最も大切な役目を持つてゐる所です。その上、昭和十九年からは朝鮮の青年がみんな名誉ある兵隊になれる徴兵制が行はれることにきまつてゐます。ですから朝鮮の人は一日も早く、一人も残らず皇国臣民になつてしまはねばなりません。なほ皇国臣民になりきる為には国語でいつも話をし、国語でいつも字を書くやうにせねばなりません」とも談話を寄せるのである。記事としても「兵隊さんになるには今から国語の勉強」などの見出しが目につく。

そのため、記事は、ですます体の平易な日本語で書かれ、総ルビである。中でも「国語常用」とわざわざ表記され、カタカナ表記でほぼ総ルビの「愉快ナ家族」は「愛国班」が国語教化の場でもあるという目的に極めて忠実な作品であるといえる。

まんがの台詞も「国語常用」で一貫する。

祖父「コクゴヲツカハナイモノハ日本人ニナレナイトシンブンニカイテアル」孫娘「ガクカウノセンセイモサウオッシヤッタワ」（第二回、図32）、祖父「アアウチノモノガヒトリモノコラズコクゴヲツカフノダカンガヘタダケデモキモチガスットスルヨ」（第三回、図33）、あるいは内地人から朝鮮語で話しかけられ、祖父が「キミモ日本人ナラコクゴヲツカッタラドウダ」（第六回、図34）と言い返すなどと、金山一家の家長の祖父が国語常用の先頭に立つさまが描かれる。それに孫娘が従い、友達に「コクゴヲシラナイヒトトワアソバナイヨ」（第八回、図35）と小さな同調圧力の担い手にさえなる。日米開戦から一年後の一九四二年十二月八日には、孫

【図32】「コクゴヲツカハナイモノハ日本人ニナレナイ」、堀萬太郎「ツヅキマングワ愉快ナ家族」2（「皇民日報」1942年6月26日）

【図33】「ヒトリモノコラズコクゴヲツカフ」、堀萬太郎「ツヅキマングワ愉快ナ家族」3（「皇民日報」1942年6月27日）

【図34】「キミモ日本人ナラコクゴヲツカッタラドウダ」、堀萬太郎「ツヅキマングワ愉快ナ家族」6（「皇民日報」1942年7月1日）

「ケサノヒノマルワトクベツキレーニミエルワ」「マレー、ヒリッピン、ビルマ、ジャワ、スマトラ、セレベス、ボルネオ、ミンナセンリョーシタカラネ」「ガムトーモウエーキトーモ」と「共栄圏」の拡大を喜ぶ（図36）。それが「愉快な」という形容詞をタイトルに付した「愛国班」まんがで描かれるのである。「読売新聞」版「翼賛一家」のラストで大和家・三郎少年が見た翼賛体制の共栄圏への拡大の光景にあたかも呼応するかのようである。

このように朝鮮版「翼賛一家」

【図36】 12月8日を祝う金山一家。堀萬太郎「ツズキマンガ愉快ナ家族」140（「皇民日報」1942年12月8日）

【図35】「コクゴオシラナイヒトトワアソバナイヨ」、堀萬太郎「ツヅキマングワ愉快ナ家族」8（「皇民日報」1942年7月3日）

を読み進めていくと、いかなる「日本」が日本統治下の朝鮮に発信されたのか、実に身も蓋もなく見ることができるのである。

「朗か愛国班」の複数作家による展開は、現状、雑誌「朝光」一九四一年六、七月号に掲載された作者名のない二作などの他にもいくつか存在する。また、「毎日新聞」が告知した連盟宣伝部の後援による朝鮮漫画人協会による「戦時生活漫画」の公募において、「明朗な愛国班敷島」が二等入選とあり、「投稿」での二次創作が一部で行われていたことは確認できる。他にも「国民総力」カットに『朗らか愛国班数へ歌』なるポスターとおぼしき作品が二点「三等入選」というキャプションのみ付して掲載されているが、これも投稿による「愛国班」二次創作と思われる（図37）。一方、同じ号には「懸賞漫画」と題し見開きに五点、「防諜」「増産翼賛」などと題された投稿まんが五編が掲載されるなど継続的に投稿まんがを募集してはいるが、「愛国班」キャラクターを用いた入選作は確認できていない。まんが、あるいは漫画漫文以外の広がりはいまだ定かでない。ショーウインドウでのディスプレイに用いられた記事が確認できたのみであり（図38）、告知にあった広告類での使用例は発見できていない。

【図37】「朗らか愛国班」投稿ポスターとおぼしき作品。「愛国班」二次創作（「国民総力」1941年11月号）

　それでも、これらの事例に限っても日本統治下の朝鮮に「朗か愛国班」が広がるメディアミックス的光景が存在したことは確かである。また、総力戦の過程で「朝鮮漫画人協会」が「宣伝局」との関係で結成されている点で内地に近い。まんがは、内地においても外地においても「文化」政策の対象というより、翼賛体制発足時から「宣伝」ツールとして位置づけられていたことがわかる。そして台湾と朝鮮には皇民化と対になる形で外地植民地における徴兵

【図38】　ショーウインドウでのディスプレイ（「国民総力」1941年10月号）

制の前提づくりとして「翼賛一家」があったことが見えてくる。そこでは翼賛会とパラレルな組織として結びつき、現地の状況に応じてローカライズされているさまも見えてきた。また、まんが家たちは「協会」をつくることで、「みんなで」その体制に組み込まれていくのである。

　しかし、その一方でこの「協会」同士が横に連携していた形跡は希薄である。華北での展開は「北京漫画協会」、朝鮮での展開は「朝鮮漫画人協会」の単独で行われ、同一のメディアミックスを行いながら、横の繫《つな》がりや組織化に欠ける。日本国内でも「協会」から日本漫画奉公会へと組織替えがあったように、まんが家組織は「上位」の意向によってつくり替えられ乱立傾向にある。

　このように、同一のキャラクターやそのつくり替えがトランスメディア、トランスナショナル的に共栄圏内で行われながら地域ごとに「翼賛一家」の機能もその創り手も閉じている。この横断的でありながら閉じているというのは案外、現在のメディアミックスのあり方に近いようにも思える。

以上、華北および朝鮮における「翼賛一家」の展開を調査の及ぶ範囲で概観した。その中で「翼賛一家」は内地と外地で計画的に同時展開されたコンテンツであるが、同時にその「文化工作」ツールとしての使われ方は各地の統治政策や政治状況によって柔軟に（あるいは名目とは裏腹に地域間の「協働」を欠いたまま）変化していることがうかがえる。それはこの「大東亜共栄圏のクールジャパン」の大きな特徴である、といえよう。

第二章　満蒙開拓青少年義勇軍と田河水泡・阪本牙城《がじょう》のまんが教室

一　プロもアマチュアも動員される

　十五年戦争下、まんが家たちもまた戦時プロパガンダの協力者であった。しかしそれは、軍隊や軍人を素材に、侵略戦争を直接的なモチーフとするまんが作品を執筆したことと必ずしも一致しない。軍人を主人公に戦争を描くまんがの多くは、読者がそのような内容のまんがを好むという商業的な要請に基づくものであり、その風潮なり世論が政治によって醸成されたことは当然、立論されなくてはならないが、作品制作そのものは強制されたものではない。
　例えば「のらくろ」であれば、その成立に当時の編集者松井利一の以下のような回想があることを山口昌男が紹介している。

松井　その一ばん最初はですね、外国漫画の模写なんです。社でとっていたいろんな外国雑誌を見ましてね、あれにいろんな漫画が出ていたでしょう。おもしろいのが多いんですね。これはおもしろい、これもおもしろいというんで、それを漫画らしい絵をかく人に持っていって、こちらの寸法の通りにですね……それを日本風に模写してもらった。

（『のらくろはわれらの同時代人 山口昌男・漫画論集』立風書房、一九九〇年）

のらくろは、ハリウッド産のアニメのヒットする要素から導き出され、さらに子供らの好きな「戦争ごっこ」と「犬」を組み合わせたもので、そこには政治や国策の直接的介入はない。商業出版社のマーケティングの産物であり、子供という大衆の欲求に忠実たらんとした結果である。しかし、事実として日中戦争以降「のらくろ」は現実の戦争とのリンクを始める。当初、戦争の描かれ方は犬と猫の戦争で、子供たちの「戦争ごっこ」の反映の色合いが濃いが、日中戦争以降は明らかに中国大陸が舞台であり、南京侵攻（図1）などリアルタイムでの戦争を彷彿とさせる挿話が描かれる。しかし、そこにも政治の直接の介入の痕跡

【図1】 田河水泡「のらくろ肉弾中隊」
（「少年倶楽部」1939年1月号別冊付録）

は確認できない。

最終的に「のらくろ」は軍隊を辞して中国大陸で「探検」を始める。「のらくろ」に国策や政治の介入が証拠付けられるのは、雑誌連載でも描き下ろしの単行本でも実はこの退役以降のエピソードを描く「探検」シーズンにおいてである（ちなみに「のらくろ」単行本は雑誌連載を加筆したものでなく、フルカラーで描き下ろされたものだ）。その詳細は後述するとして、戦時下のまんがが家やまんがが作品を政治的に検証する際、戦争という題材の採否ではなく、政治の具体的介入の有無を冷静に見てとらないと、その正確な評価を誤ることになる。

例えば、文学史上は中野重治の転向を批判し、当人は非転向のまま早逝したことになっている詩人・小熊秀雄が「旭太郎」の筆名で原作を執筆した『火星探検』（中村書店、一九四〇年、図2）は、SFまんがの先駆的作品とされてきた。内容的には月や火星についての学習科学まんがといった方が正確だが、日中戦争以降に刊行された作品でありながら、戦争も軍人も登場しない。小熊は他にも同じ名義で中村書店で原作をいくつか執筆するが、村の子供たちが新聞を発行するさまをモチーフとする渡辺太刀雄作画『コドモ新聞社』（一九四一年）、海外の児童文学を下敷きにした謝花凡太郎作画『勇者イリヤ』（一九四二年）など、どれも日中戦争以降の作品でありながら、戦争の痕跡はほとんど見出《みいだ》せない。そのことを小熊の左翼文学者としての良心なり、非転向の証《あかし》として理解する向きもある。しかし、この時期の小熊が内務省の斡旋で『火星探検』の版元、中村書店へ「編集者」として職を得ていたことは指摘されてきた（宮本大人「戦時統制と絵本」、鳥越信編『はじめて学ぶ日本の絵本史Ⅱ』ミネルヴァ書房、二〇〇二年）。そして国家総動員法に呼応する形で一九三八年十月、内務省警保局図書課によって示された「児童読物、並に絵本に関する内務省指示事項」に、まんが家や児童書出版社が恭順の意を示した日本児童絵本出版協会主催『「漫画絵本に就て」の座談会速記録』（日本児童絵本出版協会、一九三九年）、同第二回『「児童絵本を良くする座談会」速記録』（日本児童絵本出版協会、一九四〇年）においては、出版社側の代表の一人、「小熊」という出席者が国策協力を渋るまんが家らを論破し、「当局」の意を忖度して議論をまとめていくさまが正確に記録されている（図3）。この「小熊」は小熊秀雄だとされる。

【図2】 科学的啓蒙という思想統制するまんが（旭太郎〈小熊秀雄〉原作、大城のぼる画『火星探検』中村書店、1940年）

こういう業界の座談会は活字化されることで民間の業界の自発的意志の表明とされ

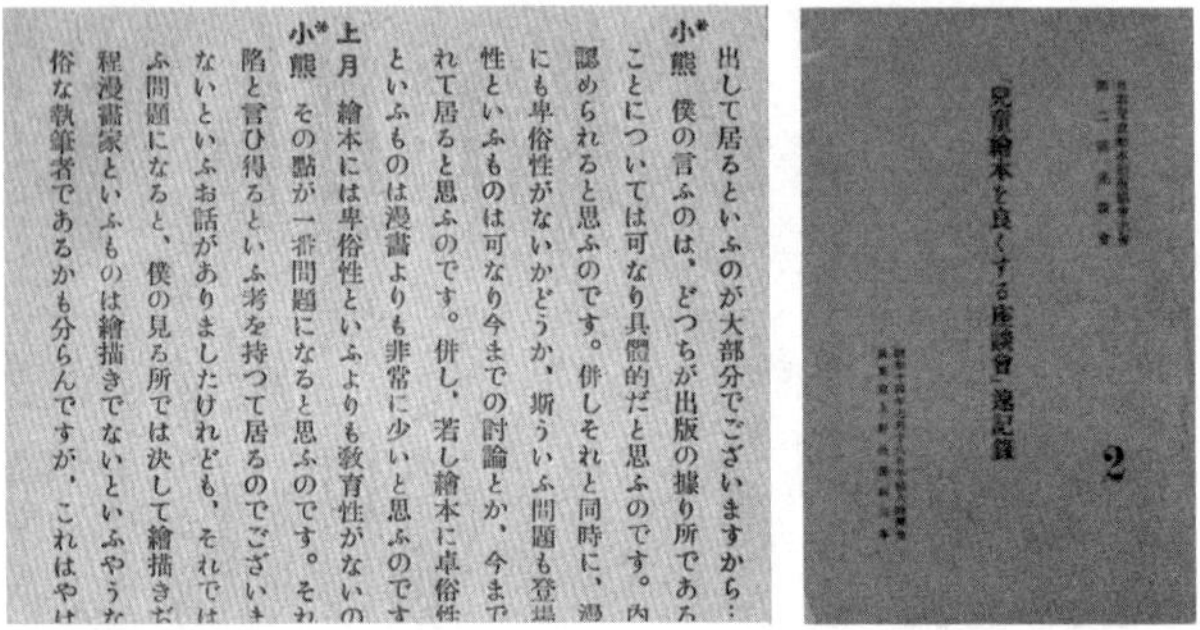
出して居るといふのが大部分でございますから：
小熊　僕の言ふのは、どつちが出版の據り所であ
ことについては可なり具體的だと思ふのです。内
認められると思ふのです。併しそれと同時に、漫
にも卑俗性がないかどうか、斯ういふ問題も登場
性といふものは可なり今までの討論とか、今まで
れて居ると思ふのです。併し、若し繪本に卑俗性
といふものは漫畫よりも非常に少いと思ふのです
上月　繪本には卑俗性といふよりも敎育性がないの
小熊　その點が一番問題になると思ふのです。それ
陥と言ひ得るといふ考を持つて居るのでございま
ないといふお話がありましたけれども、それでは
ふ問題になると、僕の見る所では決して繪描きだ
程漫畫家といふものは繪描きでないといふやうな
俗な執筆者であるかも分らんですが、これはやは

【図3】　出版関係者として座談会に出席、議論を国策に沿って工作する小熊秀雄（日本児童絵本出版協会主催『「児童絵本を良くする座談会」速記録』日本児童絵本出版協会、1940年）

た。つまり民間が統制を望んだという構図がつくられる。そういう「工作者」の役割を小熊秀雄は果たしている。

この「示達」でまんが本や児童書が求められたのは、直接的な戦意高揚の表現ではない。表面的には「赤本」と呼ばれた児童書やまんが本の「浄化」への参画である。粗末な印刷や低俗な内容の児童向け出版物を中心とする「浄化」であり、小熊が赤本浄化を肯定する当時の論考が草稿として残されている（小熊秀雄「子供映画論」『小熊秀雄全集』第五巻、創樹社、一九七八年）。児童の近視への対策である活字の大きさの規定、加熱する付録や懸賞の類も「示達」の対象となった。

しかし「示達」によって、児童向け絵本・まんがに直接介入することになる政策は、実は「科学」である。それは次のように定められた。

高度国防国家完成ノ根幹タル科学技術ノ国家総力戦体制ヲ確立シ科学ノ画期的振興ト技術ノ躍進的発達ヲ図ルト共ニ其ノ基礎タル国民ノ科学精神ヲ作興シ以テ大東亜共栄圏資源ニ基ク科学技術ノ日本的性格ノ完成ヲ期ス（「昭和十六年五月二十七日　閣議決定科学技術新体制確立要綱」石川準吉『国家総動員史』資料編第四、国家総動員史刊行会、一九七六年）

このような大東亜共栄圏の基礎を「科学」に置いた「科学技術新体制確立要綱」を踏まえての科学的啓蒙の役割が「示達」によって児童書に求められたのだ。具体的にはまず「仮作」（フィクション）が制限される。そして「時代小説ノ幾編カヲ小国《ママ》民ノ生活ニ近イ物語」「冒険小説ノ幾編カヲ探検譚、発見譚」に代替することが求められる一方、「科学的知識ニ関スルモノ」の採択が求められることにもなる。戦時下の児童書に「科学」を主題とするものが少なからずあるのは、それゆえである。

例えば小熊原作の『コドモ新聞社』は、幽霊を信じる村の大人を子供たちがつくる新聞が論破する（図4）構成で、少国民の日常・生活を描く一方、科学という国策に忠実であることがわかる。

コドモ新聞
第三号
子供の意見
コドモ新聞社では、三里火の幽霊探険隊をつくり、コドモ全社員と、村の人を加へて十四名でてかけました。そしてつゐに幽霊の正體をつきとめました。コドモ新聞社では、こんどの三里火幽霊探険隊の成功を記念するため、こゝにあらためて少年科學探険隊をつくることになりました。そして恐ろしい噂や、ふしぎな出來ごとを探險します
三里火に幽霊出る
子供探険隊の活動
こないだから村に幽霊が出るといふ噂が立ったので、わが子供新聞社ではすぐその噂の出どころの調査にかゝりましたところ漁師赤貝三太と川村甚平さんが漁の歸り、ふざけ半分に三里火へ入ったところ穴の口から約百五十メートルのところで幽霊をみてびっくりして逃げ歸ったといふことでした。我が社では、すぐにこれは何かわけがあるにちがひないと子供探険隊をつくり村の人も加って探険に向ひました。
幽霊の正體は握り飯
百二十米位の奥になるほど幽霊は白くぼつと火の紺がりの中に立ってゐます。そこで探險隊では決死隊をつくり調査の結果、幽霊の正體はニギリ飯だとわかりました。一同アッと驚ろきまして、調べてみますときつとこの穴へ何時か乞食でも入つてをいて行つたのでせう、握り飯があつて、それから驚ろくことには高さ一メートルほどの白いカビが生へてゐて、それがフワリフワリと空中に浮いてゐるのでした。梟先生のお話では、こういふ長いカビは珍らしいが、よくあることだといってゐました。

【図4】　幽霊を信じる大人を「コドモ新聞」が科学的に論破（旭太郎原作、渡辺太刀雄画『コドモ新聞社』中村書店、1941年）

『火星探検』は、子供が火星探検を夢で見た後、父や天文学者が科学的知見を啓蒙するという内容である。『火星探検』は中村書店の「ナカムラ・マンガ・ライブラリー」（一九三三〜三九年）の第二期に相当する「ナカムラ絵叢書」（一九三九〜四三年）として刊行されたが、先の「示達」および小熊の「編集長」就任以前と以後では、戦争物と立川文庫の忍者などの荒唐無稽な物語を借用した時代劇が中心だったシリーズが一転して、娯楽色と戦争色が消える。これも「示達」に添った編集方針に転じたからである。児童文学の翻案的な作品に加え、「科学」や「紀行」的な内容が目立つが、それは「文化映画」と呼ばれ映画法で上映が求められた教育啓蒙映画の内容とも一致する。つまりその変化は同シリーズが「国策」の管理下に入った証なのである。

小熊がその「転向」をなじった詩人・中野重治の小説『空想家とシナリオ』（改造社、一九三

九年）で、仕事を干され真綿で首を絞めるように追いつめられる作家が執筆することを求められるのが「文化映画」の脚本であるのは、小熊の国策参加ぶりへの案外と正確な批評になっている。ちなみに同小説の中で作家が脚本執筆を求められる、本ができるまでを描く文化映画は実在したようだ。戦時下の文化映画を戦後、学校教材用スライドにしたキヌタ・スタジオの「幻灯フィルム」目録に「本はどうして出来たか」（社会科教材）が含まれるからである。

このように国家の直接の介入、少なくとも忖度しなくてはいけない状況下で描かれたまんがは、一見すると好戦的・軍国主義的ではない事例がしばしばある。それはまんがに限らず映画や文学・詩などにも共通である。戦時下のまんがが動員を考える上で重要な特徴なので強く注意を促しておく。

では、まんがが表現の戦時動員はいかなるものだったのか。最低限、その概要を整理しておく。

そもそも「動員」は、①まんが家自身の動員と、②キャラクターの動員にまず大別されるだろう。戦後、高畑勲のアニメーション理論の基礎にもなった『漫画映画論』（一九四一年）の著者・今村太平は、同名のもう一つの「漫画映画論」の中で「ディズニー漫画の曾ての芸術としての優秀性は、ただちに思想宣伝戦における武器としての優秀性である」（今村太平「漫画映画論」『戦争と映画』第一藝文社、一九四二年）とまで記す。これは米国によるディズニー利用を踏まえての発言だが、ミッキーの戦時動員は実は日本も行っている。枢軸国側のディズニーキャラクターの海賊版的利用も含め、戦時プロパガンダでの人気キャラクターの動員は、どの国においても定番であった。連合国側のディズニー動員としては『総統の顔（Der Fuehrer's Face)』（一九四三年、図5）、日本では横山隆一「フクチャン」の突出ぶりが目立つ他、第一章で触れた大政翼賛会宣伝部が版権を管理し、今でいうメディアミックス的展開を行った、新日本漫画家協会デザインによる「翼賛一家」が知られる。手塚治虫が敗戦直前、私家版として大学ノートに描いたプロパガンダまんが「勝利の日まで」（手塚治虫「勝利の日まで」『幽霊男／勝利の日まで　手塚治虫　過去と未来のイメージ展　別冊図録』）に戦時下のまんがキャラクターが総動員されるのも、そのような定石の反映としてある。

対して、まんが家そのものの「動員」はどうか。すでに指摘したように、戦争や戦時体制をあからさまに扱ったまんがの多くは、映画や小説と同様、読者の欲求に応えると同時に世間の空気なり政治を自発的に汲《く》むようになった結果であり、その内容から単純に「動員」か否かは判断はできない。しかし、メインストリームのまんが家はといえば、新日本漫画家協会、漫画奉公会と、国策を忖度する組織を国内で政局に敏感に呼応しながらつくることで、自らを動員する体制に進んで与《くみ》していったことも歴史的事実である。彼らは国策を忖度する作品の執筆を自発的に行っていく。子供まんがでは小熊秀雄のように編集者が内務省から出版社に送り込まれる例もあり、「原作」や「編集」を介して忖度そのものを学ばされる仕組みである。小熊は出版社で原作を描き編集をすることで「国策」への忖度の仕方を直接、まんが家に教え込む役割を事実として果たした。

しかし、あからさまな政治によるまんが家「動員」が見てとれるのはやはり、対「外地」に向けた「文化工作」においてである。この時期、多くのまんが家たちが「外地」や「戦地」に赴き、まんが執筆を何らかの戦時プロパガンダとして行っている。例えばプロレタリアまんが雑誌「カリカレ」で活動した佐久間晃は満洲事変直後、兵役で満洲派遣軍に加わるが、在満中に現地雑誌「月刊満洲」に投稿する。その縁で再び渡満し、まんが家として活動する。満洲では新たに雑誌や新聞が創刊され、現地で活動するまんが家も少なくなかったのである。佐久間は「奉天日日新聞」や「満洲日日新聞」に籍を置くが、このような外地新聞だけでなく企業の宣伝課や広報課に籍を置き、まんが執筆を行っていた者は少なくない。それ

【図5】 ウォルト・ディズニー製作のプロパガンダアニメ『総統の顔(Der Fuehrer's Face)』主題歌楽譜表紙

は同時にそれらの組織を通じての何らかの「文化工作」への参画でもあった。

佐久間はそういった自分たち「居住者」に対して、「内地」からの「旅行者」のまんが家の名を対比的に書き連ねている。旅行者は満鉄や拓殖公社の招聘《しょうへい》で渡満した者たちで、当時の人気まんが家がずらり並ぶ。いささか長くなるが、そのくだりを引用する。


当時の漫画家仲間のうちで、ビルマ戦線に従軍中爆死した藤井図夢君をはじめ、敗戦から引揚げの前後にかけて故人となったものに、今井一郎、梅林秀麿、久保山天津生、高田義雄、陣内春夫君らがいるが、今なお健在で漫画を描いているのでは、鞍山の満洲製鉄弘報課にいた中村伊助君（漫画集団）、哈爾浜鉄路局にいた西島武郎君（フリー）、満毛百貨店の宣伝部にいた松岡しげる君（九州漫画協会）、「満洲日日新聞」にいた吉田義雄君（旧姓奥＝九州漫画協会）、日満商事にいた今村主税君（フリー）、「満洲日報」の富山衛君（フリー）と私ぐらいのものであろうか。

開拓総局にいた阪本牙城先輩は、現在もっぱら墨絵に親しんでいるようだ。

満洲日報にいた河野久、武田一路両氏の消息を聞けないのは残念なことである。満人の漫画家で口が利けなかった身障者の李平和君は、今どうしていることであろうか。

ついでに、満洲の大地を踏んだことのある日本〝内地〟の漫画家を紹介しておきたい。昭和二年ごろ、満鉄の招きで、大連から哈爾浜まで大名旅行をした北沢楽天、池辺鈞、服部亮英、細木原青起、小林克己、水島爾保布、牛島一水（現在一陶と改名）、宮尾しげをの諸先輩にはじまり、昭和十三年には同じく満鉄の招待で漫画集団（当時は新漫画派集団といった）の近藤日出造、清水崑、横山隆一、中村篤九、小山内龍さんたちが満洲に遊んだ。

（佐久間晃、富山衛『絵と文 想い出の満洲』恵雅堂出版、一九七一年）

佐久間は「内地」からの「旅行者」たるまんが家に距離感を露《あらわ》にし、彼の中で同じ満洲に動員されたまんが家は「外地」組と「内地」組に歴然と分かれていると察せられる。そのことは「外地」に留まった阪本を「開拓総局にいた阪本牙城先輩」と敬意を込めて「外地」組の一員としていることからもうかがえる。その差はつまりは動員のされ方にもあったはずである。

こうして見た時、満洲に限らず「外地」における国策との関わりの中でのまんが家動員は、おおむね以下の四つに区分できると考えていい。すなわち、①視察者として外地に赴いたまんが家、②外地居住者で「文化工作」に従事したまんが家、③従軍まんが家および徴兵され戦地にあったまんが家、④内地出身・外地居住者問わず各地で活動したアマチュアのまんが家および予備軍、の四つである。①は、公的機関やあるいは内地メディアから派遣される形で一定期間、外地を視察、僻地《へきち》に赴くものであっても、戦場からは離れ、書かれるまんがは旅行記に近く、現地の風景や風俗を描いたものが大半である。「外地」を文化工作者として生きる②とはやはり温度差があるのはすでに見た通りだ。

戦時下のまんが家たちの統一的組織として新日本漫画家協会の後を継いだ日本漫画家奉公会の作品集である金子三郎編『決戦漫画輯』（教学館、一九四四年）には「共栄圏報道漫画」として満洲、中支、蒙彊《もうきょう》、南支、マニラ、北支那、ビルマ、ニューギニア、ボルネオなどに派遣された一二名による「共栄圏による横顔」と題する作品が掲載されている。その内容から大半が「視察」であったことがうかがえる（図6）。唯一の例外は南支へ派遣された益子善六「壁画行餘録」であり、プロパガンダ用の大壁画を描いて回るさまが描かれている（図7）。これなどは「視察」というよりも、②や③などで、宣伝工作用に現地派遣や従軍を命じられたまんがが家の「公務」に近い。「外地」居住者は多くが新聞などの報道機関や公的機関に籍を置くが、それらの機関は看板に限らず、宣伝工作など何らかの文化工作に関与している。したがって所属するまんが家も文化工作の担い手なのである。

例えば、朝日新聞の斡旋で上海の「大陸新報」に送り込まれたといわれる可東みの助は、作

【図６】「共栄圏報道漫画」として満洲、中支、蒙疆、南支、マニラ、北支那、ビルマ、ニューギニア、ボルネオなどに派遣された12名による「共栄圏による横顔」の一つ（池田さぶろ「蒙疆画信」、金子三郎編『決戦漫画輯』教学館、1944年）

風としては戦局を題材とした政治まんがと社会風俗を描く二つのスタイルを使い分ける。戦局を描くまんがは、新聞社所属のまんが家の本来の「報道」としての仕事である。そして外地の平和的日常を描くことの方が「視察」系まんが家と同様、共栄圏への理解や友好を深めるという「国策」に添う「工作」の意味を持っている。

　可東はそれ以外にも、ユダヤ系や白系ロシアなどの多国籍のまんが家協会を結成し、そこに日本側の意に沿う形の国策アニメ制作を押しつけられかけていた『鉄扇公主』（一九四一年）の作者・万兄弟を引き入れようとするなど、彼個人の

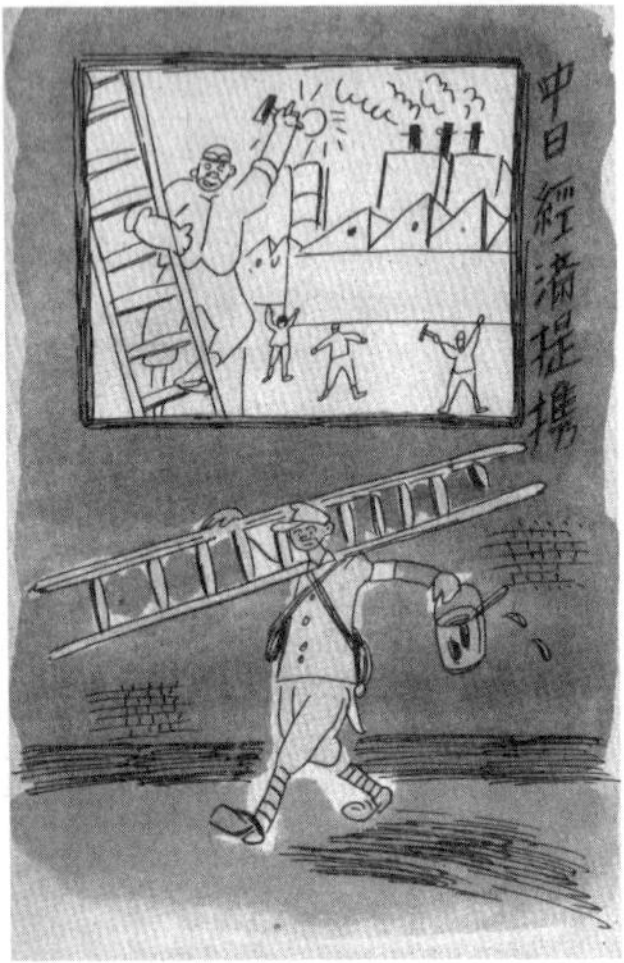

【図7】　益子善六「壁画行餘録」（金子三郎編『決戦漫画輯』）

発案とは思えない文化工作を行うだけでなく、益子同様に、前線で即興のまんがを描くなどの宣撫《せんぶ》工作にも駆り出されている（可東みの助「漫画宣伝苦話」「大陸」大陸新報社、一九四四年五月号）。

このように新聞・出版社や現地企業自体が何らかの文化工作機関としての側面を持ち、内地の息苦しさに耐えかねて脱出した「外地」居住のまんが家であっても、現地での文化工作に関与せざるを得ないケースが大半である。ぼくの私的なコレクションの中に北京での文化工作に関わった公的機関の中間管理職的な人物の残した名刺ファイルがあるが、東方社の岡田桑三らをはじめ、著名な文化工作機関の人物に混じってまんが家の名が散見するのは外地まんが家がどういう人脈の中にあったのかを物語っている（図8）。

このような、著名なまんが家や何らかの形で文化工作機関に関わった者、任務として宣伝活動のために従軍した者に対して、まんが家であっても一兵士として前線に徴兵される者も少なくない。当然だが、無名のまんが家は一兵士として徴兵されるのである。彼らが戦地から内地に戦場の様子（といってもやはり兵士の「日常」）を伝えるまんがを「陣中まんが」といい、戦時下に特有のまんが形式である。例えば「東亜新報」には田河水泡門下の高城渓水が師に寄せた「陣中まんが」（図9）が掲載される。高城は平松秀三著『漫画安全読本』（文学社、一九四一年）という工場労働者向けの安全管理マニュアルまんがの作画を担当し、一応の著書を持ち、全くの素人ではないが、一兵士として徴兵されている。阪本守弘『陣中漫画　刻む軍靴』（昭和出版協会、一九四〇年）は、著者の肩書に「那須部隊・元坂西部隊歩兵上等兵」とあり、文字通り

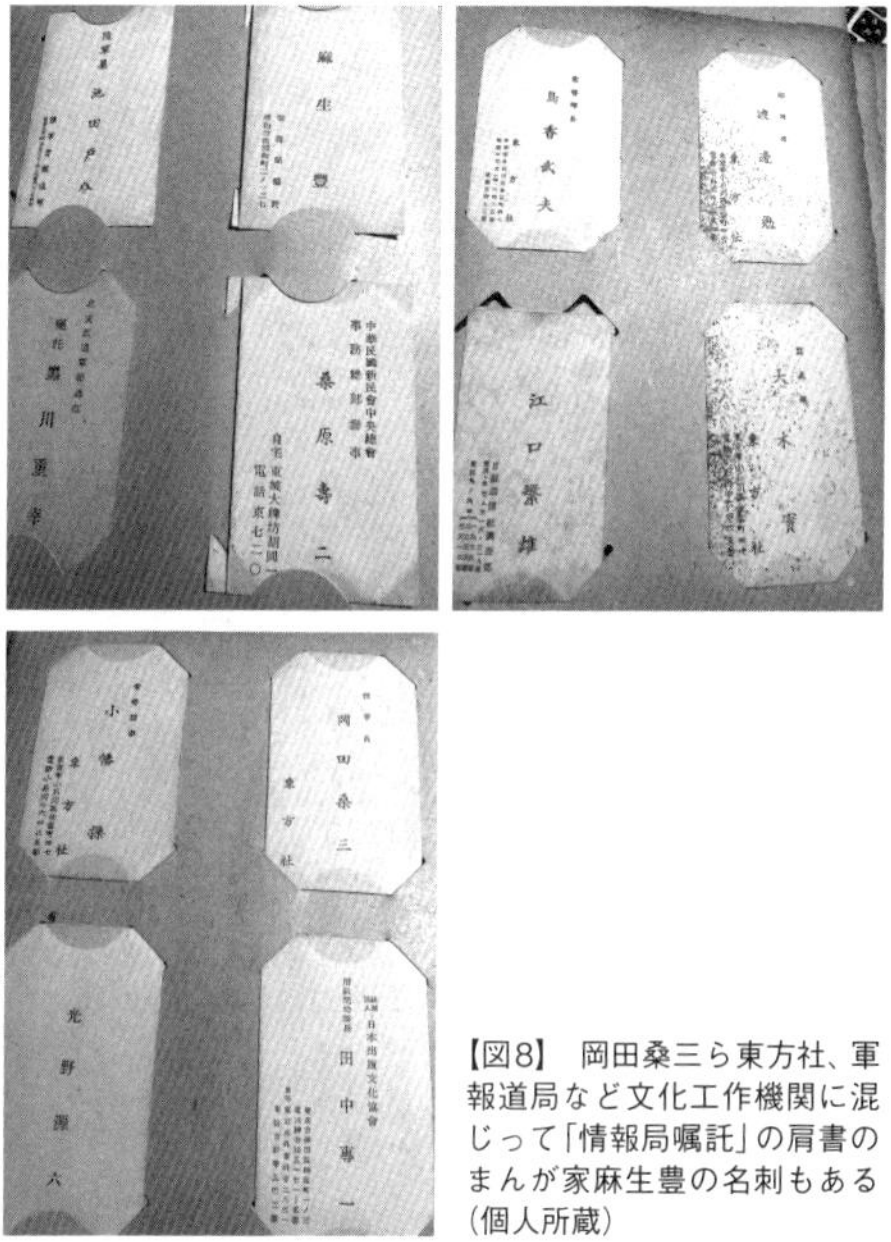

【図8】　岡田桑三ら東方社、軍報道局など文化工作機関に混じって「情報局嘱託」の肩書のまんが家麻生豊の名刺もある（個人所蔵）

【図9】 戦場から発信される「陣中まんが」(高城渓水「陣中より画信」「東亜新報」1940年6月7日)

「陣中」まんがを描き、帰国後、書きためたものを一冊にまとめたものである。こういった徴兵されたまんが家たちの作品集は他にも、「八隅部隊工兵上等兵」と階級が記された三上卯之介『陣中漫画とスケッチ　甕風呂《かめぶろ》』（三友社、一九三九年）など少なくない。戦時下のまんがの一領域を形成している。それらは一様に、前線において牧歌的な、兵士の束《つか》の間《ま》の日常を描く点で共通であり、「銃後」の家族を安心させる役割を果たす。彼らが兵役中、まんが執筆を許されるのも直接の任務というわけではないが、軍という組織の利益に購《あがな》う形でまんがを描く以上、やはり「プロパガンダ」の一環だといえる。そうやって戦地に散った無名まんが家も少なからずいた。

そして最後が、内地出身者・外地出身者・外地居住者・徴兵問わず、外地で生活した素人・アマチュアまんが家たちである。そこには外地出身者も当然含まれる。従軍した無名の兵士まんが家と区別がつきにくいが、あえて区分の一つとするのは、生活者である「素人」（この「素人」は翼賛体制下、多出する戦時下用語である）に創作を求めることが外地・植民地政策を含む戦時下の重要な「国策」としてあるからに他ならない。一九四〇年に発足した大政翼賛会は岸田國士を文化部長に就任させるが、岸田は市民参加型演劇である「素人演劇」を推進する。演劇だけでなく、「翼賛一家」がそのキャラクターを用いた投稿、今でいう二次創作を「素人」としての読者に求めたように、「協働主義」の名の下に、生活者に創造的行為を通じての翼賛体制への国民参加をさまざまな領域で求めた。標語や国民歌謡、映画シナリオだけでなく、皇紀二六〇〇年記念の「国史」さえも投稿から選ばれたのである。藤谷みさを『皇國二千六百年史』（大阪毎日新聞社、東京日日新聞社、一九四〇年）は公募で入選・刊行された「国史」である。

まんがについても、「慰問」「陣中」と具体的用途を掲げた通信教育の広告や初心者向け入門書がいくつか確認できる。まんが入門書は、一九二〇年代後半から刊行が始まり、まんがを描く読者の裾野は拡大していくが、彼ら「素人」こそが理念的には翼賛体制の担い手であった。

二　「文化工作」としての外地まんが教室

その意味で出征した「陣中」にある兵士や開拓民の中に無名の「素人」まんが家たちが存在したことの意味は大きいのである。「宣撫月報」は満洲国の国務院総務局広報処が発行する大陸における宣伝工作の専門誌で、理論的な論文、実践報告、統計などが寄稿されていることでよく知られるが、同誌では満洲統治政策において「文化の程度の低い民衆」に対するまんがの「宣伝」での有効性と「必ずしも絵を専門とするものに依頼せずとも」「小学生、中学生などに描かしめる」ことが早くから説かれていた（「宣伝の研究」「宣撫月報」一九三七年第二巻第一号）。

一方で外地では文化工作用に外地人まんが家の育成が各地で提唱されている。満洲でも例えば同じ「宣撫月報」誌上では日中戦争後にはまんが家育成が議論となっている。同誌では、今井一郎が「漫画と宣伝」と題する論文を一九三八年九月号・十月号・十二月号に寄稿していることが確認できる。

今井は一九四二年一月満洲・新京で創刊された総合雑誌「芸文」の編集スタッフの一人で、奉天在住の画家とされる。一方では、「満洲日日新聞」紙上で、満洲美術家協会事務局長の肩書で藤田嗣治《つぐはる》らと座談会へ出席しているのが確認できる。それより前、一九三八年十月創刊の文芸誌「満洲浪漫」にも参加しており、その時の肩書は満洲日日新聞社社会部次長であった。満洲での文芸および美術関係でしばしば見る名である。「月刊満洲」では、阪本牙城らと並んでまんが作品も掲載されている。

可東みの助もそうだが、大陸に渡ったまんが系文化工作者の中には、編集者あるいは記者としてのキャリアがある者が少なくない。創作者でも批評家的素養のある人物が工作者向けだという印象もある。今井もその一人といえる。

その今井は「漫画と宣伝」の中で、日満漫画家を「積極的に養成する必要」と「対内外的な強力なる宣伝機構」に加える必要を説く（「漫画と宣伝」「宣撫月報」一九三八年九月号）。まんがを宣伝の武器とするには「在満漫画家（アマチユアーをも含む）積極的な思想教育」の徹底と「満州独自の漫画形式の発見」を主張する（「漫画と宣伝—その実践に就いて」「宣撫月報」一九三八年十二月号）。それは「自由主義国家における漫画の形式」ではなく、満洲国の「精神の代表」「思想の現れ」と聞こえはいいが、その「精神」「思想」が日本側の管理下にある以上、つまりはプロパガンダツールとして純粋化したまんがの意味でしかない。それを踏まえての技術的訓練の必要性を説く。

其後に於いて技術的訓練と相俟て完全な国策遂行の武器として漫画が生かされて行くのである。そこで、私は具体的な方法として、新京漫画グループが結成されてゐるが、此のグループの研究会なども続々開催したいし、それに対して積極的な各宣伝機関の指導援助を願ひたいのである。

（今井一郎「漫画と宣伝—その実践に就いて」「宣撫月報」一九三七年十二月号）

今井は文化工作員の育成としてまんが教育を位置づける一方、現地まんが家協会の教育機関としての活用も同時に説く。前章で見た現地における「協会」の結成が外地における文化工作の戦略であったことがうかがえもする。

このように満洲では早い段階で急進的な素人まんが家育成の主張がなされていることがわかる。

他方、今井は巡回展覧会の必要性も強調する。この点を含め、今井論文は台湾を含む外地で実践されたまんが文化工作と重なり、その関係性に注意が必要だ。

そして今井は満洲におけるまんが雑誌創刊の提言さえする。それは、後述する阪本牙城の試みを踏まえると興味深いものがある。

その今井は、「宣撫月報」に初歩的なまんが創作法の記事も掲載している（図10）。それは表情集やムーブマンなどを用いた、この時期に定型化した「まんがの描き方」の指導法と同じである。他方、同誌には満映の線画部、すなわちアニメ部門に関わった浅田勇の「線画と漫画の知識」（「宣撫月報」一九三九年七、八月号）も掲載されている。「宣撫月報」に描き方、つくり方の記事が出るのは珍しいが、それは同誌の読者というよりは「素人」の指導用に用いるための

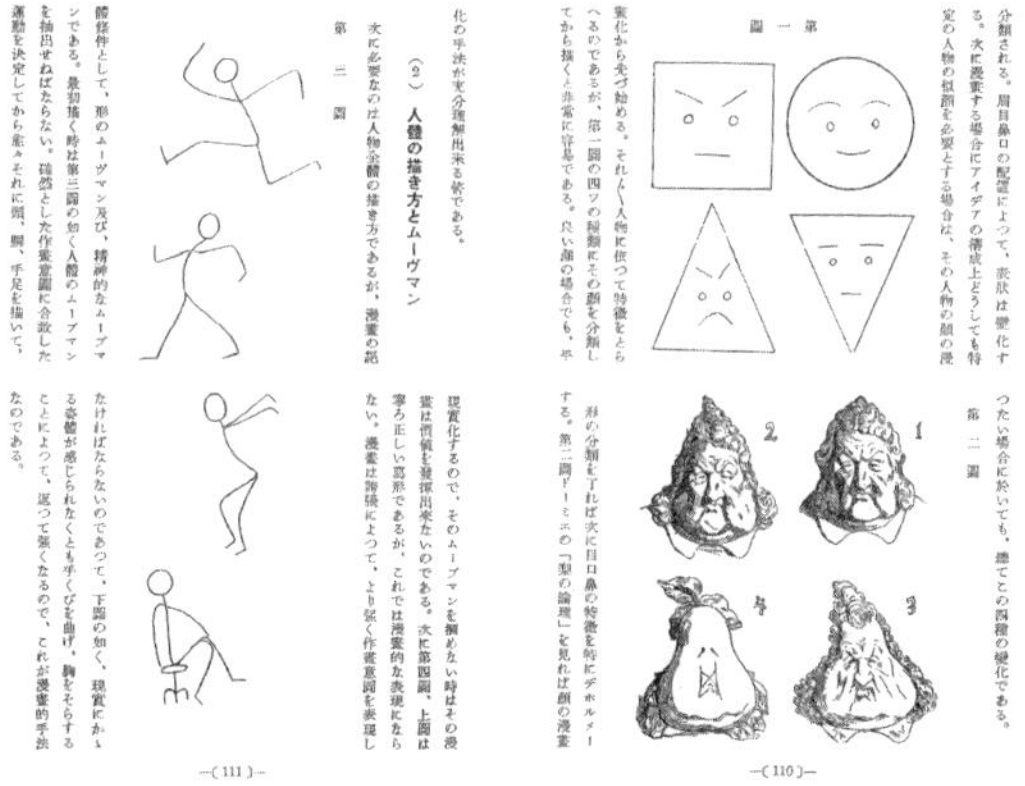
分類される。眉目鼻口の配置によつて、表情は變化する。次に漫畫する場合にアイデアの構成上どうしても特定の人物の似顔を必要とする場合は、その人物の顔の漫畫化から先づ始める。それぞ〵人物に依つて特徴をとらへるのであるが、第一圖の四ツの種類にその顔を分類してから描くと非常に容易である。良い顔の場合でも、平

第一圖

つたい場合に於いても、總てこの四種の變化である。

第二圖

形の分類を了れば次に目口鼻の特徴を特にデホルメーする。第二圖ドーミエの「梨の論理」を見れば顔の漫畫

—(110)—

化の手法が充分理解出来る筈である。

（2）人體の描き方とムーヴマン

次に必要なのは人物全體の描き方であるが、漫畫の純

第三圖

體條件として、形のムーヴマン及び、精神的なムーヴマンである。最初描く時は第三圖の如く人體のムーヴマンを抽出せねばならない。確然とした作意意圖に合致した運動を決定してから徐々それに頭、胴、手足を描いて、

現實化するので、そのムーヴマンを掴めない時はその漫畫は價値を發揮出來ないのである。次に第四圖、上圖は寧ろ正しい姿形であるが、これでは漫畫的な表現にならない。漫畫は誇張によつて、より强く作意意圖を表現しなければならないのであつて、下圖の如く、現實にかゝる姿態が感じられなくとも手くびを曲げ、胸をそらすことによつて、返つて强くなるので、これが漫畫的手法なのである。

—(111)—

【図10】 満洲文化工作専門誌掲載の「まんがの描き方」（今井一郎「漫画と宣伝」（下）「宣撫月報」 1939年1月号）

ものであると考えられる。

それ以外にも複数のまんが論が掲載されるが、無署名の記事「宣伝の研究」（「宣撫月報」一九三九年一月号）においては「鳥獣戯画」起源説が説かれる一方、近世の鳥羽絵や明治期の新聞、海外のまんが史などがバランスよくコンパクトにまとめられる。やはりアマチュア啓蒙用のツールであることがうかがえる。

このように満洲においては映画ほどではないが、容易な視覚表現としてまんがの文化工作への援用が広く検討・実践されていたことは、もう少しまんが史の上で重視されていい問題である。

こういった「素人」まんが家による満洲での国策動員の一例としては、「東亜新報」に「ま

んがで愛路工作」(一九四一年一月二十四日)なる記事が掲載されていることに注目したい。愛路工作とは華中における国民党系、共産党系の両抗日ゲリラによる鉄道網への襲撃に対して、沿線を「愛路村」と呼ばれる地域として区分、それを単位にして治安維持と宣伝工作を行うというものである。その「愛路」宣伝工作のため華北交通は本社が「漫画の得意な社員(邦人一名、華人十名)を選んで」天津、張家口の両鉄路局に派遣することを決定、今後、まんが宣伝技術員が各地に配置されるという記事である。鉄道会社勤務の「華人」の中にもアマチュアまんが家がおり、それが日本側の宣伝工作に動員されている。まさに「素人」まんが家の国策動員の一例であることがわかる。

大政翼賛会の発足前後からまんが家たちの「外地」への関心が盛んになっていたことは、一九四〇年に発足した新日本漫画家協会に、発足準備の段階でつくられた当日配布用に印刷された名簿に名のなかった可東みの助(図11)が、急遽《きゆうきよ》加えられたことに見てとれる。可東は「映画漫画」と当時呼ばれた映画俳優の舞台裏をスケッチするまんがが様式で知られる一方、関西を中心にいくつかの映画雑誌で編集者としてのキャリアがあった。彼が編集長を務めた「映画情報」一九四〇年七月号の編集後記には、可東が上海に渡った旨が記されている。可東の上海行きの目的が「文化工作」であったことは同年六月二日に、上海で発行されていた朝日新聞系の外地邦字新聞「大陸新報」に「大陸漫画グループ結成す」と社告が掲載されることでもわかる。可東を中心に七人の漫画集団が結成、「日曜漫画頁」を合作するという内容だが、記事でなく社告であることは、これが新聞社や軍主導であることがうかがえるだろう。事実、可東の立場は軍属に近いものであり、宣撫工作への参加についてのエッセイもいくつか残している。

可東のような「外地」まんが家は国内での活躍とは別の次元でその時期、存在感が強い。芸術系の組織としては最も早く統合再編を行い、一九四〇年八月三十一日に発会式を行い、「翼賛一家」の企画などで翼賛会に急接近する新日本漫画家協会に、結成直後、可東が参加したことは先に触れたが、同年九月十三日にその可東に加え、清水昆と益子しでおの三名に対して「歓迎座談会」なる企画が開催されていることが加藤悦郎を編集人とする「新日本漫画家協会会報」で報じられている。可東は上海に渡ってわずか半年ほどで急遽帰国、協会に参加したのである。記事では可東は「上海の海軍武官府で腕を振るって来た」、清水、益子は「遼東の軍指導部で縦横に活躍して来た」と紹介され、軍との関係が強調される。そして「大陸とのあら

【図11】 内地では映画雑誌編集者でまんが家でもあった可東みの助(左)(可東みの助年忌発起人会『みの助の思い出』私家版、1958年)

ゆる交流面に益々漫画家の積極的活躍が要求されねばならぬものがある」と外地の文化工作への参加が前のめりに語られるのだ。このような彼らの紹介のされ方によって、まんが家たちが外地で軍の管轄下、工作員として遇されていたことも改めて確認できる。

可東の「文化工作員」としての活動の詳細は別のエッセイ（大塚英志「可東みの助の運命―戦時下の編集的人間とその生き方」「早稲田文学」早稲田文学会、二〇一八年初夏号）に譲るが、上海での宣伝工作に翻弄された彼もまんが教育について一九四四年にこう結論していることだけ今は注意を促しておく。

研究所を設けて、此処に若き素質よい中国人を集めて、外人漫画家の持てる「技術」を習得せしめることが時局に貢献する適切な道であるが、未だそこまで行つてゐない。（加藤巳之助「上海漫画の30年」、上海市政研究会編『上海の文化』華中鉄道株式会社総裁室広報室、一九四四年）

可東の名の表記は媒体ごとにブレがありこの引用は加藤巳之助名義だが、彼の「名」への無頓着さは別に論じられてもいい問題かもしれない。

可東は新聞へのまんが寄稿や外地の協会づくりだけでなく、現地の村々に赴き即興でまんがを描く宣伝工作など最末端の文化工作員としても活動する。その中で例えば連合国の首脳らを皮肉る似顔絵を描こうにも、そもそもその「顔」が現地の人々には欧米人の顔にさえ見えず、ただ、愉快な顔として笑いの対象となることを実感する。カリカチュアの文化コードそのものが異なるわけである。このような経験の果てに、日本人のまんが家が自ら宣伝工作を行うのではなく、中国側に宣伝工作用のまんが家を育成すべきだという主張に可東は至るのだ。「宣撫月報」の今井と同じ結論であるが可東の場合、そこに至る経験の生々しさがある。

上海においてこのようなまんが家育成が実際に行われたのかは確認できていないが、外地においては決して特異な考え方ではなかった。

内地においてはアマチュアまんが家の拡大による参加型動員や漫画集団への近衛新体制下の再編などを踏まえた体制づくりが進んだが、外地でのまんが工作の方針はそれとは大きく異なった。上海では可東は「大陸新報」主導で大陸の活動の受け皿となるはずの「大陸漫画集団」に続き、上海在住の外国人や中国系まんが家を含む「上海漫画家クラブ」（図12）を一九四二年に結成するが、機能しない。満洲や北京でも「協会」はつくられたが、国策団体としての規模はなく、内地・外地を結ぶ機運はあってもネットワークが組織されるわけでもないことは前章で見た。外地漫画家協会はいわゆる「漫画集団」的な小さな権益の担い手に収斂してしまいがちな印象を受ける。その意味で既存のまんが家を工作に用いることの難しさがそれぞれの外地の現場では実感されていたと考えられる。

そもそも上海を含む外地でのまんがによる「文化工作」はおよそ三つの形をとる。

①まんが家の文化工作者としての外地派遣
②巡回作品展による文化工作
③現地まんが家の育成

【図12】 みの助（左端）の結成した上海漫画家クラブ（可東みの助年忌発起人会『みの助の思い出』）

外地派遣まんが家である可東が、上海でのまんが教育に思い至るのは敗戦直前だが、台湾ではもう少し早くその記録が残っている。

台湾では日本とリアルタイムで「翼賛一家」の複数の新聞連載や広告などによるメディアミックス展開がなされるが「投稿」型参加の形式はとらない。しかしまんが教育には力が注がれる。新日本漫画家協会員の清水昆による「漫画講習会」が行われたのである。「台湾日日新聞」一九四二年十月二十八日付夕刊には「漫画講習会　予想外の好況」と題した写真（図13）付きの記事が確認できる。その状況は、台湾における大政翼賛会に相当する皇国奉公会の報告書にこう記されている。

漫画は総力戦下に於ける宣伝武器として極めて直截且つ有力なものであるが本島では之に親しむ者極めて少き現状に鑑み東都に於ける中堅漫画家清水崑氏を招聘して漫画講習会を開催したのであるが其の目的とする処は漫画の何たるかを味得せしめると同時に之れが執筆の基本を習得せしめ進んでは総力戦下漫画による彩管報国に挺身せんとする士の蹶起すべき動機を作らんが為であつたが各地とも非常に熱心なる講習員参集し終始真摯な講習が続けられ短期講習に拘らず相当な成果を収めることが出来たことを信ずるのである。尚講習は毎日午後六時より九時迄、日曜祭日は午後一時より五時迄であつた。（皇国奉公会中央本部編『第二年目に於ける皇民奉国運動の実績』台湾日日新報社、一九四三年）

【図13】「漫画講習会 予想外好況」（「台湾日日新報」1942年10月28日）

「彩管報国」の「彩管」とは絵筆のことであるが、この報告書によれば、台湾での講習会は一九四二年に台湾の五都市で三〇日間にわたって開催、延べ二二七人が受講したとある。これが多いか少ないかは対比する数字はないが、そのもたらした影響は講演会後、新聞に講習会に関する記事（表1、113〜114ページ参照）が並ぶことで推察できる。

一九四二年の講習会以前は積極的に行われなかったアマチュア参加型の動員が一転して集中的に行われていることがわかる。さらに隣組での「漫画回覧板」の作成、アマチュアのまんが家組織の結成、「漫画歌謡標語」や「決戦漫画」などの公募、当選作の巡回展と、一挙に「描く読者」の動員が活発化したことがうかがえる。その点では内地における翼賛体制への「素人」の参加政策は、台湾のまんが領域では相応に試みられ成功していたといえる。

朝鮮においても一九四一年の朝鮮漫画人協会結成を受けて同年八月、総力戦連盟宣伝部のポスター募集に協会が呼応、同協会が窓口で「戦時生活漫画」を募集している。その中には「朗か愛国班」二次創作も入選作に含まれていて、同年十月にはデパートやギャラリーで作品展が開催されている。やはりアマチュアまんが家動員は国策となって実践されている。

こういった戦時下朝鮮におけるアマチュアの所在は、ソウルの大韓民国中央図書館に岡本一平『新漫画の描き方』（中央美術社、一九二八年）をはじめ、一九二〇年代に大量刊行の始まっ

表1　台湾まんが講習会記事（調査　蔡錦佳）

1941(昭和16)	03月03日(月)	東京本社特電一日発、「漫画で社会の空気を中和させる」	『台湾日日新報』(三)
1942(昭和17)	09月20日(水)	「漫画講習会開催　全島各地で」	『台湾日日新報』(二)
1942(昭和17)	09月26日(土)	「〝漫画〟は直接の宣伝武器 清水漫画家来」	『台湾日日新報』(三)
1942(昭和17)	10月11日(日)	「総督、軍事課長　漫画移動展を観覧」	『台湾日日新報』夕刊(二)
1942(昭和17)	10月15日(木)	清水崑、「漫画　新建設始まる」	『新建設』第一巻第一号、奉公会中央本部発行、総和社(復刻版)、P34-35
1942(昭和17)	10月16日(金)	「漫画講習会」	『台湾日日新報』(四)
1942(昭和17)	10月21日(水)	「漫画講習会開く 廿三日から本社講堂に」	『台湾日日新報』夕刊(二)
1942(昭和17)	10月28日(水)	「漫画講習会 予想外好況」	『台湾日日新報』夕刊(二)
1942(昭和17)	12月12日(土)	「皇民奉公会で発行 漫画絵はがき『明るい銃後』慰問袋用に好適」	『台湾日日新報』夕刊(二)
1943(昭和18)	01月01日(金)	「啓蒙に漫画回覧板　皇奉新竹州支部の新試み」	『台湾日日新報』(七)
1943(昭和18)	01月04日(月)	「漫画歌謡標語募集」	『台湾日日新報』(四)
1943(昭和18)	01月20日(水)	「漫画回覧板 お目見得」	『台湾日日新報』(四)

1943（昭和18）	01月27日（水）	「決戦漫画入選」	『台湾日日新報』（三）
1943（昭和18）	03月07日（日）	「新竹奉公漫画挺身隊結成」	『台湾日日新報』（四）
1943（昭和18）	03月07日（日）	「「建艦献金」そりやいい　一般大衆の時局認識図る、皇奉新竹州支部の〝漫画回覧板〟」	『台湾日日新報』（四）
1943（昭和18）	03月20日（土）	「戦ふ漫画展覧会　五月七日から四日間」	『台湾日日新報』（三）
1943（昭和18）	04月02日（金）	「私も皇国民　お婆さんもこの熱心さ　皇奉新竹州支部の〝漫画回覧板〟」	『台湾日日新報』（四）
1943（昭和18）	04月21日（水）	「戦ふ漫画展」	『台湾日日新報』（三）
1943（昭和18）	05月02日（日）	「七日から漫画展」	『台湾日日新報』夕刊（二）
1943（昭和18）	05月08日（土）	「〝戦ふ漫画展〟好評　けふから蓋明け」	『台湾日日新報』夕刊（二）
1943（昭和18）	05月09日（日）	「〝戦ふ漫画展〟へ　長谷川総督、微笑の讃辞」	『台湾日日新報』夕刊（二）
1943（昭和18）	05月11日（火）	「戦ふ漫画展　国防献金、地方へ移動」	『台湾日日新報』（三）
1943（昭和18）	05月16日（日）	「戦ふ漫画展　基隆で十九日より」	『台湾日日新報』夕刊（二）
1943（昭和18）	05月19日（水）	「基隆で漫画展」	『台湾日日新報』（四）
1943（昭和18）	06月02日（水）	「戦ふ漫画展　四日から台中で」	『台湾日日新報』（四）
1943（昭和18）	06月12日（土）	「戦ふ漫画　台南で二十一日より」	『台湾日日新報』（四）
1943（昭和18）	10月27日（水）	「新穀感謝漫画展　皇奉新竹州支部　十一月申合事項」	『台湾日日新報』（四）

【図14】　朝鮮総督府図書館蔵書印のあるまんが入門書（岡本一平『新漫画の描き方』中央美術社、1928年）

たまんが入門書が朝鮮総督府図書館の蔵書印（図14）が押されて収蔵されていることでも裏付けられる。蔵書印の日付などから、これらの本がリアルタイムで収蔵されたことが確認できる。この蔵書が直接「素人」まんが家たちに閲覧されたとまではいわないが、「外地」である朝鮮にリアルタイムで入門書が流入していた可能性が高いことを示唆している。

三　読者を戦争に送る――田河水泡と「のらくろ」の戦時動員

さて、以上を踏まえ、本章では戦時下におけるまんが表現の「動員」について、二人のまんが家を対比的に検証する。いずれも佐久間晃が満洲で活動したまんが家としてその名を挙げた二人である。彼らが満洲で行ったのはまさに「文化工作」としてのまんが教育なのである。

一人は田河水泡（一八九九〜一九八九年）。一九三一年に開始された「のらくろ」シリーズの作者である。

もう一人は阪本牙城（一八九五〜一九七三年）。一九三四年に連載が始まる『タンクタンクロー』の作者である。十五年戦争前期、それぞれ「少年倶楽部」「幼年倶楽部」という児童雑誌で圧倒的な人気を誇り、戦後も復刊が続いた作品である。こういった人気作家までもが戦争協力に「動員」されるのが戦時下であることはまず確認しておく。

しかし「のらくろ」「タンクタンクロー」それ自体が戦時協力作品というわけではない。軍隊や戦争を題材としているが、ナカムラ・マンガ・ライブラリーがそうであったように、戦争や軍人は子供という大衆の欲求に忠実に応えたもので、阪本の「タンクロー」の主人公には戦争物と並ぶ人気ジャンルである立川文庫的な「忍者」のイメージも投影されている。

この二人のまんがが家が政治的に「動員」された国策とは、満蒙開拓青少年義勇軍であった。この点でも共通であった。

満蒙開拓青少年義勇軍とは、一九三七年、第一次近衛内閣に対し出された農村更生協会会長・石黒忠篤《ただあつ》、満洲移住協会理事長・大蔵公望《きんもち》、同理事・橋本伝左衛門、那須皓《なすひろし》、加藤完治、

大日本連合青年団理事長・香坂昌康の六名による「満蒙開拓青少年義勇軍編成に関する建白書」を受ける形で定められた「満洲青年移民実施要綱」に基づくものだ。翌三八年から募集が開始され、数え年一六歳から一九歳の男子を対象とする新たな移民政策である。日中戦争への兵士の大量動員と景気拡大に伴う労働力の需要拡大によって成人の移民確保が難しくなっていたからだとその理由が説明されることが多い。しかし、杜撰な移民計画に加え、抗日パルチザンとの武装衝突、妻子を思っての屯墾病と呼ばれた重篤なホームシックの多発などで、成人移民が内在的な問題を抱えていたことから、満洲移民の基礎を築く一方、張作霖《ちょうさくりん》爆殺事件の立案・実行者の一人でもある満洲国軍事顧問でもあった東宮鉄男《とうみやかねお》は「貧困者ニシテ活路ヲ満洲ニ」求めざるを得ず、かつ、「純真ノ年少者」による開拓団への政策転換の必要性を身も蓋もなく説いた（上笙一郎『満蒙開拓青少年義勇軍』中公新書、一九七三年）。

一九三八年当時一六歳というと、「のらくろ」の連載開始時である三一年の時点で九歳、「タンクタンクロー」の連載開始の三四年時点で一二歳、つまり義勇兵は「のらくろ」「タンクロー」読者と重なりあってくる。それが両者が「動員」された理由とまずは考えられる。この二人の人気まんが家は自分たちの読者を「外地」に動員するための戦争協力を求められたのだ。

そのような田河水泡の起用がまさに「国策」であったことは、清水久直『満蒙開拓青少年義勇軍概要』（明治図書、一九四一年）の以下の記述からまず確認できる。

一〇、義勇軍の漫画宣伝・小学児童のために
　小学児童の義勇軍に対する関心は最近著るしく昂まり、義勇軍の現地生活状況を知らんとする努力が払はれるに至つたので、拓務省では小学児童の最も理解し易い文、絵で現地報告書を作製すべく漫画家の田河水泡先生（本名高見澤水車）に交渉中のところ、この程承諾を得たので、本月五日から一ケ月に亘つて現地に行つて戴くことになりました。田河先生は先づ昌園訓練所に行き、それからハルピン訓練所を始め各地の大小訓練所を訪問され、冬の義勇軍と訓練所の正月風景を得意の文と漫画に収め一月十日頃帰京される予定。

田河の本名は「仲太郎」であり、「水車」というのは誤記であろう。同書は、義勇軍に志願した青少年が二ヶ月から四ヶ月の訓練を内地で受ける茨城県下の内原訓練所の記録として書かれたものだが、田河への協力要請が「小学児童」向け、つまり「のらくろ」の読者向けになされたことがわかる。

そもそも田河は、満洲と縁がなかったわけではない。大正新興美術運動に参画する以前、小

学校卒業後、職を転々とした後、一九一九年に徴兵、二一年満洲吉林省に配属後、二二年、除隊している。

義勇軍政策に関わっての渡満はこれよりずっと後、まんが家として名を成した後で、満蒙開拓青少年義勇軍の生活指導員として各地の訓練所を回ったとされる。自叙伝では一九三八年六月から四一年まで拓務省嘱託として三回、渡満していると回想される（田河水泡、高見澤潤子『のらくろ一代記―田河水泡自叙伝』講談社、一九九一年）。

先の「概要」には、皇紀二六〇〇年に合わせて一九四〇年後半から「報告書」作成のため渡満したとあるのは、三回目の渡満のことであろう。

田河の義勇軍政策への関与は、おおむね以下の三つの形で確認できる。

①勧誘マニュアルの冊子『あなたも義勇軍になれます』の執筆、および義勇兵への参加過程を、順を追って描くまんが「義勇軍の義坊」シリーズの執筆

②外地訓練所での義勇兵へのまんがの創作指導

③「のらくろ」退役後の「大陸」での活躍を描くシリーズの執筆

これらが一九三九年から四一年の期間中、並行して行われているのである。

無論、「のらくろ」の戦時協力に関しては、同情的な見方もある。日中戦争を境に「ごっ

こ」であった戦争が中国大陸でのリアルな戦争へと世界観の枠組みが変更され、「爆弾三勇士」をモチーフにした挿話が描かれるなど戦時下の流行に敏感である。しかし、「少年倶楽部」一九四一年一〇月号をもって、情報局からの指導で連載中止（九月号は休載）となったことで、まんが史では強く批難はされていない。

この執筆「中止」の直接的な理由は田河の義兄で同居したこともあった小林秀雄が回想するように、中国人を豚の姿で描いたことにある（小林秀雄「漫画」『考えるヒント』文藝春秋、一九七四年）。これは「示達」の「皇軍ノ勇猛果敢ナルコトヲ強調スルノ余リ支那兵ヲ非常識ニ戯画化」「支那人ヲ侮辱スル」表現を禁じた「事変記事ノ扱ヒ方」の項目に抵触したからだと思われる。中国への差別的表現を禁じる「示達」が思いがけない形でまんが家への圧力として機能したのである。

一方では、出版用紙の統制として、前号実績で次号の部数の決まる仕組みがあったため、紙の配給を減らすには雑誌を部数減させる人気作品の打ち切りが求められたと、当人は回想する（田河・高見沢、前掲書）。直接的な理由はどうあれ、「のらくろ」休載自体が一種の「見せしめ」であり、まんが家や出版界への同調圧力づくりであったと考えるのが妥当だろう。しかし、国策に協力した「義勇軍の義坊」シリーズも「のらくろ」と同じタイミングで連載が中止となっ

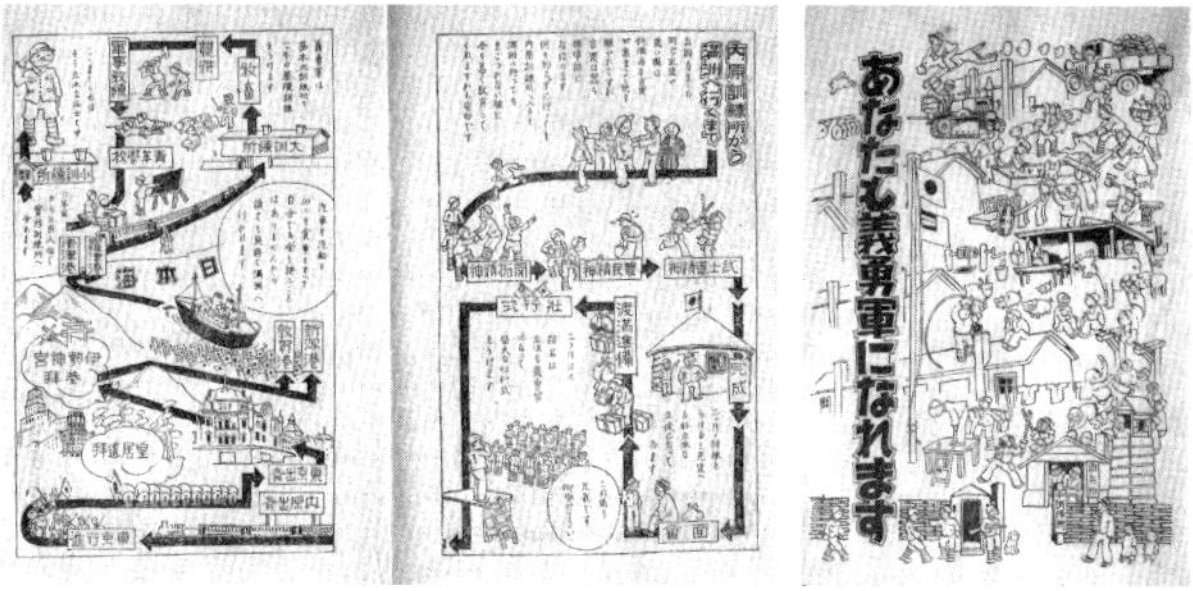

【図15】　田河水泡の義勇兵勧誘まんが（拓務省拓務局『あなたも義勇軍になれます』〈著者表記・奥付なし〉）

ていて、もう少し田河執筆停止問題は検証が必要である。

さて、田河の義勇軍政策への「協力」は、すでに確認したように、その読者が義勇兵応募年齢に差しかかるタイミングでなされた点で巧妙である。つまり田河はまんが表現を自らの読者を書店に走らせる「動員」でなく、戦場への「動員」のために用いることを求められたのである。

そのために田河はまず、パンフレット『あなたも義勇軍になれます』を一九四〇年に刊行している。発行元は拓務省拓北局。これとは別に田河の名はなく、ただ発行元に「拓務省拓務局」とあるバージョンもある。

内容は「満洲開拓の意義」をまず説き、「義勇兵になるまで」に始まり、応募から茨城県の内原訓練所での二ヶ月の訓練、現地での一年の大訓練所、二年の小訓練所を経て、小訓練所からそのまま「開拓団」へと移行するまでが描かれる一六ページの冊子である（図15）。入植するまでの道筋が平易に説かれている。

これと並行するのが、満洲移住協会刊行の「新満洲」(一九四一年一月より「開拓」に誌名変更)誌上の連載まんが「義坊」シリーズである。義坊の「義」は義勇軍から一文字をとったものであるのはいうまでもない。冊子では一六ページで描かれた内容が、一九四〇年四月号から一九四一年十二月号、つまり先に記したように「のらくろ」打ち切りとほぼ同じタイミングまで連載まんがとして続く。

内容として目を引くのが、最初の五話分が「親父《おやじ》訓練」(一話目のみ「親父教育」)と題され、義坊が父親に義勇兵になりたいと申し出、葛藤する父親を説得するさまが中心的に描かれることだ(図16)。内地で工員になれと言う父に「工場に三年勤めるとどうなるの」と義坊は問う。すると父が「其時次第でどうなるか分るものか」と答え、それを義坊は「義勇軍は三年たつと十町歩の地主様だよ」と説得する。無論、それは自ら開墾せねばならない自然環境の厳しさが前提にあるが、その現実は説かれない。こういうやりとりの果て最後に「家の為より国家の為に行くのが当り前だ」と父が得心するまでを描く、親の説得のマニュアルまんがになっているのが興味深い。

義坊が親許《おやもと》を離れてからは、渡満までの訓練、開拓村での生活を追う。「のらくろ」が孤児の仔犬《こいぬ》軍隊で出世する一種の成長する出世譚であったのとパラレルの、義勇隊における少年の自立という教養小説的なストーリーになってはいる。「のらくろ」で田河がまんがに導入したキャラクターの社会システムに沿った「出世」という手法が、青少年義勇軍というプロパガンダの内容に有効であったわけだ。その点で「のらくろ」の読者の心を打つものが相応にあったのではないか。しかしその少年と犬の成長譚は両作に前後して打ち切られ、キャラクターの成熟は中断されたままとなっている。

二つめの田河の義勇軍政策への協力が、外地訓練所におけるまんがの創作教育である。そのことは田河の自伝にも記載されている。

【図16】　田河水泡「親父訓練」(3)（「新満洲」1940年6月号）

昭和十三（一九三八）年から十六（一九四一）年にかけて、田河は三回、満州の各地の開拓地をまわって義勇軍を慰問した。一回一ヶ月くらい留守であった。

満蒙開拓青少年義勇軍というのは、日本全国の貧しい農家の次男三男を募集し、満州の開拓地におくりこみ訓練する、当時の国策事業であった。十五、六歳の少年が中心で、約百人が一個中隊になって一か所に集まり、アンペラ（アンペラという植物でつくったむしろ）屋根に泥壁の家を自分たちで建てて、周囲の原野を開拓するのである。辛い仕事であった。電気もなくランプで生活し、寒いときは農業どころか何もすることはないし、娯楽などまったくなく、なぜこんなことをしなければならないのかと、田河もしみじみと考えるほどみじめな状態であった。

（田河・高見澤、前掲書）

田河の指導を受けた証言はいくつか残っていて、例えば戦後、三井三池鉱業所で働きながら組合の機関紙などにまんがを投稿した甘木太郎が訓練所時代、田河から指導を受けたとしている。大牟田市立図書館ＨＰ「郷土ゆかりの漫画家甘木太郎」の「経歴・プロフィール」には「義勇隊の嘱託、『のらくろ』の漫画で有名な田河水泡氏に版画の指導を受ける」とある。

満蒙開拓青少年義勇軍嫩江大訓練所第十七中隊に所属した大金次男は、まんが形式でその指導の様子を回想している（図17）。言及したまんがの作者は少年たちがまんが家に野心を示すというのは、一種の「笑い」であるが、前章で示したまんがが通信教育の広告コピーが「支那に満洲に国内に漫画家は大多忙なり 出でよ！ 新進漫画家！」であることを考えるとリアルでもある。

その大金の描き残した田河の授業はコンパスや定規を駆使したというものだった。授業の様子は田河の妻、高見澤潤子によっても回想される。

> 田河は、拓務省から各地の訓練所にコンパスや彫刻刀をたくさんおくってもらい、コンパスを使って、円の中に三角、四角、五角などをいれる用器画を少年たちに教えた。みなは夢中で幾何学模様を描いて泥壁に貼りつけたり、むしろの上に貼ったりして喜んだ。
>
> （田河・高見澤、前掲書）

【図17】 大金次男「田河水泡きたる」（『続地平線の彼方』八洲会、1998年）

ここで少し脱線する。なぜ、「幾何学模様」を田河が用いたのかが少し気になるのだ。というのは、「翼賛一家」二次創作企画の紹介記事には「誰にでも書ける様に簡単な線のみを用ひられてゐる」(「朝日新聞」一九四〇年十二月五日)と記されていることを想起させるからだ。同作の〝二次創作〟の公募記事にも「顔を描く時に夫婦は円形、祖父母は三日月、長男長女は四角、次男次女は三角、三男三女は円形、幼児はドングリ型、これが特徴です」とある。

このキャラクターを図形にたとえた描き方は新聞紙上で横山隆一による絵でも示されるものだ(図18)。

横山の単行本「翼賛一家」にも同様の描き方が収録される。リアルタイムで翼賛一家に接したまんが家の馬場のぼるは戦後、このキャラクターを「はめ絵」と回想するが、この図形的書式を指していると思われる。

無論、「翼賛一家」単独の例だけでは素人向けの簡易な描き方としか思わない。しかし繰り返すが「素人」にまんがを描かせることは翼賛体制推進のための動員である。そして「素人」にまんがを描かせることはいわゆる「外地」ではより重視されている印象だ。「宣撫月報」では「宣伝武器」としての「まんが」の「専門家」の現地における育成が主張されたことはすでに述べたが、そこでもキャラクターの顔を丸・三角・四角に分類する「描き方」が示されているのである(図19)。

これらの図形的描き方は当時の入門書にも散見する初心者向けの描き方ではある。しかしあたかも満洲では「宣撫月報」の主張を引き継ぐ形で田河水泡が渡満し、まんが教室を開いているわけだ。それゆえ、描き方の相似が気になる。

この図形的描き方にやや拘泥してみるのは、同時期、外地の新聞に円など幾何学図形を用いた「満洲のお友達　易しい描き方」なる記事が散見するからである（図20）。満洲以外にもモンゴルの子供の描き方の記事を見た記憶もある。つまり「五族協和」を「お友達」を描くことで啓蒙するものだが、その手法が田河の授業を彷彿させもするのだ。

だとすれば一体、田河が満洲で行ったコンパスや三角定規を用いた授業とはどのような意味のものだったのか。黄金分割などの講義とも考えられるが、当時「国策」で示されていた「描き方」は幾何学図形を用いた初心者向けの手法でもあるのはやはり気になる。

田河水泡の「正体」が村山知義らとともに大正新興美術運動の担い手であった高見澤路直であることを知っていれば、美術雑誌の表紙にもなったその時代のアイコン的作品である柳瀬正《まさ》夢《む》「貨物自動車」（図21）を思い起こすことは可能である。すなわち構成主義である。他方、田河は従兄《いとこ》の浮世絵画家・高見澤遠治の「製製浮世絵頒布会」の仕事を手伝うことで画業の第一歩を踏み出す。その事実を踏まえると葛飾北斎が『略画早指南』に示した「ぶんまわし」（コンパス）による円や図形の組み合わせからなる描き方が念頭にあっても不思議ではない（図

22)。同書は近代に入ってから復刻され、一九二〇年代以降のまんが入門書刊行ラッシュ以前に広く流布もしていた。

さらには（図23）のようなミッキーの描き方がちらりと田河の脳裏にあったかもしれない。ディズニーの中にキャラクターを「円」で捉える思考があり、それを大藤信郎が北斎式なのか柳瀬式なのか「円」の構成体として捉え、「のらくろ」もミッキーのいわばローカライズだからあり得ないとはいい切れない。田河が行った授業はこれらのいずれかを踏まえてのものなのか、あるいは全てか。自らを「動員」せざるを得なかった田河の心情を考えればせめてその教育法にまんが家・美術家として真摯でありたいと考えたのだと思いたいが、それを証拠立てるものはない。

事実としてあるのは「翼賛一家」や五族の「お友達」の描き方など図形を利用した初心者向けの浮き画の「描き方」は、「素人」のまんが家の「文化工作」目的での育成と協働主義的動員と密接な関係にあったこと、まんが教育は否応なくそれ自体が「文化工作」だったことの二点である。

このように、田河は自らの読者を義勇軍に勧誘するだけでなく創作の指導を行っていたわけだが、それは読者との交流という美談には当然、収まらない。繰り返すが「素人」の創作者の

【図18-23】 田河水泡の「幾何学的」書き方の背景は？

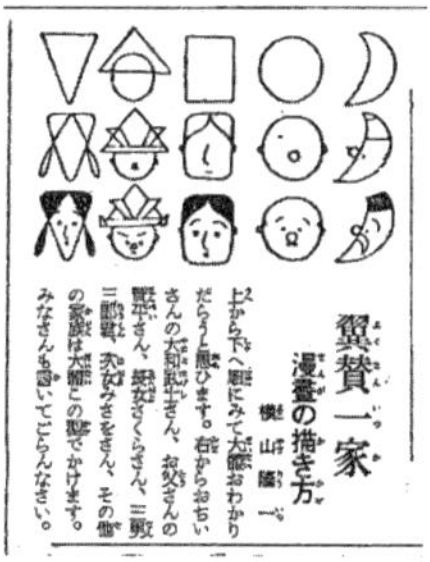

翼賛一家
漫畫の描き方
横山隆一

上から下へ順にみて大體おわかりだらうと思ひます。右からおぢいさんの大和武士さん、お父さんの賛平さん、長女さくらさん、三男三郎君、次女みさをさん、その他の家族は大體この調子でかけます。みなさんも畫いてごらんなさい。

【図18】「朝日新聞」西部版　1940年12月8日

【図19】 今井一郎「漫画と宣伝」(下)(「宣撫月報」1939年1月号)

【図20】「満洲のお友達 易しい描き方」(「台南新報」1941年1月24日)

【図21】 柳瀬正夢「貨物自動車」(「みづゑ」1925年7月号)

【図22】 葛飾北斎『略画早指南』前編(1812年)

【図23】 大藤信郎「漫画講座 第三講」(「パテーシネ」1937年5月号)

育成は、戦時下の重要政策であり、満洲においてはまんがは文化工作の手段として意識され、「満洲の特殊性に鑑み、当局として日満漫画家を積極的に養成する必要」（今井一郎「漫画と宣伝」「宣撫月報」一九三八年九月号）が説かれていたものである。それが、佐久間が回想したように多くの人気まんがが家の視察、そして現地機関に所属するまんが家を産む前提にもなっている。

このような田河の義勇軍マニュアル制作や義勇軍へのまんが指導を踏まえた時、並行して執筆され、『のらくろ探検隊』というタイトル名でまとめられた「のらくろ」の大陸編とでもいうべきシリーズに対し、子供のニーズに応えただけという擁護はいささか難しくなってくる。というのは、まず「探検」というタイトルそのものが「示達」に添ったものであった可能性は高いからだ。「示達」が「仮作」を「探検」ものなどに切り替える旨指示していたのはすでに見た通りだ。

「のらくろ」は、「少年倶楽部」一九三九年五月号「のらくろ大尉歓送会」を最後に「思うところあって」あるいは「深い考えがあって」大尉の身分を最後に退役する。その具体的な「考え」は「兵隊をやめて別な方面からお国のためにつくすことになった」と語られ、雑誌の柱の「引き」の文言にも「ある大事な仕事をするため長い間の兵隊をやめました」とある。「犬」と「兵隊」という、子供の好きなものを二つ組み合わせたとされるキャラクターの属性の一方を捨てる設定変更は、前述したように「のらくろ」があるから「少年倶楽部」の部数が減らず、紙の配給を節約させるために打ち切られたという説もあるほどだから、人気が衰えての路線修正とは考え難い。そして同年の六月から田河が拓務省の斡旋で渡満したことを考えると「のらくろ」に下された「大事な仕事」は、田河が求められた義勇軍政策への協力と同義と考えるべきだ。まさに白羽の矢が立ってしまったのである。

このように田河の場合、まんが家とキャラクターの双方が「動員」されたのである。「のらくろ」シリーズは、雑誌連載では出世するごと、あるいは作戦ごとにタイトルが変わる。退役後は「のらくろ大陸行」（一九三九年六月号〜八月号、夏の増刊号）、「のらくろ出発」（一九三九年九月号）と出発前に実に五回を費やしている。汽車や船に乗り遅れるのである。大陸に渡ってからは「のらくろ大陸」（一九三九年十月号〜十二月号）、「のらくろ探検隊」（一九四〇年一月号〜十二月号）、「のらくろ鉱山」（一九四一年一月号）と一度だけタイトルを変え、再び「のらくろ探検隊」に戻り、一九四一年二月号から突然休載した九月号を挟み十月号まで続く。終了のタイミングが「義坊」の終了とほぼ重なることはすでに記した。雑誌「開拓」ではまんが「義坊」終了後も田河の満洲報告は掲載されるから干されたとまではいえないが、二作品が同時打ち切りである事実は動かない。

このような流れの中で当初、五回にわたって出発を繰り返しているのはどう見るべきか。大城のぼるが満洲における鉱物資源についての文化映画的作品を求められ、その「資料」が集まったもののさっぱり描けない、という楽屋オチで冒頭数十ページを費やした『愉快な鉄工所』（一九四一年）を国策まんが執筆への「抵抗」と評価したことがある以上（大塚英志『ミッキーの書式』角川学芸出版、二〇一三年）、田河にも同様の可能性を見てとらねばフェアではないが、果たしてどうか。この出発の遅延は大陸編の連載の中途で単行本として先行刊行された『のらくろ探検隊』（大日本雄弁会講談社、一九三九年）にも同様に描かれている。これが国策加担への田河の躊躇《ちゅうちょ》の反映だったのか、あるいは渡満日程のタイミング待ちであったのか判断する材料はない。

しかし大陸に渡った後も「のらくろ」の行動は定まらない。当初は「視察」系まんが家同様に、大陸の風俗習慣について記すのが「のらくろ大陸」である。そしてようやく鉱物資源の国家のための必要性を図書館で知るに至り、「探検隊」シリーズで朝鮮半島出身の犬、中国出身の豚、おそらく満洲およびモンゴル出身の山羊《やぎ》と羊の五名、つまり「五族協和」のメンバーからなる探検隊で鉱物資源を探しに行く。満洲での鉱物資源開発は先の大城が『愉快な鉄工所』で同じ時期に求められた主題である。大城は鉄工所をつくる代わりにアニメの中に工場をつくるという「抵抗」を示すが「のらくろ」は金鉱を発見する。

　途中、一話だけタイトルが変更された「のらくろ鉱山」では、かつての上官の子供二人が義勇軍に加わっていて「のらくろ」の元を訪ねてくる挿話が挟まれる。そして再び新たな鉱脈探しに一人出発、間諜と対決するなどの展開が始まったところで唐突に開発会社の金鉱に迷い込み、同社社長となったかつての上官・ブル連隊長と面会、一人の「産業戦士」として「一生涯この穴ぐらにもぐって人に知られない地下資源を開発するために奮闘する決心」をする。つまり「のらくろ」は、最後は鉱山労働者となるのである（図24）。絵柄も変化し、終盤間際などの背景はまるで大正新興芸術運動をともに生きた柳瀬正夢あたりのプロレタリアまんがの筆致を彷彿とさせもする。

【図24】「のらくろ」は、最後は鉱山労働者となる（田河水泡「のらくろ探検隊」「少年倶楽部」1941年10月号）

　こうして見た時、義勇軍への入隊から開拓村までの活動をマニユアルふうに描く「義坊」と比して、「のらくろ」は何か決意を持って退役したにしては迷走している。大陸の「風俗紹介」「鉱山開発」「義勇軍」といったテーマを表面的におざなりにこなしていく。そこには自分の読者を「動員」することに葛藤があったと善意で読みとりたいが、その証拠はない。

一つだけいえるのは、マニュアルにも「のらくろ」にも、あまりに劣悪な義勇兵の現実は当然だが描かれていないことだ。田河の義兄である小林秀雄は満洲視察の記録「満洲の印象」で過酷な自然環境や、そこでの絶望的な生活を容赦なく描く。義勇軍の少年がペーチカが燃えないのに苛立ち、ガソリンをかけようとして誤って焼死する事例に遭遇し暗然とする（小林秀雄「満洲の印象」「改造」一九三九年新年号）。同様に高見澤潤子の先に引用した回想からも田河がそういった現実を直視し同情したことはうかがえる。

しかし、描かないことがまさに「国策」であった。

何より「まんが」という愉快な形式性がこれを阻むのである。例えば「のらくろ」は氷点下にあっては氷づけと化すが、それによって銃弾をはね返す（図25）。それが「まんが」という形式性である。田河は「のらくろ」においてミッキー様式のキャラクターを出世させ（つまり成長させ）、『のらくろ武勇談』（大日本雄弁会講談社、一九三八年）では「のらくろ」を負傷入院させている。つまり、のらくろは生身に近い身体《からだ》を持ちかけている。しかしその一方では中国兵に見立てた豚のキャラクターが自分の首を切断されても気づかないという「笑い」をいささ

【図25】 氷点下にあっては氷づけと化すが、それによって銃弾をはね返す（田河水泡「のらくろ守備隊長」「少年倶楽部」1939年1月号）

【図26】 中国兵に見立てた豚のキャラクターが自分の首を切断されても気づかないという「笑い」（田河水泡『のらくろ武勇談』大日本雄弁会講談社、1938年）

か無神経に描く（図26）。戦場におけるリアルな身体を田河は、というよりこの時点でのまんが表現は「愉快な」という国策に阻まれて描き得ないのである。序章で述べた「ニコニコ共栄圏」ではないが、まんがは結局は戦争という「現実」を書き得ず、何か愉快で楽しいものに転化する役割を果たす。それが戦時下のまんがの役割である。だから先の田河の元生徒も戦後、同じ回想録の中で、文章では義勇軍の過酷な現実を描きながら、同時掲載された「まんが」では「愉快」な日常を描いてしまうのだ。そこに、まんがという形式の本質的な政治性がある。

四　阪本牙城の満洲まんが教室

「金は、要るだけ使っていい。仕事も勝手に自分で企画して、自由にやって貰えばいい」と、満洲で大臣級の役人が、そういうものだから、わたくしも急に、殿さまにでもなったような気分になった。満洲国っていいところだと思った。

今でこそ、満洲は中共の東北地区と名も変わり、当時の名残りの有りや無しやは、知る由もないが、その頃は、大満洲国も建国十周年の大祝典を催すほどに成長して、少くも外見は隆々たるものであり、日系一般人も、意気旺んなるものがあった。

わたくしが、満洲に渡ったのは、昭和十四年だった。それから敗戦で引揚げるまで、七年暮した。開拓総局という役所に席を置いて、開拓団や義勇隊の訓練所を廻って歩くのが仕事であった。

文化指導という名目だが、気軽に、わが専門の漫画を描き、義勇隊の子供たちに、漫画の描き方を教えて歩いたのである。それが、次第に身が入って、義勇隊漫画部隊などいういかつい名がついて、従って、わたくしが漫画部隊長などと、一寸とテレ臭い名で呼ばれることになった。（阪本牙城「タンク・タンクロー満蒙を行く—王道楽土建設を夢みて満洲に渡った少年たち」「文藝春秋」一九六五年十二月号）

戦後になって阪本牙城が満洲時代を回想したエッセイの書き出しである。戦後に至っても「まんが家」としてのパブリックイメージに忠実に、愉快で楽しい体験として描き出される。

阪本牙城が満洲に渡るのも、田河と同じ一九三九年である。両者の戦時協力はすでに見たように同時期で、求められた役割も驚くほど近い。現地でまんが指導を行った点でも重なる。その背景にはあるいは田河と同様、「示達」が「時代物」ではなく「日常生活」を求めた結果、立川文庫的時代劇の要素を含む「タンクタンクロー」のような作品の描きにくさのようなものが生じていたのかもしれない。

阪本の死後、刊行された阪本雅城『画と禅』（タンクロー出版、二〇〇四年）には渡満について概略が記される。阪本は戦後、南画家として「雅城」を名乗る。

一九三九年（昭和一四）四四歳

旧満州開拓総局の広報担当嘱託として一九四五年まで勤務。旧満州全域の義勇隊訓練所を訪ねて青少年の情操教育に尽くす。また、ハルビン、吉林、承徳、興隆など各地を旅行。

著書「漫画現地報告」「開拓三代記」「鍬の兵隊」など。

（阪本雅城『画と禅』）

満洲での身分については、「満洲新聞社」「蒙古新聞」「義勇隊訓練本部の嘱託」とキャリアの変遷を記すものや満洲開拓総局の「広報担当嘱託」とする資料もある（「タンクタンクロー読本」、阪本牙城『タンクタンクロー』復刻版、付録、小学館、二〇〇五年）。

注意したいのは渡満直後のまんが集『満洲建設勤労奉仕隊漫画現地報告』（大陸建設社、一九三九年）に、阪本の身分が満洲建設勤労奉仕隊中央実践本部に「招かれて中央実践本部員」となったこと、そして実践本部の事務局長で開拓総局総務所長五十子巻三が寄せた「序」において阪本を「三十年来嘗て信を渝へざる親友」と記していることだ。五十子は満洲移民政策の出発点である農林省の更生運動に当初から関わり、満洲開拓における実務の中心人物の一人である。恐慌で荒廃した農村の人々の地域内での「共助」を促す政策が満洲への入植政策に合流した流れの中心にいた人物の一人である。満洲国開拓総局長を経て敗戦時は東満省長だった。

先の回想で阪本に予算はいくら使ってもいいと豪放に言ったのは、この五十子の可能性が高い。阪本も五十子も東京府立第二中学校（現・都立立川高校）の出身であり三〇年来の交流とはこのことを指すと考えられる。すると阪本の渡満は田河のように組織だってのまんが家の動員ではなく、五十子との私的な交流が背景にあり、それゆえ、予算や活動の自由度も五十子の後ろ盾で保証されていたと考えられる。そう考えた時、在満のまんが家の中での阪本の特殊な立ち位置がうかがえる。佐久間が「先輩」と呼んだのは、売れっ子まんが家が「旅行者」でなく、満洲居住者になったことへのシンパシーのみではなかったのかもしれない。

阪本は渡満後、雑誌などに義勇隊や開拓村についての報告のまんがと文章（阪本は元は明治末期の文芸誌の投稿者であった）を発表する。田河の「義坊」シリーズと同じ雑誌の同じ号への寄稿もある。

その一方で外地出版社から四つの著作を刊行したことが確認される。

先の『満洲建設勤労奉仕隊漫画現地報告』（図27）は、渡満後の最初の著作である。これは一九三九年六月下旬から九月下旬まで内地の一般青年・学生を中心に約一万人が開拓村で農耕、家屋建設、道路整備などを行う勤労奉仕隊として渡満した際、阪本が「奉仕隊の奉任地を殆ど限なく視察し」（五十子巻三「序」）まんがとして表現し、日本・満洲双方の新聞・雑誌に掲載したものをまとめたものだ、とされる。奉仕隊の一部は国境地帯での道路や飛行場などの「国防建設」や発電貯水池などの特殊建設に携わったとされる。「視察」系の内容

【図27】 阪本牙城『満洲建設勤労奉仕隊漫画現地報告』（大陸建設社、1939年）

であるが、短期ではなく、三ヶ月ほど、大連から哈爾浜《ハルビン》、松花江、依蘭を経て馬大屯に入った。その後北満各地をめぐったとある。

しかし阪本は同書の「はしがき」にこうも書く。

私の課せられた仕事は、専ら奉仕隊のユーモア面の採集にあつたが、そもそも奉仕隊の生活の中に、おどけなどは、微塵もあらう筈がないのである。その笑ひは、第一線にある将兵と同じやうな緊張の裡の余裕であり、熾烈なる奉公精神の裏づけを透して出た興亜青年の円光なのである。この漫画集の底に流れる奉仕隊の真義と情熱を汲んで貰へたらうれしいのである。

私の採集は、ある一ケ所の部隊に偏した嫌ひがないでもない。それは、どの部隊も土地柄や作業が大同小異で、従つて、それから得たモチーフが類似して居つたからである。そのために、遠く訪ね、何日も共に寝起きさしてもらつた部隊で、折角得た素材をも割愛しなければならなかつた。だから、配属地や部隊の名に拘はることなく、一万数千、全奉仕隊共通の生活断面の記録として、寛大に見て戴きたいと思ふ。

このようにまんがの役割が「ユーモア」にあることはあくまで自覚的である。一方では「モチーフが類似」、つまり表現がステレオタイプ化してしまうことについては「寛大に見て」欲しいという。この時点での阪本は一つ一つの開拓地、一人一人の義勇兵の固有性がいまだ見えていないのである。

だから辺境での学生の急病という挿話もこう描かれてしまう。

興隆川の団本部へ夜中の十一時に電話がきた。取柴川の駅で義勇軍の少年が急病で倒れたから奉仕隊の先生にお願ひしたいといふのである。それ出動だ。林医療班長とトラックにとびのる。銃剣をもつた拓士が四人護衛についてくれた。甚い路だ、昨日の雨で泥ンコになつた路はトラックの輪に喰ひついてふりちぎつてもはなれない。あきらめて自動車をすてて歩くことになつた。路はヌカルミ、暗い、荷は重い、病人は心配だ。「とてもこいつは漫画にはなりませんな」「漫画になるかならぬかは明日です」「えつ」「病人が回復したらなります」翌朝、仕合なことに少年が知らせてくれた「漫画になつたであります」

（阪本牙城「漫画の珍談」『満洲建設勤労奉仕隊漫画現地報告』同前）

【図28】 阪本牙城『開拓三代記』（満洲事情案内所、1940年）

このように学生もまたまんが家を前に愉快で楽しいまんがを演じる共犯関係にある。まんがとは戦時下、かくも罪深いのだ。

満洲での二冊めの著作は『開拓三代記』（満洲事情案内所、一九四〇年、図28）である。

これは一九三九年、満洲国・日本の両政府が発表した「満洲開拓政策基本要綱」のまんがによる絵解きである。この「要綱」は日本の国策であった移民事業を日本・満州の「一体的重要国策」として定義し直したものだ。その中で移民政策の要である満蒙開拓において青少年義勇軍の「民族共和ノ中核」としての重要性が強調され、運営方針が詳細に定められた。阪本は「この要綱の絵とき」を自分で「思い立ちました」と序で記す。素直に信じるなら自由な活動を許された阪本からの提案ということになる。

ちなみに三代とは「過去」「現代」「未来」のことである。それを阪本はこう説明する。

内容を三篇に分けました。日本建国以来二千六百年間は、大体に於て日本建国の大理想の日本内地に於ける顕現と見て、これを過去篇とし、興亜の天業の因って来る遠き所以を説明しました。次に満洲建国以来現今に及ぶ開拓事業を現代篇とし、主として基本方針及要領の解説に当てました。そして本要綱の目途たる東亜新秩序の建設、道義世界の建設完遂を未来篇として説明したのであります。

つまり皇紀二六〇〇年の歴史全体を「開拓」と「民族共和」の歴史とまず定義する。そして「過去篇」を「日本武尊《やまとたける》の熊襲《くまそ》、蝦夷《えみし》の平定」「神功《じんぐう》皇后の新羅出兵」「坂上田村麿《たむらまろ》の奥羽鎮定」(図29)から一挙に近代の日清、日露戦争、満洲事変までを全て「八紘一宇」の四文字で一括《ひとくく》りとする。「現代篇」は満洲開拓民の役割が説かれる。少年義勇軍による開拓がいかに東亜新秩序、「満洲の原住民」のロールモデルとなるか(図30)、また移民政策が耕作地拡大による内地の「農村更生」に繋がるか(図31)などが絵解きされるのだ。そして「未来篇」では開拓民がアジアを「白人支配」から解族する大東亜共栄圏の担い手として位置づけられる(図32)。「満洲開拓政策基本要綱」の独善ぶりや歴史認識がまんがにすることで鮮明になっている。

「要綱」の本文は巻末にまとめられている。

こちらの著作はおよそ開拓民の生活を伝えるものとは言い難い。

【図29】「過去篇」は神話の時代から満洲事変まで一挙に（同前）

【図30】「現代篇」は満洲開拓民がいかに中核的存在か（同前）

【図31】 移民政策は耕作地拡大による内地の「農村更生」目的（同前）

【図32】「未来篇」は開拓民を「白人支配」から解族する大東亜共栄圏の担い手（同前）

三冊目は『鍬の兵隊』(月刊満洲社、一九四三年、図33)である。『満洲建設勤労奉仕隊漫画現地報告』と同様に漫画漫文だが文章が主の印象である。

ここにも五十子巻三の序文があり、改めて東京府立第二中学校の同期であること、阪本が伊藤晴雨から日本画の手ほどきを受けていたことが語られるのが興味深い。また、以下のように阪本のまんが教室について言及されているのが目を引く。

【図33】 阪本牙城『鍬の兵隊』(月刊満洲社、1943年)

康徳六年招かれて満洲帝国開拓総局に来たりてよりは、開拓国策の遂行に画を以て精進し得ることの幸福をヒシヒシと身に感じ、或は太つた体に大きなリユツクサツクを背負ひ、汗をビツシヨリかきて、満洲建設勤労奉仕隊の奉仕実況を漫画して、日満各方面に広く宣伝紹介し、或は開拓地の建設・生産・生活等の実況を画き、傍ら開拓地在満国民学校に於ける学童に漫画の手ほどき等をなす。特に満洲開拓青年義勇隊訓練所は屢々訪問し、訓練生に漫画の話をなし、これを指導し、或は訓練生の漫画展覧会を開催する等、漫画を通じての開拓文化の創建、開拓聖業の完遂に貢献する所極めて大なり。更に最近は関東軍報道班にも参加し、国境第一線の防衛鉄壁の陣に、将兵各位の御奮闘の状を写し、漫画報国の誠を致す。

（五十子巻三「序」阪本牙城『鍬の兵隊』）

義勇軍訓練兵以外に開拓地の国民学校でも「学童」、まさにリアルタイムの「タンクタンクロー」の読者と接していたことが改めてわかる。

添えられる絵もカリカチュアライズされた「まんが」だけでなくスケッチの比重が増え、文章を含め義勇軍の描写はユーモアではなく「記録」としての側面が強くなってくる。しかしそれは開拓民の慎ましやかで、心豊かな生活というステレオタイプの礼讃に終始する。

いわば戦時下の「ていねいな暮し」が描かれるのだ。「大陸の花嫁」や彼女たちとの生活が多く言及され「少年」開拓民が青年になり家族を持つ将来像が希望として描かれたりするのも罪深い。私的なことだが、青少年義勇兵を父親に持つぼくはそう思いもする。

その中で一つだけ目を引くのが、「少年拓士」と題する小文である。

「いくつだ」「十三」「学校は？」「先生が揃はないから時々団長さんが教へてくれる」

「時々か」「学校なんか不自由でいいんだ」「どうして?」「昔は学校なんか無かつた。吉田松陰だつて東郷元帥だつて、みんな不自由して勉強したよ」「団長さんがいつたのか」「この間きた牙城先生といふ漫画家がさういつた」「内地へ帰りたくないか」「ここだつて、内地だよ。内地の延長だよ」「面白いか」「馬に乗れるもの、愉快だよ。」「馬は好きか」「百姓には、馬は家族の一員さ。日本馬は寒さに弱いが、満馬は野洒らしで平気だ」「満馬の小屋ないんだね」「はじめあつたのだが、小屋の板をヒッペ返して燃して了つたのさ。俺たち開拓者も満馬に負けちやあダメだよ」

（阪本牙城「少年拓士」『鍬の兵隊』）

少年らが学校教育が受けられない環境に言及しつつ、しかし阪本がその環境を肯定する役割を担っている。そう慰めるしか術《すべ》のなかった阪本の姿がかろうじて伝わってくる。

そしてこの三著に対して印象が大きく異なるのが、四冊めの著作『義勇隊漫画部隊』（大陸建設社、一九四三年、図34）である。阪本は「編纂者《へんさんしや》」として表記されており、先の三著と異なるのは、これが義勇兵の青少年の手によるまんが作品集であることだ。田河が指導した義勇兵の作品はごく少数の例外を除き、戦後のものがわずかに確認できるだけだ。しかし阪本の指導した義勇兵の作品はこの一冊の中に二五〇編ほど遺《のこ》されているのである。この一冊を阪本が遺

【図34】 青少年義勇隊によるまんが作品集（阪本牙城編『義勇隊漫画部隊』大陸建設社、1943年）

したことで満洲におけるまんがを描くアマチュアの所在がこれだけの数の作品をもって可視化されているのである。

このように阪本が満洲において最終的に選択したのは田河と同様に義勇軍参加者へのまんが創作の指導であった。

そこに至る経緯は、阪本の回想には、こうある。

> わたくしの義勇隊漫画巡礼は、こんなことから始った。満洲で一ばん活発発地と生きているものは、義勇隊だと感じたのである。
> 「ところで」と、わたくしは言った。
> 「君たちも漫画を描いてみないか。

漫画なんか、誰にだって描ける。三つの赤ん坊にだって描けらあ」「ほんとけえ」

（阪本牙城「タンク・タンクロー満蒙を行く」）

「勝手に自分で企画して、自由に」（同前）していいと言われたという回想を合わせて考えると、阪本のまんが指導は彼の発案であったと取れる。しかし、すでに見たように満洲におけるまんが指導は田河も行っているように重要な「国策」でもある。だから同書の刊行や、『鍬の兵隊』序文にある彼らのまんが展も予算的に可能になったはずである。

田河の教え子がリアルタイムでいかなるまんがを描いたのかは判然としない。対して阪本の教え子は、その題材を彼らの「日常」生活に積極的に見出していたことがこの作品集から確かめられる。それが阪本の指導であった。

「先生」と、少年がいう。「漫画の種は、どこにあるでありますか」

「どこにでもある。山のようにある」わたくしは、足もとの犬を指さして、「この犬をこのまま描けば漫画だよ」

（同前）

いわゆる「視察」系のまんが家は現地の風俗や生活などをまんがの題材とする。陣中まんがも束の間の日常体験を描く。阪本もまた満洲、あるいは内地の雑誌で、義勇隊や開拓村の「日常」を描いてきた。

阪本はすでに見たように「私の課せられた仕事は、専ら奉仕隊のユーモア面の採集にあった」とも記す。それらは、日常や生活の明るく楽しい側面のみを切りとるもので、それがどのように「政治」化されたまんが表現であるかはいうまでもない。

戦時下の「内地」では、「日常」「生活」は新体制用語であり、翼賛会に参画した花森安治らが明るく楽しい日常を設計し発信した（『「暮し」のファシズム』）。

しかし、阪本もまた小林秀雄や田河水泡と同様、開拓村の厳しい現実を見ている。「奉仕隊の生活の中に、おどけなどは、微塵もあらう筈がない」「その笑ひは、第一線にある将兵と同じやうな緊張の裡の余裕」だと記しもした（阪本牙城「はしがき」『満洲建設勤労奉仕隊漫画現地報告』）。しかし阪本はそれを描き得ないのである。描いてはいけないのである。

それでも阪本はまんが教育を憑《つ》かれたように行った。

ここで一つ注意していいのが、阪本の年譜にはこのまんが指導がわざわざ「情操教育」と描かれている点である。

阪本は、戦後のエッセイで「屯墾病」について以下の如く回想している。

そんなことも原因の一つだろうが、屯墾病にかかるのである。屯墾病とはホームシックのことである。これにかかると、飯も食わずにふさぎこむのも居るし、日本刀を引き抜いて、加藤完治を斬ってしまうとあばれるのもいる。いよいよ病が昂じると、脱走するのがいる。日本内地へ帰るつもりなのだが、訓練所は概ね僻地で、汽車の駅まで何十キロという処もある。夜半ひそかに宿舎を脱け出すのだが、大きな冒険である。翌日、全隊員で捜したが、リュックサックだけ見つかったのに、本人の姿はまるで見当らぬ。多分狼にやられたのだろうということになった例もある。とにかく義勇隊はきびしい。宿舎の建設、農耕、教練と日日是重労働の明け暮れで、しかも索漠たるものだ。

（阪本牙城「タンク・タンクロー満蒙を行く」）

これは阪本の戦後の文章の中にわずかに垣間《かいま》見られる義勇軍の生々しい「現実」である。

この「屯墾病」対策として「純真ノ心」を持つ少年がこれにかかりにくいという理由から義勇軍が創設された側面があることはすでに述べた。無論、俗説であり、開拓地での青少年の自殺もまた少なくなかった。「屯墾病」は純真な心などでは解決はし得なかったのは当然である。阪本はその実態を自らまんがにすることはなかったが、幾度か「屯墾病」は題材としている。しかし、それは以下のようにしか描かれなかった。


みんな屯墾病にかかつた。彼も甚く憂鬱になつた。宿舎もいやになつて外へ出た。畑の畦にうづくまつた。アアアア　アアと溜息をついた。

仕様ことなしに足元の草をムシつてゐた。オヤツ、これは麦畑だと思つた。俺たちが蒔いた麦畑だのに、甚い草だと思つた。麦が可哀想になつた。このヤラウ雑草めと思つた。雑草をムシリ出したら、急に元気が出た。よしツと彼は駆け出して、宿舎の友達に怒鳴つた。「オーイ、みんな出ろ、俺達の麦畑の方が甚い屯墾病だア」

みんな除草をはじめたデス。麦畑がカラツと明くなつて、みんなの屯墾病がケロリとなほつたデス。

（阪本牙城「麦と屯墾病」『鍬の兵隊』）


労働によって心の病が治るという精神論に帰そうというのは国策に従った記述である。だからこそ阪本のまんが指導はどうやら「屯墾病対策」であったことには注意を払う必要がある。少なくとも阪本のまんが指導の主眼が幼くして親許を離れた少年たちの「情操教育」にあったことは、戦後になってからの弁明や一般論ではないと考えられる。

以下はまんがというよりも落書きでまんが学習ごっこを始めた少年たちに対する訓練所の反応である。

阪本はこういう挿話を記す。

いつの間にか、所長も出てきて、

「これは、妙案だ」と、目を見張って、「こういう遊びをやらしたら、寮母さんをいじめる隊員はいなくなるだろう」

「ほんとよ」と、いつかそこに来ていた寮母が笑いながらいう。

寮母というのは、自ら志願して義勇隊の中に入って来ている献身的な若い女性なのである。少年たちには、たった一人の母親であり、保健婦であり、栄養士でもある。

だから少年たちは、この寮母に甘えたり、寮母をいじめたりするのだ。

（阪本牙城「タンク・タンクロー満蒙を行く」）

「寮母」とは、青少年の「屯墾病」対策で二〇代後半から四〇代半ばの婦人を「女子指導員」として派遣した制度をいう。彼らに母性を与えようという政策だった。しかし思春期の青少年にとって寮母は、母の代理というよりは「女性」であった。ここで「いじめ」と婉曲《えんきょく》に描写されるのは、過度の甘えや悪戯《いたずら》だけでなく、青少年でも年長のものがセクシャルハラスメント的なものを「寮母」に向ける事例であると思われる。他方で「寮母」への依存やその存在の大きさは、後に刊行される義勇隊の作品集の巻頭に「懐かしい思い出」として大きく「寮母先生」と題された作品が掲げられていることからうかがえる（図35）。だから阪本に期待されたのは「寮母」でも購えない彼らの「情操教育」であり、まんがを描くことによって心のバランスを保つことであったと思われる。

そこに阪本が現地のまんが教育にのめり込んだ理由があるようにも思える。阪本にとっても開拓青年は田河同様自身のかつての読者世代だった。田河のように直接、読者を戦地に「動員」したわけでもないが、同時に「ユーモア」という縛りの中で彼らの現実を描きようもなかった。だからこそ彼はまんがの「描き方」を教育しようとしたのである。

一見、飛躍した論理に思えるが、実は案外と納得がいく。全く異なる例だが、ぼく自身は二〇一五年のテロ直後のパリで、精神的に不安定な少年たちを集めた施設でまんが創作ワークショップを行ったところ、数日間だが生徒が落ち着きを取り戻すのを経験している。その少し前から、移民の子弟のアイデンティティ回復にまんがを書かせるというワークショップがアメリカで行われ、一定の効果をあげた例もある（マイケル・ビッツ著、沼田知加訳『ニューヨークの高校生、マンガを描く―彼らの人生はどう変わったか』岩波書店、二〇一二年）。

それゆえ、阪本が「情操教育」と表現した実態はあった、と考えていい。無論、描かれたまんがは、訓練所や開拓村の日常を愉快に楽しく描く、戦時下の国策表現の域を出るものではない。苦しい中に笑いあり、といった美辞麗句では購えない過酷すぎる現実があったことは、多くの義勇兵の証言するところだ。

【図35】 寮母を描く。作者は阪本の一番弟子・多田坊主（阪本牙城編『義勇隊漫画部隊』）

それでも阪本は指導のため、各義勇隊を回り、新京に戻ると四ページほどの機関紙を発行した。その紙名として「義勇隊漫画部隊」の名が使われたようだ。投稿を受け付け、全てに添削をして戻したという。先に憑かれたように、と記したのはこのことを指す。

義勇兵の一人は阪本の指導をこう回想してい

る。

ところでその漫画……実はこのわたしにも多少の絵心があり、二、三回作品を画いて訓練所本部の阪本牙城先生に送ったが、ご親切にも牙城先生からはその都度達筆な葉書がかえってきて、文面にいわく、

「りっぱな作品は日常の訓練に精魂こめてうち込むところから生まれるのです。君も漫画にばかり心をとられないで、平生の作業をまじめにやるよう努力しなさい」

（森本繁『ああ満蒙開拓青少年義勇軍』家の光協会、一九七三年）

一作一作、丁寧な助言を施していたとわかる証言だ。そして「日常」を強調する点でも、阪本の戦後の回想と矛盾しない。しかしその「日常」は先の阪本の「犬をこのまま描けば漫画だよ」という指導が暗示しているように、観察によって支えられる。そのことは『鍬の兵隊』における自然主義的リアリズムへの傾斜とも呼応するのかもしれない。

すでに触れたようにこの青少年の作品は展覧会も開かれ、「義勇隊訓練本部の協力」で二〇八名の出品者を集めるに至った。一九四三年刊行の『義勇隊漫画部隊』はその展覧会の時の作

品集なのか、機関紙の特別版なのか判然としないが、約二五〇編の作品が収録され、重複もあるから義勇隊漫画部隊のメンバーが二〇〇人規模であったことは事実として間違いない。

未確認だが、現地発行の雑誌に特集もあったという。

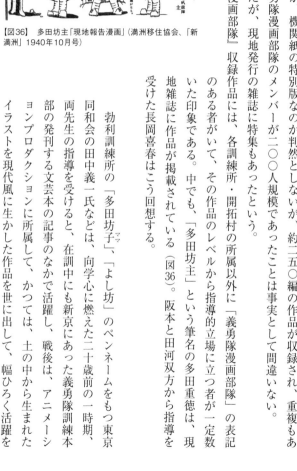

『義勇隊漫画部隊』収録作品には、各訓練所・開拓村の所属以外に「義勇隊漫画部隊」の表記のある者がいて、その作品のレベルから指導的立場に立つ者が一定数いた印象である。中でも、「多田坊主」という筆名の多田重徳は、現地雑誌に作品が掲載されている（図36）。阪本と田河双方から指導を受けた長岡喜春はこう回想する。

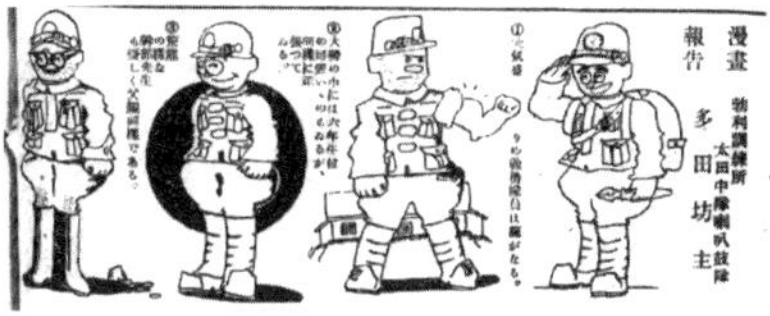

【図36】　多田坊主「現地報告漫画」（満洲移住協会、「新満洲」1940年10月号）

勃利訓練所の「多田坊子《ママ》」、「よし坊」のペンネームをもつ東京同和会の田中義一氏などは、向学心に燃えた二十歳前の一時期、両先生の指導を受けると、在訓中にも新京にあった義勇隊訓練本部の発刊する文芸本の記事のなかで活躍し、戦後は、アニメーションプロダクションに所属して、かつては、土の中から生まれたイラストを現代風に生かした作品を世に出して、幅ひろく活躍をしている。

（多田坊主「現地報告漫画」「新満洲」満洲移住協会、一九四〇年十月号）

「多田坊子」と文中にはあるが、当時の雑誌では「多田坊主」と表記されている。多田の名は他の義勇兵の回想録にも登場する。先の作品集にも複数の作品が掲載されている。しかし戦後の活動が伝わる田中義一とは対照的にこの多田坊主なる人物はこれ以外、まんが史に名を残していない。

多田のような外地と内地の狭間《はざま》に埋もれた無名まんが家は少なくないことがうかがえる。

一方では義勇隊漫画部隊の成功は、外地居住者にまんが創作を指導し「文化工作」に用いるという「宣撫月報」に示される計画を実現しかけていたといえる。事実、義勇隊漫画部隊だけで「一コ中隊を編成」するという案もあったからだ。おそらく宣伝工作やプロパガンダのための組織化が実際に検討されたと考えられる。

実現しなかったのは阪本の抵抗か、敗戦か、理由は判然としない。

阪本は一九四二年十一月、銀座で「満洲風物　阪本牙城個人展覧会」を開催したとされるが、六年間を満洲で過ごす。一九四五年、「開拓総局職員の留守家族八五〇人をまとめ」（「阪本雅城略年譜」阪本雅城『画と禅』タンクロー出版、二〇〇四年）帰国の途につくが朝鮮北部で敗戦を迎えて留め置かれ、一九四六年九月に帰国する。

戦後はまんが家としての活動を縮小し、晩年は南画家として生きる。

田河、阪本以外にも本章の冒頭で見たように外地におけるまんが創作の指導や現地まんが家の組織化は、台湾、朝鮮、上海などでその痕跡が確認できる。作品を募り、都市部で展覧会を開くことなどはルーティンともいえる。阪本もまたそういう流れにある。そして「外地」のプロパガンダまんがには、外地の風俗や生活記録が求められるという枠組みからはみ出る作品があるわけでもない。「愉快」であることが基本で、その朗らかさや明るさで「厳しさ」に耐える姿を描くことが求められる。義勇隊漫画部隊のまんが少年はそのような国家の要請に健気《けなげ》なまでに忠実である。

だからといって、義勇隊の作品を批判することは酷である。

彼らは苛酷な現実生活に耐える術として、まんがという「ユーモア」しか術のない表現に縋《すが》ったのである。そして阪本は「描き方」を画一化せず、回想にあるように表現を生活に根ざすことを求めた。これは、そう口にするのは簡単だが実践するのは難しい。

同じ時期、内地では、転向した加藤悦郎が勤労青年に「生産精神の昂揚のために何かしら役立つやうな内容を持つた漫画」を書く「生産漫画」を指導、加藤悦郎編『増産漫画集　全日本

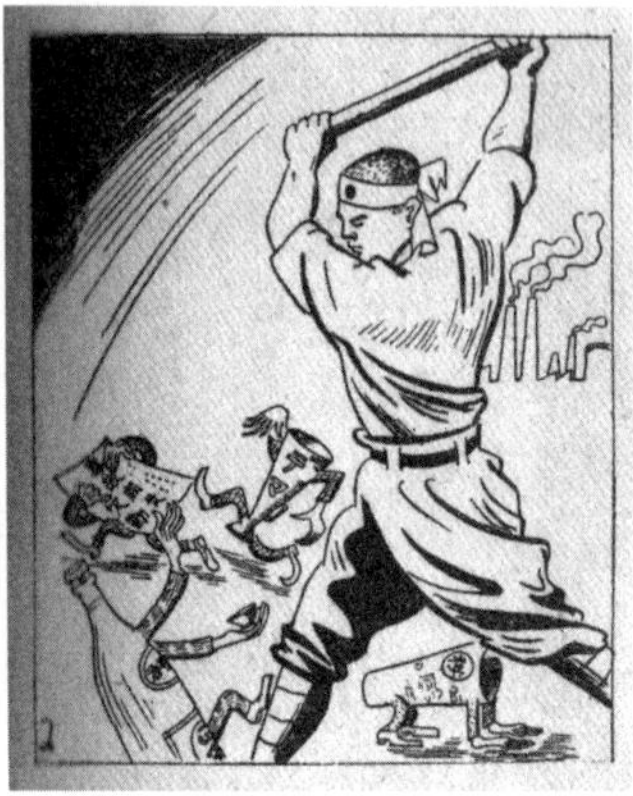

【図37】 加藤悦郎編『増産漫画集 全日本青年漫画家協会第一作品集』新紀元社、1944年

青年漫画家協会第一作品集』（新紀元社、一九四四年）を刊行しているが、それはプロレタリア芸術運動のプロパガンダの様式を翼賛まんがに転用したに過ぎない表現として、まさに画一化されている（図37）。

対して、義勇隊の作品は意図せずして「生活」の正確な記録たり得ている。稚拙さがかえってプロのまんが家の様式化されたものとは異なるものを記録し得ている。例えば「野風呂天国」と題してまとめられた九編のまんがは、どれも野天風呂を題材にしたものだが、入浴風景や浴槽の形の違いから、それぞれの地域の気候差や物資の状況などが伝わってくる（図38）。

阪本は先に引用したように、渡満直後は「どの部隊も土地柄や作業が大同小異で」、自分のまん

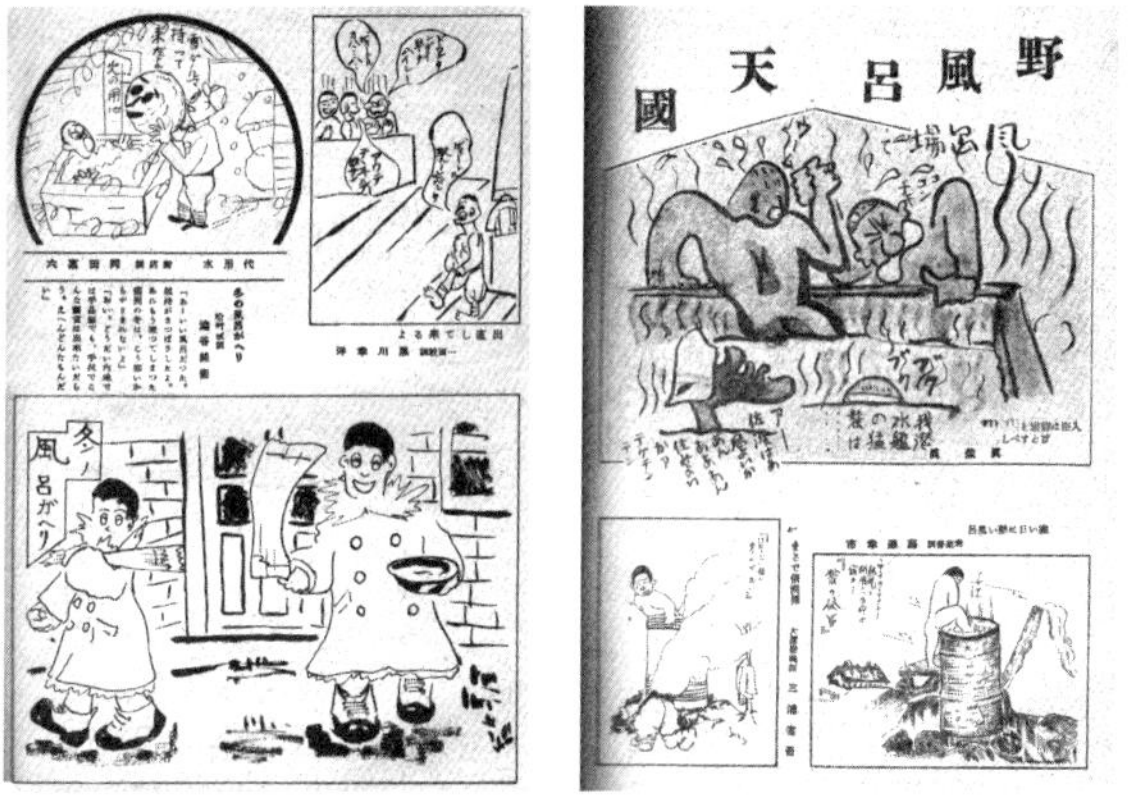

【図38】　多様な野天風呂風景（阪本牙城編『義勇隊漫画部隊』）

がの「モチーフが類似」したものになる、と語っていた。土地土地の開拓民の生活の差異を阪本は描き分け得なかった。それと比べると大きな変わり方である。だから阪本は自分が「大同小異」にしか見えなかった「違い」を義勇隊の素人まんが家が描き得たことに素直に反応し、多彩な入浴場面をひとまとめにして掲載している。そこには定型として求められた、楽しい野天の入浴風景というステレオタイプの「生活」描写の向こうに、一人一人の義勇兵のそれぞれの場所でのそれぞれの「生活」が垣間見える。ここに阪本という人の誠実さを見ないわけにはいかないのだ。

　無論、義勇兵のまんがにも、国策を勇ましく語る作品は当然ある（図39）。しかし同時にその稚拙ながら生活の実感のこもった作品に不意に「八

【図39】 義勇兵によるプロパガンダまんが（阪本牙城編『義勇隊漫画部隊』）

紘一宇」の文字が重なる時、個々に描かれた一つ一つの「生活」や「日常」が一つの方向に否応なく収斂させられる無残なさまが見てとれる。それは、画一化されたプロのプロパガンダまんがよりはるかに生々しく、痛々しくもある。

このようにして、田河水泡と阪本牙城という二人の人気まんが家は、田河が動員に加担した青少年を現地で阪本が庇護していくという奇妙な協働関係として戦時下を生きた。

まんが家が国策に動員され、まんが家は自らの読者を国策に動員した。まずはその事実のみをぼくは研究者ではなく、現在も現役の一人のまんがの作者として生きる自分の「今」への戒めとして記すことにする。

第三章　上海の文化工作者たち
――〝女スパイ〟と芥川賞作家と偽装映画製作者

一　公然化する文化工作者たち

第二章で触れた田河水泡の「のらくろ」シリーズの戦時下最終巻『のらくろ探検隊』には「金剛君」というキャラクターが登場する。「のらくろ」と同様に犬の姿である。さらに「満洲、支那、蒙古などから、蘭君、包君、汗さん」が加わり、探検隊が結成される。蘭君は羊、包君は豚、汗さんは山羊の姿で描かれる。動物に見立てたあからさまな「五族協和」からなるキャラクター仕立てである。同作はすでに論じたように田河水泡の満洲移民政策への関与が背景にある一方、他の民族が異なる動物の種類として描かれるのに対して、日本の元軍人のらくろと朝鮮出身の金剛君が同じ犬であることは、朝鮮総督府が「本籍地を朝鮮に有する日本臣民」に推進しようとしていた「創氏改名」などの皇民化政策を踏まえているという、これも前章で見た政治的文脈でもある。そもそも前章で詳しく触れたように『のらくろ探検隊』はシリーズの中で唯一、あからさまな「文化工作」としての側面を強く持つ作品である。

それゆえ、興味深いのは、中国人の包君の特技が「宣伝」、つまり「文化工作」やプロパガンダだという設定である（図1）。それが文化工作者としての己の状況への田河の自嘲や諧謔《かいぎゃく》なのかは判然としない。ただ、戦時下において「宣伝」（プロパガンダ）や「文化工作」は日常語に近く、今感じるものものしさとはニュアンスが違うことには注意が必要だ。

「のらくろ」はこの包君を当初は信用しない。

そもそも中国人キャラクターの特技が「宣伝」であるのは、中国人への偏見というよりも中国大陸が日本軍と汪兆銘政権（南京国民政府）と蔣介石《しょうかいせき》政権（重慶国民党政府）の錯綜《さくそう》する宣伝戦の現場であるというパブリックイメージの反映であったことは確かだ。それが文化工作者というものが纏《まと》う胡散臭《うさんくさ》さへの一種の自己言及とまではいえないにしても、「のらくろ」の、そして田河自身の新しい戦場での姿だった。

そして「のらくろ」に限らず、この時期、文化工作としてのツールであるまんがや映画などに文化工作者そのものが描かれる作品がしばしば登場する。しかもそれを文化工作者自身が描くという一種のメタ的な表現としてある点が今となっては興味深い。

本章では、その興味深い一例として中・日間の知られざる「文化工作」を背景に製作された、一人の文化工作者の追悼映画『上海の月』の製作過程を追うことで「文化工作」という生き方をより具体的にトレースすることにする。「文化工作」や「工作員」は現在ではオンライン上の怪し気な陰謀説の周辺で不意に、そして不用意に使われる。しかし一四〇字のフェイクニュースやそのリツイートで下請けのギグワーク（単発の単時間仕事）として行われる現在の「工作」や「工作員」とは違う、もう少しリアルな「文化工作」が戦時下にあった。それを擁護するつもりはないが、しかし同時に忘却すべきでないことも確かである。本章では一つの「文化工作」における人と現場とそこに幾重にも重なる政治や思惑や利権や、そして「私情」を追うことで生身の「文化工作」の姿をどこまで描けるかを試みたい。それは戦時下の「協働」の具体相でもあるはずだ。

【図1】 田河水泡『のらくろ探検隊』（大日本雄弁会講談社、1939年）

さて、いうまでもないことだが、大東亜共栄圏における「文化工作」では映画の役割は極めて大きい。例えば当時、北支事変と呼ばれた、盧溝橋《ろこうきょう》事件における交戦をきっかけとする国民政府との一九三七年に始まる日中戦争は上海から南京へと戦火が拡大、南京事件と呼ばれる日本軍による虐殺行為があったが、南京陥落後から八ヶ月後の翌年八月、陸軍により「南京映画常設館　状況報告書」（図2）が作成され、その名称、座席数、設備前経営、所在地、設備の現状、周辺地域の状況が写真付きで報告されている。

この年の三月十五日の時点では南京の城内城外で紅卍字会が計三万一七九一体の死体を回収するも、まだ「散在セル」という状況から半年と経っていないのである（満鉄上海事務所編「南京特務機関」井上久士編・解説『十五年戦争極秘資料集　第十三集　華中宣撫工作資料』不二出版、一九八九年）。

この南京映画常設館についての報告書にその時点での映画の需要が「復帰ノ日支人及新来ノ市民」にあるとし、その政策方針としてこうある。

目下ノ策トシテハ一段或ハ数段程度ノ低キ此階級人士ニ彼等ガ充分享楽シ得ラルル支那映画ヲ（正常ナル内容ノモノ）先ヅ与ヘ映画ニ依ツテ彼等ヲ自ラ教育シツツ漸次良好ナル日本映画若クハ外国映画ニ誘導シ、ソノ得ル処ノ見聞ニ依リ知識ヲ向上サセ東洋永遠ノ平和ノ為共存共栄ノ実ヲ理解セシムルニアリ。毫モ予備知識ナキモノニ余リニ多キヲ期待スルハ馬ヲ索イテ飲水ヲ強フルノ轍ヲフムニ同ジク

（「南京映画常設館　状況報告書」）

「程度ノ低キ」という言い方は、例えば今村太平が漫画映画の外地プロパガンダの有効性を説く一文で「南方の遅れた種族」（今村太平「漫画映画論」『戦争と映画』第一藝文社、一九四二年）と悪びれもせず記すように、映画の対外プロパガンダとしての意図が大衆一般への届きやすさが念頭にあるということがわからなくはないが、その文脈でこういう差別的な表現が「大東亜共栄圏」の人々になされていたことは記憶に留めたい。

そして、映画が大衆向け「文化工作」であったのはその大衆性や複製の可能な機械芸術であるだけでなく、インフラとしての映画館の存在が大きい。そのことは、この南京陥落後の映画館調査の存在が物語っている。日中戦争以前、日本映画配給権は満映が担い、北支に約二〇ヶ所の邦画上映館を有していたが、問題は「支那映画館」、つまり中国映画や外国映画を上映する中国側経営の映画館への「日本映画」、すなわち日本側の

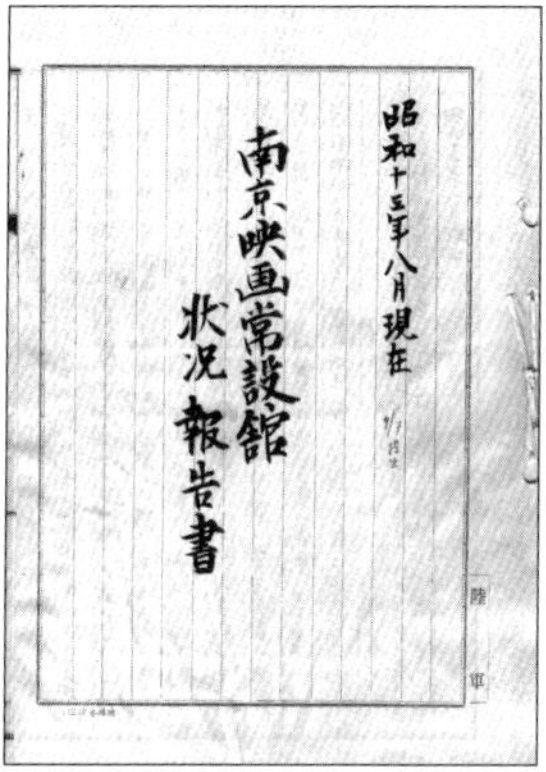
昭和十三年八月現在
南京映画常設館状況報告書
陸軍

【図2】「昭和十三年八月現在 南京映画常設館状況報告書」（「特集 牧野守所蔵東宝上海偽装映画工作文書」『TOBIO Critiques ―東アジアまんがアニメーション研究』#4、太田出版、2020年）

宣伝工作映画の配給である。その中で北支・中支における統一的な映画配給統制会社の設立が軍主導で起きるが、それが最終的に川喜多長政を担いでの中華電影設立に至る。その過程で日中の財閥や東宝を擁しての中国主要都市での「大映画劇場チェーンを結成せしむる」（市川彩「移り行く支那及映画界―武漢三鎮陥落後の中国電影界の推移を洞察す」「国際映画新聞」第二三四号、一九三八年十一月下旬号）まで提案する向きもあった。

この外地「大映画劇場チェーン」の主張を行った市川彩は、配給興業を中心とする映画業界新聞「国際映画新聞」の刊行者であるが、同紙に寄稿したこの文章の中に以下のような記述があることに注意したい。

> 殊に上海の如く戦火のルツボとなつたところでは、一層それが劇しい。民衆の欲求する娯楽は、差当り明日のことを考へない強い興奮剤なのではあるまいか。
> この要求が期せずして支那民衆の中に起り、映画製作のプランが翕然起りつつある。それに拍車をかけたのが光明影片公司の三部作発表であつたと謂へやう。光明公司とは従来、支那映画界に何等の基礎をも有さなかつた一資本が、香港より帰来せる李萍倩、王引、袁美雲、張翠紅等を一団として「茶花女」「王氏四俠」「母親」の三篇の製作に着手したこと

である。此等の映画は近く東宝映画の手で日本にも紹介されることになつてゐるのは興味ある出来事である。

この計画は確かに成功した。九月中旬上海、新光大戯院で封切された時には圧倒的な好評を博し三週続映して大入満員の盛況を示してゐたから充分採算の取れる仕事として、支那映画製作界に新生面を与へたから、今後も斯うしたプランが各方面から為されるに違ひない。

（市川彩「移り行く支那及映画界」）


日中戦争の戦火を切った上海で、「支那民衆」の娯楽に対する要求に応えて『茶花女』『王氏四俠』『母親』なる三編の製作が「圧倒的な好評」を博したという記事である。一読すれば同地で、中国側の資本で香港《ホンコン》の映画人が映画製作を再開、日本統治下で新たな中国映画復興の動きがあることの報告と取れる。しかしよく読むとその製作会社「光明影片公司」が「支那映画会に何等の基礎をも有さなかつた一資本」であると妙に含みのある言い方をしているのを気にしたい。

そもそもこの記事は、最終的には川喜多長政を担ぐことで上海に設立される国策映画会社・中華電影公司に至るまでの軍、満洲映画協会、後述するように上海利権確保で軍の工作に協力してきた東宝、汪兆銘政権など中国側の思惑などを十分にわかっていて書いているインサイダー情報による記事であると思われる。

その意味で食えない記事ではあるが「光明影片公司」のくだりも同じようにインサイダーの情報である。

実は、この中国映画界に「何等の基礎のない」「一資本」のその「資本」の出所と管理が東宝と上海軍報道局であり、それを偽装する映画会社が「光明影片公司」だった。つまり、この記事は戦時下上海で、リアルタイムで進行中の映画工作の所在を匂わせているのである。

これこそが当時、上海で軍と東宝が現地映画人を巻き込み行った極秘の「文化工作」であった。極秘の、と記すのはつくられた映画が日本軍と東宝による偽装中国映画で何よりその事実を隠さねばならなかったからである。東宝と軍は協働で一九三七年から三八年にかけて上海映画の観客の娯楽映画への欲求に応えた復興を演出するために『茶花女』以下四作の映画を「中国製」として製作する「文化工作」を行ったのである。

この事実は映画史の中では断片的に語られてはきた。それはしばしば、東宝の側の文化工作の中心にあった東宝映画株式会社第二製作部長・松崎啓次の個人プレーのように語られがちであったが、今では、中国大陸に映画市場と利権を拡大する東宝の思惑による「業務」であるこ

【図3】 市川綱二写真 「箱の夏　市川綱二君」（「演芸と映画」朝日新聞社、1935年8月号）

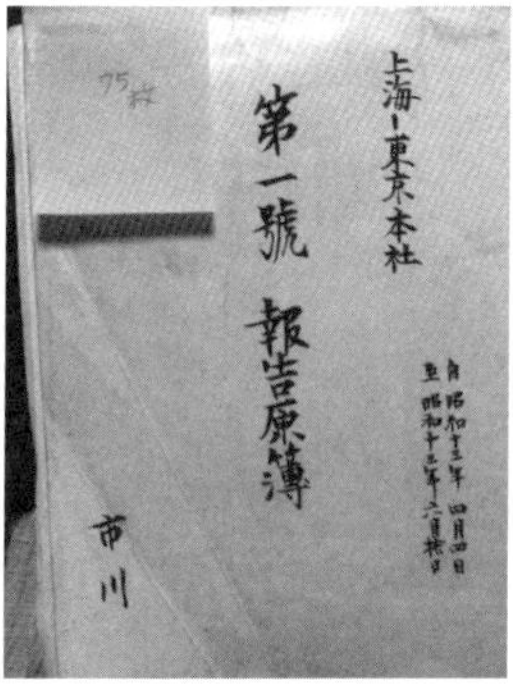

【図4】 市川文書の一部。詳細は「特集 牧野守所蔵東宝上海偽装映画工作文書」「TOBIO Critiques」#4。現状、「市川文書」は牧野守、大妻女子大図書館、大塚英志などの所蔵として散逸

と、資金提供だけでなく契約の際の立会いなどに軍の後ろ盾があったことが明らかになっている。それは、事実を詳細に裏付ける同社の事務方である東宝映画株式会社総務課長・市川綱二（図3）の事務記録「市川文書」（図4）の存在が確認されたからである。同文書には「光明影片公司」との契約書をはじめとし、フィルム代から上海での銭湯の代金、市川および松崎の上海滞在日数と給与、興業成績の報告などの金銭の詳細な動き、本社とやりとりされた文書の控えなど、この偽装中国映画製作が東宝の業務として行われた「文化工作」であったことが細部まで裏付けられる証拠として残されている。

　現在の東宝という映画会社のイメージからすると、民間の映画会社がそのような政治的工作

を行ったとは信じ難いという人には、ひとまず東宝の営業用パンフレット『国策と映画』に示された映画活用の営業項目に「外交宣伝」「政治工作」などの文字の躍るさまからまず実感してほしい（図5）。同社の性格がうかがえるだろう。

【図5】　東宝の営業項目に「外交宣伝」「政治工作」（『国策と映画』東宝映画株式会社文化映画部、1939年）

　市川綱二は東宝の職員であるとともに、上海にあっては支那派遣軍総司令部軍報道部の嘱託の身分でもあった。前章で見た外地のまんが家たちがしばしば新聞社などの所属として「文化工作」に従事したのと同様である。

　ちなみに市川綱二は先に名の出た市川彩とは別人である。コロンビア大学で映画学を学び、帰国後、外資系映画会社を経て東宝の前身であるP．C．Lに入社する。映画史には録音技師としていくつかの作品にクレジットされるが、P．C．L、東宝本社、東宝が関与した南満洲鉄道映画・芥川光蔵の記録映画製作、東宝映画技術研究所、航空教育資料映画製作と東宝が戦時下に行った「文化工作」の事務方として一貫して生きる。東宝は日本映画においてアメリカナイズされた技術や製作体制を積極的に取り入れてきたが、プロキノ（プロレタリア映画

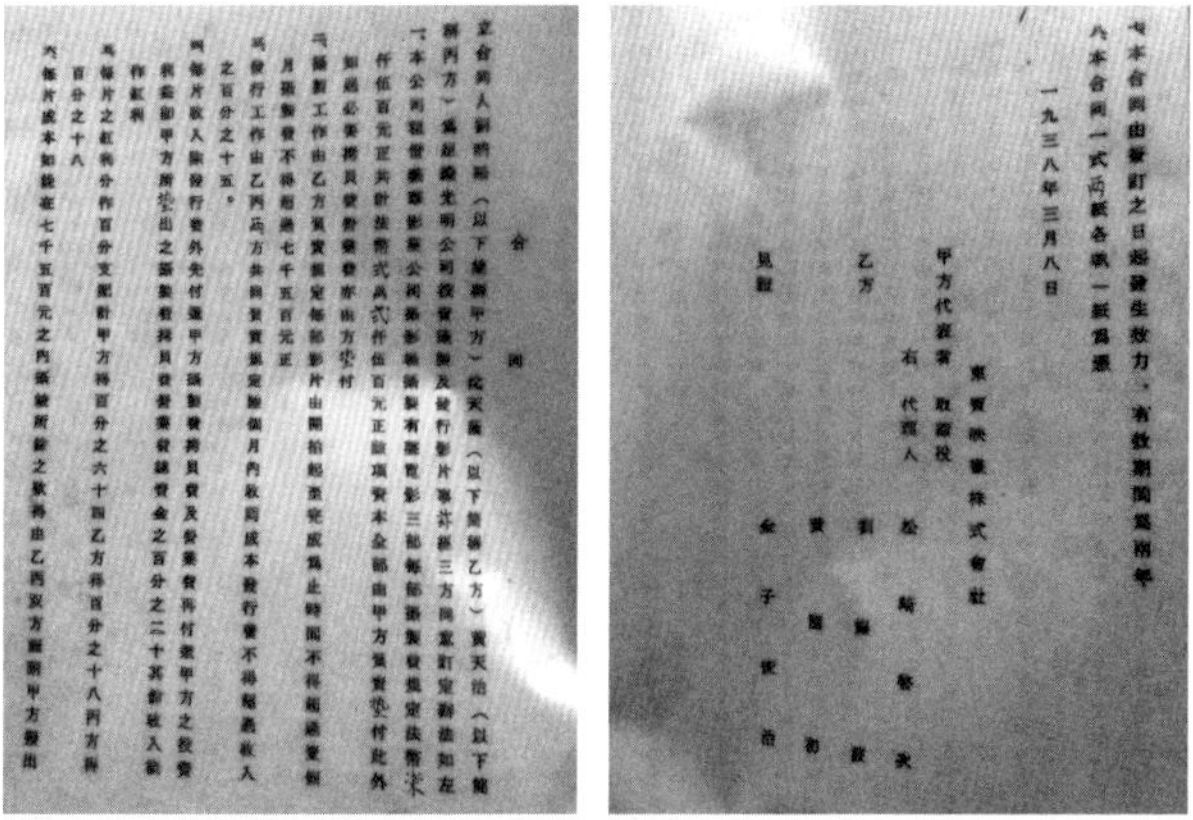

一九三八年三月八日

甲方代表者　東宝映画株式会社
取締役
右　代理人　松崎啓次

乙方　劉燦波

黄随初

見證　金子俊治

【図6】　東宝映画株式会社取締役 代理人松崎啓次、立会人金子俊治、劉燦波（劉吶鷗）、黄随初（黄天始）と結んだ契約書の控（牧野守所蔵）

運動）など左派の映画人の受け皿であった文化映画、記録映画にあっては、コロンビア大で映画学を学んだというキャリアはいささか特異であった。

　いずれ市川綱二の詳細な評伝は書かねばならぬと思うが、その膨大な市川文書の中にはこの偽造映画工作に軍の関与があったことを証拠立てる文書がある。すなわち「東宝映画株式会社取締役　代理人」と表記される松崎啓次、「立会人」と表記のある支那派遣軍総司令部報道少佐・金子俊治が、中国側映画人・劉吶鷗《りゅうとつおう》（本名・劉燦波）と黄随初（本名・黄天始）と結んだ契約書の控えが含まれるのだ（図6）。彼らはこの偽装映画工作の中心的プレイヤーである。

　この契約書には一本あたりの製作費の金額を

先ヅソレヲ防止スル事ガ當面ノ急務ト信ジマス。
二、事変後次第ニ親日的トナリツヽアルトハイヘ未ダ藝術家達
ガ之ヲ歓迎スル處マデニハ遠イ距離ガアリマス。從テ能フ限リ
日本資本ノ投資ヲカモフラージュシテ當分ノ間従業員ニ
對シテハ何處迄モ日本人ガヤルトユフ事ヲ秘シ隠サネバナラナ
イト思ヒマス。
三、製作者（プロデューサー）監督、脚本家等ハ沢山ノ中カラ選ビ
將來日本ノ為ニ働キ得ル人、並ビニ文化人カラモ尊敬サレル
人達ヲ獲得シテ置カネバナリマセヌ。
四、映画ノ内容ハ目下ノ状態デハ[illegible]感情ヲ忘失セシメル
阿片的娯楽映画ヲ先ヅ作ル必要ガ有リマス。從テ
日本的イデオロギーハ第二、第三ノ段階ニ於テ工作スベキデス。

上申書
東寶映画株式会社東京撮影所
事業作部部長
松崎啓次

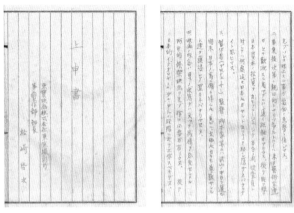

【図7】 1938年4月付「上申書」。「カモフラージュ」と偽装映画製作が形容される（「特集 牧野守所蔵東宝上海偽装映画工作文書」「TOBIO Critiques」#4）

東宝が七五〇〇元と定めて提供、四作を製作、日本・朝鮮・台湾、満洲・華北各地の配給権を持つことが定められている。市川彩の「大映画劇場チェーン」と対になる記述である。

これは「裏」の契約書で「表」の契約書もある。そちらには「一九三八年三月」とあるが日時の記載はなく、甲・劉吶鷗、乙・沈天蔭、丙・黄天始の三名が光明影片公司を設立、甲すなわち劉が当面費用を立て替えるとある。この「表」の契約書によって、東宝や日本軍、その資金の出所は隠されているのである。

この二通の契約書に加え、松崎が上海軍報道部に提出した一九三八年四月付「上申書」（「上申書」、特集「牧野守所蔵東宝上海偽装映画工作文書」「TOBIO Critiques」#4、図7）では東宝が軍

に補助金を申し入れていることが確認できる。そこではこの映画製作が「日本資本ノ投資ヲカモフラージュ」し、現地従業員に対しても「何処迄モ日本人ガヤルトイフコトヲ秘シ隠サネバナラナイ」とあからさまな偽装ぶりが内部文書とはいえ、堂々と語られる。

この「上申書」からは、一連の工作が一九三八年二月、松崎が陸軍省新聞班の依頼で上海に出張、その報告書を三軍報道部と陸軍省に提出し、それが発端であったことも確認できる。このように上海における松崎啓次により一九三八年二月頃に発案され、三九年二月まで松崎・市川が実行した『茶花女』をはじめとする偽装映画は、軍および国策映画会社・東宝が行った「文化工作」であり、松崎の行動は全て「公務」だったことが資料的に立証されるのである。

【図8】 偽装工作映画第1作『茶花女』（「写真新聞」29号、新聞連合社、1939年）

一方で、この極秘工作は第一作の『茶花女』（図8）については製作経緯が洩《も》れ伝わって中国側から批難されたためかろうじて映画史に名が残る。現地では「茶花女事件」として糾弾されたのである。そのため、三作目となる『大地的女児』は一九三九年二月の時点で撮影が終わるも編集は未完と報告され（「光明電影公司ニ對スル投資報告書」、「特集牧野守所蔵東宝上海偽装映画工作文書」「TOBIO Critiques」#4）、第四作『銀海情濤』はタイトル名が市川文書や現地報道に散見するが、製作は確認できていない。

その内容だが「抗日」的でもないがプロパガンダ的でもない。その一作『茶花女』はアレクサンドル・デュマ・フィス『椿姫』の翻案というよりジョージ・キューカー監督『椿姫』（一九三六年）を彷彿させ、上海でも相応に親しまれた素材だったが、宣撫工作映画としてはアメリカ的すぎるという批判もあった。この映画のシナリオは中国語および日本語訳が現存しているので検証して見えてくるものも多々あるだろう。しかし『茶花女』をめぐるこの文化工作が映画史に記憶されたのは、その内情が中国で糾弾され、後述するように日本国内でも軍の関与が公然と語られたからだけではない。

そもそも先の市川彩の記事がこの「工作」を匂わせつつも中国映画界に「何等の基礎をも有さなかつた一資本」による椿事《ちんじ》とでも言わんばかりの白々しい書き方をしているように、また、松崎の「上申書」が「カモフラージュ」と明言しているように上海での偽装映画工作は、本来なら、そのまま秘されて映画史から消えるはずであった。

しかし『茶花女』は一九三八年十一月十七日から『椿姫』と題して日本公開される。しかもすでに記したように同作を「東宝と光明影業協同製作」とし、「軍の仲立ち」があったことを同日の「読売新聞」が堂々と報じてしまうのだ（図9）。裏事情の一部が日本で公然と記事になってしまったのである。

それは本来、この工作に関わった人間たちが隠蔽しなくてはいけないものだった。なぜなら公になれば、関わった人間たちの命に関わるからである。市川綱二は帰国していた松崎啓次に上海で試写を見た後の感想として、内地で上映をすれば「相当人気が沸」く、としつつ、同時にこう警告する手紙を送っている。

結びの親に軍部
東宝と光明影業 協同製作か
〝椿姫〟他まづ二作入荷

【図9】『茶花女』（日本公開は『椿姫』）に軍の関与があったことを報じる（「読売新聞」1938年11月10日）

それから二人よりは蛇足或いは釈迦に説法を《ママ》お叱りを蒙るかも知れませんがこの四本作品日本にて上映に際しては日本へは東宝後援云々の文句は絶好のパブリシティヴァリューですがもしそれが何かの拍子で当地へ伝われば、次回作品はおろかそれっきりで劉黄氏の生命は固より出演者、スタッフまで相当致命的の打撃を与へる事となり、当地、又は占領区域外の上映は思いもよらぬ事になりますので此点呉々も御留意ある様金子氏よりも平常御注意もありましたので申し添えます、ただ日本に於ける配給権を東宝が何等の形式で獲得した謎の支那製映画として謎で客を引いていく様にとの御注意でした。（市川綱二書簡、牧野守所蔵『自昭和十三年四月至昭和十三年六月拾日 上海─東京本社第一号 報告原簿 市川』）

この文面からはすでに東宝で配給の動きがあることがうかがえ、他方、契約書に内地の配給権は東宝にあるとされていて、製作費は大きく超過していた事情が日本公開の背景の一つとなったことは考えられる。日本での上映は、資金の回収に加え、上海の中華電影設立について映画利権をめぐる動きが重なり、東宝はフライングしても上海映画利権の既得権益の所在を軍との関係によって誇示する思惑があったのか、と想像もできるが定かではない。

結局、『茶花女』は「謎の支那映画」として上海でも日本でも終わることができなかった。しかも国内では興行的には失敗、映画雑誌の批評も「この映画に強いて興味を見出すとすれば、作品の出来そのものでなく、こうした作品が生まれ出るようになった製作動機」（飯田心美「外国映画批評『椿姫』」「キネマ旬報」一九三八年十一月一日号）である、などと「文化工作」であることを婉曲に皮肉るものであった。このように『茶花女』は「文化工作」であることが日本・中国双方で仄《ほの》めかされ波紋を呼んでいた。しかし、そこで終われば未完を含むこの四作は真相の不確かなまま中国映画史から葬られ、一部の映画人の知る秘史で終わったろう。

しかし、一つの暗殺事件が「謎」として終わるはずの上海偽装映画工作を公然化するトリガーとなる。その暗殺事件は例えばこう語られる。

オフイスの休憩時間である、十二時から二時迄の間をかうした事に利用する習慣になつて居た我々は、二時が来るとサツと話を切あげて、洋服の上衣に手を通した。椅子から立ち上つて私は劉君に云つた。

「君、撮影所へ行くんだらう、一緒に行かうか」

「うん、だけど、一寸廻り道して行くから、僕は先に失敬するよ」

と、劉君は、部屋を出て廊下を階段へと急いだ。私の秘書、藩君が時計を見上げて、私に囁いた。

「貴方は、二時に撮影所で約束があつた筈です。もう、十分過ぎてゐますよ」

私も時計を見あげた。確かに二時十分過ぎであつた。

その瞬間、私はピストルの音を四、五発聞いた。

「殺られた」「殺られた」

たしかに、二声、劉君が叫んだ。然も日本語で。その声は力がこもつて普段の元気な劉君の声と少しも違はなかつた。

私は駆けつけた。階段の真中に劉君は仰向けに倒れて居る。彼の右の胸には白いワイシヤツを染めてボール大の大きさで血が滲んで居た。私は咄嗟に良かつた、射たれたのは心臓ではないと思つた。それでも出血を出来るだけ少くしようと思つて、私の両手で胸を締めつける様に抱いた。然し彼の意識を失つた身体は重く、力一杯で抱き起さうとしても不可能な程であつた。

（松崎啓次『上海人文記』高山書院、一九四一年）

「私」とは松崎啓次、暗殺されたのは劉吶鷗として先の契約書に署名した劉燦波である。市川が危惧していた「劉・黄氏の生命の危機」の一方がこの暗殺によって命を奪われたのである。

実行犯は定かではないが暗殺者に一万元の賞金が賭けられていたとの報道も残る。一方で「漢奸《かんかん》」すなわち、裏切者として暗殺されたことは自明とされた。

その結果、彼の死そのものを動機とし、そこに上海映画人の思惑が絡みあい「謎」で終わるべき上海偽装映画工作そのものが中・日間のメディアミックスとして発信されるという奇怪な展開が始まるのだ。さすがに『茶花女』製作の詳細は語られなかったが、その周辺で蠢《うごめ》いた人々や思惑に劉暗殺を受けての新たな思惑が加わり、「文化工作」および文化工作者そのものがメタ的に映画の題材となり、そこに芥川賞まで巻き込む多メディア間の「文化工作」が、一つの「協働」的「騒動」として繰り広げられるのである。改めて確認するが「協働」というのは官民、送り手受け手が創作活動において一体となることを推奨する代表的な翼賛体制用語の一つである。そして『上海の月』における「協働」は軍・民の間で複雑に絡みあい展開する点で特化している。

その中で東宝の偽装中国映画の中心人物・松崎啓次は、「文化工作」として四本の偽装映画（一作は着手されず）に関与した後、自らの著作『上海人文記』（高山書院、一九四一年）を「原案」として中華電影と東宝の合作映画に提供するのだ。

その映画こそが、成瀬巳喜男監督の『上海の月』（一九四一年）である。

それはいわば第五の文化工作映画製作であるとさえいえる。

そして、この映画によって劉燦波という中・日の狭間を生き、暗殺された文化工作者の追悼として陸軍報道部をも巻き込む「メディアミックス」が仕掛けられるのだ。

二　上海映画工作者と美しき女スパイたち

ここでまず時系列的に『上海の月』製作をめぐる出来事および劉の暗殺以降の出来事を年表ふうに整理しておく。後に言及する多田裕計、馬淵逸雄の二人の重要な登場人物の動きについてもひとまず説明は抜きに記載し、この一大騒動における錯綜する映画や書物や人の流れをあらかじめ整理しておきたい。

【一九三八年】

一月二十六日～二月二十日

東宝第二製作部長松崎啓次、陸軍省新聞班の依頼で上海における映画製作・上映を調査、二月、報告書「支那ノ映画界ノ昨日、今日」を陸軍中支派遣報道部金子俊治少佐に提出。

三月三日～四月三十日、松崎、二度目の上海滞在。

三月八日　松崎・東宝の代理人として金子俊治を「立会人」に劉燦波（劉吶鷗）、黄随初（黄天始）と偽装映画四本の製作に関する契約書（中国語）を結ぶ。東宝出資は三万元、一作あたり製作費は七万五〇〇〇元、同時期、偽装映画製作のための「光明影片公司」を劉、黄、沈天蔭と設立する。表向きは東南貿易会社・林一青の投資、塩業銀行副主任・李祖菜らが加わり共同で設立した形。

三月二十六日　「芸華映画公司」による映画製作が報道される（「新申報」）。

四月一日　市川綱二、上海赴任。以降、工作終了まで三百十三日間、上海に滞在。

四月　松崎啓次、軍に偽装映画製作を報告、一万円の資金援助を乞う。給付。

五月二十六日　『茶花女』クランクアップ。直後、『王氏四俠』クランクイン。

六月八日　上海・虹口東和劇場にて『茶花女』の試写（金子・市川・劉・黄が鑑賞）。

六月二十一日〜七月十二日　松崎啓次、三度目の上海滞在。

八月十八日〜十月十六日　松崎啓次、四度目の上海滞在。

九月十六日〜十月六日　監製李祖菜・製作主任沈天蔭・監督李萍倩として『茶花女』、寧波路、新考大戯院で上映（松崎「上申書」には「監製」は劉吶鷗の名が記されている）。

十一月十七日〜二十二日　『茶花女』、「東宝映画提供」「支那映画」として『椿姫』の題名で東京東宝映画劇場などで日本国内上映。興行的には失敗。

十二月一日　上海の中国共産党系新聞「毎日訳報」が『茶花女』日本上映の製作について疑念を報じる。『王氏四俠』の上映、『大地的女児』の編集を断念（『茶花女』渡日事件）。

【一九三九年】
一月十二日～二月六日　松崎啓次、五度目の上海滞在。
二月八日　市川綱二、上海滞在終了。松崎・市川の偽装映画工作終了。同日付市川文書「上海映画会社設立ニ就キ現在ノ顛末報告及意見」で偽装映画製作の詳細を報告。中支軍、満映、「現地」および「本邦」（内地）映画業者による共同設立の映画会社（中華電影）を主導するため川喜多長政を筆頭理事に「幹部社員ヲ送リ中心勢力ヲ握ル」ことを提言。光明影片公司による東宝の上海映画利権維持の主張が色濃い。
二月十一日　上海青年倶楽部発足。
六月二十七日　中華電影有限公司設立、川喜多長政専務取締役、松崎啓次製作部長、劉燦波製作部次長、黄天始常務取締役、黄天佐取締役。川喜多の意向で中華電影は日本側による劇映画製作を行わず文化映画のみを製作する方針となったとされる。

【一九四〇年】
八月十三日　上海青年団発足。

九月三日　松崎啓次・黄天始・黄天佐、および石本統一、文化映画『珠江』ら撮影チームと会食後、**劉燦波、暗殺**。

九月四日　三日発上海発特電で「和平映画工作」に従事していた「映画技師殪《たお》る」として内地第一報。

同日　劉暗殺上海第一報「文化テロの剔抉《てっけつ》が必要　馬淵報道部長談」「文化工作に短き一生今は亡し劉燦波氏」（「大陸新報」）。

同日　大東放送局「大陸青年の時間」にて多田裕計「立体文化への前進」。

九月十日　多田裕計による劉追悼文掲載（「大陸新報」）。

十月七日　上海青年団綱領制定

十月二十七日　松崎啓次が未編集の『大地的女児』を編集、劉の遺作としての公開計画があることを「大陸新報」「新申報」が報じる。

十一月　多田裕計、テロを題材の小説「石羊」を「大陸往来」に発表。

十二月　馬淵逸雄、大本営報道部長に就任。

十二月二日　満映・中華電影・東宝の共同製作として『上海の月』製作の報道（「満洲日日新聞」）。

【一九四一年】

二月四日　中華電影・東宝共同製作で『上海の月』製作開始、報じる（「大陸新報」）。

二月七日　『上海の月』製作の「動機」が「為記念劉吶鷗」である旨の松崎の中文でのコメント、および「中華・東宝合作」であることを報じる（「新申報」）。

二月十二日　松崎啓次「文化戦士の姿―『上海の月』のこと」（「大陸新報」）。

二月十八日　松崎啓次、黄天始、成瀬巳喜男ら東宝撮影チーム、南京で汪兆銘を表敬訪問。

三月六日　『上海の月』ロケ開始。

三月　多田裕計「長江デルタ」発表（「大陸往来」三月号）。

四月十八日　上海放送局より映画キャストによるラジオドラマ「上海の月」、日本に向け放送。

四月十八日・十九日　上海の虹口歌舞伎座でロケ隊による「アトラクション」、記者の見学会。

四月二十八日　市川綱二上海入り。ブロードウェイマンション最上階に滞在。

六月中旬　日本で『上海の月』の公開に先駆け広告展開。

七月一日　『上海の月』日本公開。

七月二十七日　汪兆銘ら南京政府要人向け試写会。

七月二十九日　「長江デルタ」芥川賞受賞。

八月一日　東宝に経営権の移った上海国際劇場（旧融光大戯院）で正式公開。
八月　「文藝春秋」にて「長江デルタ」芥川賞受賞発表。
八月　馬淵逸雄『報道戦線』刊行。
十月一日　『長江デルタ』明治座上映。
十月二十日　松崎啓次『上海人文記』刊行。

【一九四二年】
一月　多田裕計「虹の国の租界進駐――十二月八日の上海」発表（「文藝春秋」一月号）。

以上から確認できるのは、松崎らの偽装中国映画製作が上海における対中「文化工作」の良心のように戦後映画史で語られる中華電影の「前史」であり、裏面史であったこと、その偽装映画製作の中心であった劉燦波の暗殺によって上海での文化工作が「表面」に登場、彼の追悼映画として『上海の月』が中華電影・東宝の初の「合作」として仕掛けられ、そこに多田裕計の芥川賞小説「長江デルタ」が絡み、汪兆銘から大本営のトップまでをも登場人物とする騒動へと発展したという一つの流れである。その中で偽装映画製作の「真相」には言及されないにせよ、上海での文化工作そのものが、エンターテインメントとして日中間にメディアミックス的に発信されたのである。つまりはこの騒動自体がメタ的な「文化工作」であり、冷静に考えれば「文化工作」そのものの娯楽化という奇怪な事態へと進展するのだ。

それでは「騒動」の詳細を見ていく。

中・日合作で設立された中華電影の川喜多長政の判断によって、日本側が製作する映画は「文化映画」に限り、劇映画は中国側プロデューサー張善琨に委ねたとされている。中・日映画史における美談として半ば神話化されている。しかし、『上海の月』は劇映画であり、東宝との提携作品として、中華電影のスタジオも日本側によって使われている。無論すんなりと事が運んだわけでなく、中華電影スタジオの使用には相当のトラブルがあったらしいことが市川の婦人宛私信からうかがえる。

中華電影の設立に先行して松崎は、先の偽装中国映画製作を行い、設立後は「文化映画」の担当となっていた。「文化映画」は文化工作用の啓蒙映画で、出自はといえば、川喜多がかつてその代理人であったドイツのウーファ社の教育プロパガンダ映画『Kulturfilm』にある。つまり松崎は中華電影でも文化工作担当であった。

東宝プロデューサーとしての松崎啓次（図10）は、亀井文夫監督『戦ふ兵隊』（一九三九年）、黒澤明監督『姿三四郎』（一九四三年）の企画をはじめ、戦時下の日本映画史に大きな名を残すが、同時に文化工作の当事者であることを隠さなかった。共産党員として活動中、松崎署の刑事にマークされたことにあやかった身内の共同ペンネーム松崎啓次を映画人としても名乗ったとされる。文字通り「虚名」を生きようとしたことはおそらく松崎の文化工作者としての確信犯ぶりを物語っている。中華電影に関与した日本側映画人も自身の振る舞いを「文化工作」と呼ぶことは少なからずあったが、あくまでも中国側を尊重した平和的なものだという文脈で戦後は語られた。

【図10】　松崎啓次と訳書のゴルキー（ゴーリキー）『裏切者』（合同書房、1931年）

　その中にあって、松崎が『上海の月』の「原作」と称し、一連の「メディアミックス」の締めとして刊行する『上海人文記』は、上海での自身の活動の回想録であると同時に、同地で文化工作に関わる人々を描く群像劇である。さすがに偽装中国映画を製作した詳細までは述べなかったが、それでも上海での映画製作の提言（おそら

【図11】 劉燦波と著書『都市風景線』（水沫社、1930年）

くは「支那ノ映画界ノ昨日、今日」という報告書）を実証するために「二三本映画をつくる」ことを命じられたとその所在を仄めかしている。

そして『上海人文記』の中心的人物の一人が、台湾出身の映画理論家で、新感覚派の作家でもあった劉燦波なのである（図11）。当時、中国語の小説をいくつか刊行していた新進作家でもあった。軍の金子俊治少佐の紹介で、松崎のために現地での体制を整えたことで、劉は文化工作者として生きることになる。劉は戦後、李香蘭（図12）の恋人と台湾で喧伝《けんでん》されたが（田村志津枝『李香蘭の恋人―キネマと戦争』筑摩書房、二〇〇七年）、先に触れたように一九四〇年九月三日に松崎らとの会合直後に暗殺される。そして『上海人文記』は劉の映画人としての情熱を過剰なまでに情緒的に語る。

さて、何より『上海の月』という文化工作を理解する時に重要なのは、それが多層的な「語り」によって成り立っていることだ。そこには映画や原作、さらに後述するいくつかの書物も当然含まれるが、それが語られる半ば仮想化された「場」なり言語空間なりのあからさまな所在に注意が必要なのだ。そういった一種の情報空間がエンターテインメントとして提供され、そこに現実の「文化工作」が展開するという何とも倒錯した構図になっている。

この情報空間では「虚実」というよりは「映画」と「政治的現実」の境界が意図的に曖昧化される。そもそも「映画」が「文化工作」のツールであり、同時に題材とされる「政治的現実」もまた「文化工作」なのである。その虚実のメタ的な関係にさらに松崎は「上海」の魔都としてのパブリックイメージを過剰になぞる。俗情のさらなる上書きを『上海人文記』やメディアを介して発信するのである。松崎の『上海人文記』は自身の「文化工作」への関与を匂わせるだけでなく、劉以外にも、中・日の狭間に立って、間諜の役割を担わされた女性たちが次々と登場させる趣向となっている。

【図12】 劉燦波の恋人説のある李香蘭

例えば、戴志華という、中・日の狭間に立たされたスパイがそうだ。彼女は近衛文麿の息子・文隆とのロマンス説もある、雑誌の表紙を飾ったほどの美

【図13】　戦時下上海の美女間諜・鄭蘋如。松崎啓次『上海人文記』にも登場

女だった鄭蘋如《ていひんじょ》（図13）が下敷きになっていると考えられる。こういった事態は、李香蘭や川島芳子といった戦時下「外地」のアイコンを思い起こした時、『上海人文記』に登場する女性たちがほとんど虚構化されていることは理解できるだろう。

　何より、そういう言語空間が、上海の映画雑誌やゴシップ誌の中に俗情と連携しつつ成立している。松崎は文化工作映画の製作に、そのステレオタイプの「俗情」を利用しようとした。松崎が中華電影で製作に関わった「文化映画」は、むしろこういったステレオタイプの中国像が対中工作の妨げになるから、それを修正するのが目的だった。だから、松崎が『上海人文記』で徹底して反文化映画的な手法で劉の死を描こうとしたのは興味深い問題だ。

　それゆえ、中・日の間に立つ「美しき女諜報員」というイメージが『上海人文記』では盛んに散りばめられる。その時、注意しなくてはならないのは、彼女たちも劉も中・日を「繋ぐ」アイコンとして描かれている点だ。

劉の恋人説を戦後、否定しなかった李香蘭は当初、『上海の月』のヒロイン許梨娜を演じるはずであったが、汪洋《おうよう》に変更されている。市川文書の中には台湾での劉の生家訪問を望む李香蘭の意向を松崎より伝えられ、その所在地を地図入りで直接伝える李香蘭宛の市川書簡が残る。李は劉暗殺後、馬淵ら軍要人に混じってその葬儀会場に名入りで献花している。映画では汪洋の演じる許梨娜、山田五十鈴が演じる袁露絲の二人の「女スパイ」が登場する（図14）。この「美しき女諜報員」は、ステレオタイプ化されたイメージであるとともに「外地」の現実であった。『茶花女』に出演後、当人もスパイとして活動し、同じスパイだった恋人・平祖仁が処刑された後自死した英茵（図15）、同じく映画女優であった李麗など（図16）、映画と現実の双方を「美しき女諜報員」として生きた者が少なくない。

【図14】 汪洋の演じる許梨娜、山田五十鈴が演じる袁露絲の二人の「女スパイ」。『上海の月』広告（「映画旬報」1941年6月11日号）

当然だが『上海の月』の作中人物も実在の「女スパイ」を連想させていた。それが『茶花女』が『上海の月』製作とリアルタイムの映画雑誌の誌面を飾るのだ。『上海の月』の作中人物・袁路絲は「鄧須如」がモデルだと

【図16】 北平李麗として知られる社交界の花形にしてスパイ李麗

【図15】『茶花女』に出演後、当人も地下活動、同じスパイだった恋人・平祖仁が処刑されて自死した英茵

する記事が公開後、なぜかハワイの日系新聞「布哇毎日」に掲載されている（図17）。「鄧須如」は先に記した「鄭蘋如」の誤植であると考えられ、このように原作にせよ映画にせよ、出来事も作中人物も共栄圏中で上海の仮想化された情報空間の中で自明の如く受け手によっても読み解かれるのだ。

だから、彼女らは映画雑誌のゴシップの材料となり、まんがの題材にさえなる。「満洲映画」に掲載された藤井図夢「撮影所大当り」（図18）は、拉致された女優を映画スタッフが奪回しに行くという物語だが、そこに登場する女性名は李香蘭を彷彿とさせる。作者は在満洲のまんが家で「ビルマ戦線に従軍中爆死」したとされている（佐久間晃、富山衛『絵と文 想い出の満州』恵雅堂出版、一九七一年）。彼もやはり「間」に立ち、忘却されたまんが家である。

三　感傷と俗情

上海の赤い月
午後十時、浦東の工場の屋根から赤い月が出た人の思考力を痺れさせるやうにどんよりした月である。映畫『上海の月』に現れる女スパイ袁露絲のモデルだといはれる鄭須如が××死刑場で銃殺されたのは、朧月の夜だつた。彼女は最後に、折から上つた月に向つて高く左手を上げ『救亡歌』を歌つたといふ話が傳へられてゐる。おそらく抗戰派文學青年の巧な脚色であらう、支

【図17】『上海の月』の作中人物・袁路絲は「鄧須如」（鄭蘋如？）がモデルだとする記事（「布哇毎日」1941年10月18日）

【図18】　李香蘭がモデルのまんが（藤井図夢「撮影所大当り」「満洲映画」1938年11月号）

このような、いかにもの俗情からなる映画『上海の月』をもう一方から支えるのは松崎啓次の「感傷」である。繰り返すが、この「私情」の暴走が『上海の月』というメタ的文化工作を突き動かしている。後述するが、たまたまぼくが入手した『上海人文記』は、人物の特定はできないが、松崎周辺の人物の手でその「感傷」をなじる一文が書き殴られていて興味深い。松崎は上海工作に妻である歌人の富岡冬野を帯同、彼女は同地で急逝している。そこに劉の死が追いうちをかけた。

以下は映画『上海の月』の企画に至る経緯を語った松崎の一文である。妻と友人を立て続けに上海で失った松崎は失意のまま京都にいる。

その頃、私は故郷の京都に居た

（中略）

空を見上げると、樹々を通して空は蒼かつた。

上海のことは思ひ出すのも苦しかつた。
あの街に妻は死にたりその街に
友は撃たれぬ銃弾ふる街
誰にも言へない、誰も知らないこの苦しさ。
これでは不可ない。こんな事で負けてなるものか、と思ひつつ、矢張り、私は誰にも会ひたくないし、誰と話をするのも嫌であつた
（松崎啓次「文化戦士の姿―『上海の月』のこと」「大陸新報」一九四一年二月十二日）

だから松崎は映画製作の動機をこう書き出すのだ。


その日、私はふと、起ち上つて何か叫びたい衝動に、駆られて居る自分を感じた。

何か叫びたいのだ？　何がしたいのだ？

――永い間、私は知らないで居た。

座つて居ても、立つて居ても、イライラして、私は自分の部屋の中を何時までも歩き廻つて居た。

京都の夜空は澄んで、月が白い雲足が早かつた。私は、◯◯（判別不可）路の小暗い路を、息をはづませて、明日の文化を語りながら歩いた劉君を感じた、七九三の白バイツの自動車で、色々な文化的支那人に会はせる為めに、走り回つて呉れたK少佐を感じた。その夜、私は眠らずペンを走らせた

（同前）

死者や仲間たちが発し得ないことを彼自身が代弁するかのように映画の構想はでき、「上海を背景に現地に苦闘する文化戦士の姿をテーマに描きたい」と思い立ったとする。

しかし、松崎という人はここまで自分の感傷に陶酔しながらそれを具体化、つまり映画にするための「政治」を厭《いと》わない。ただちに森岩雄・川喜多長政という東宝と中華電影のトップと話をつけ、両者の「提携第一作」とする旨をとりつけてしまう。そして陸軍省報道部長となった馬淵大佐に会い、映画製作への協力の根回しもする。文中では松崎の「情」に人々が呼応したかのように描かれるが、中華電影設立のために松崎らに担がれながら日本側による劇映画製作を認めなかった川喜多長政に、東宝との合作で劇映画製作を認めさせるために、そのバックとして後述する馬淵を担いだのではないか。そして企画が動き出せば、監督らを連れ汪兆銘を表敬訪問する「政治」を平然とする。このあたりの松崎の強引な行動は東宝本社にもたらさ

れ、『上海の月』製作過程でどうやら松崎はこの映画製作から最終的には解任され、上海では失脚した印象である。そのあたりを一九四一年四月二十八日以降、上海入りした市川は妻への私信で仄めかしている。市川が上海における松崎に代わる文化工作者となる上層部の期待も書簡に残る。

この『上海の月』が劇場都市的な上海のステレオタイプなイメージと私的感傷という俗情に支えられながら、しかし、上海における「文化工作」をめぐる政治そのものを強引に利用することで仕掛けられたことがわかる。それぞれの政治的思惑を松崎は利用し、繋いでみせるのである。それはメディアミックスというよりもひどく人間的で生々しい「政治」としてある。

だからこそ『上海の月』のプロデューサー瀧村和男は、製作意図について松崎の手による原案を「故友劉燦波氏並びに新東亜建設途上に倒れた文化戦の人柱に捧げるべく、心血を注いで執筆した一篇」と評す（瀧村和男「『上海の月』製作の意図に就いて」「映画旬報」一九四一年七月一日夏季特別号）。つまり松崎と徹底して同調することができるのだ。

しかし、後述するように映画『上海の月』は劉らの偽装映画工作を直接の題材としてはいない。したがって劉をあからさまにモデルとするキャラクターは登場しない。にもかかわらず、製作側は雑誌や新聞の記事、広告などあらゆる発信の機会を利用し、映画が劉の追悼であることを徹底して強調する。

だから同記事で、瀧村は劉のキャリアを具体的にここまで詳細に紹介することができる。

彼が「現代電影」に書いた「映画テムポ論」「映画作家の態度に就いて」「カメラの角度研究」などの論文は、彼の深い映画造詣を物語るものである。彼の関係した映画は、演出した作品に南京中央電影撮影場の劇映画「密電碼」、芸華公司の「初恋」他数種の記録映画と、シナリオを書いた明星公司の「永遠の微笑」（胡蝶主演）、パール・バックの「母」を改編した光明公司の「大地の女」等がある。

（瀧村和男、前掲）

この時点で劉はいくつかの小説を書いているが、映画人としての評価はなかった。だからこの一節で日本の映画人は、劉燦波という存在をおそらくは初めて知ったはずだ。劉は偽装中国映画四作を「監製」つまりプロデュースする予定だったが、その名は表には出ていない。そして松崎が劉の暗殺を受け、強引に編集を完成させた『大地的女児』を改題した『母親』を劉の代表作として表に出そうと工作もする。このような松崎工作の一つとして瀧村は、彼が単なる文化工作の裏方でなく、優れた理論家であり映像作家であることも「映画旬報」誌上で改めて

中華・東寶合作
攝「上海之月」
劇情係紀念劉吶鷗

【図19】　松崎啓次「其動機為記念前製作部次長劉吶鷗氏被狙殞命之文化戦士」「新申報」（1940年2月7日）

語るのだ。それはあたかも日本映画史に劉の名を記憶させようとするかのようにさえ見える。

だからこそ確信犯として劉が偽装中国映画のために設立した光明影片公司で製作されたうちの一編『大地的女児』との関わりをあからさまに公言したのである。『茶花女』の日本公開が劉暗殺のトリガーであったのだから、未完成の一本を劉の作品と公言しようとした松崎の動機はよくわかる。

中国語新聞でも松崎啓次が「其動機為記念前製作部次長劉吶鷗氏被狙殞命之文化戦士」であると明言している（「新申報」一九四〇年二月七日、図19）。ヒロイン役に李香蘭に代わり抜擢《ばってき》された汪洋も劉の遺志を継ぐ旨の発言をする。

このように『上海の月』は劉燦波の追悼映画だということは製作サイドから一貫して発信されていく。

ただし、提携した中華電影は必ずしも「製作サイド」には含まれず、一定の距離をとっていた印象がある。このあたりは今回掘り下げる余裕はないが、両者の齟齬は先の市川の妻宛私信で幾度か仄めかされ、その所在は確かかと思われる。

こういった劉追悼映画というコンセプトは、この映画の中・日間の公式の宣伝方針にさえなるが、それは川喜多や馬淵に対し松崎が早々に政治的根回しをしていたからだと推察できる。松崎は東宝の前身の一つ、P・C・Lの創立者の一人で東宝の取締役であった森岩雄の庇護下にあったが、『上海の月』製作過程で切られたらしい記述も市川私信にある。その強引な「政治」は「文化工作」企業としての東宝のガバナンスをおそらくは逸脱していたはずだ。

映画の宣伝として日本では一九四一年七月の公開に先駆け、六月中旬より新聞広告が打たれるが、初回の広告にも「製作意図」がこう記される。

総力戦下に於ける文化戦、特にその重要な一翼たるラヂオ放送に依る宣伝啓蒙戦の意義と重要性を主題とし、上海を舞台にスパイ、諜報及びテロ工作と闘ひつつ新東亜の日支両民族の協力と共栄のための放送局建設の涙ぐましい努力と犠牲を重ねる日・支文化戦士の美しい友情を描き、併せて南京陥落前後の上海に於ける悪辣な抗日運動の敗北と外国租界の敵性を描かんとするものであります。

（「朝日新聞」一九四一年六月十八日）

続く六月二十六日の広告には「この一編を建設の人柱に捧ぐ!!」と勇ましくある。

【図20】『上海の月』広告(「映画旬報」1941年夏季特別号)

さすがに劉個人の名はないが、「宣伝啓蒙戦」において犠牲死した「文化戦士」という枠組みを示すことで、逆に劉の死は公共化されたといってよい。公開が近い時期に刊行された「映画旬報」一九四一年夏季特別号にも、グラフモンタージュふうの広告とも記事ともとりにくい見開きが掲載されるが、「この映画を蒋政権の魔手に倒れた東亜民族の貴い犠牲に捧げる!!」と大書きの宣伝コピーが掲げられている(図20)。

こうやって「文化工作」の「犠牲者」に捧げられる映画というパブリックイメージがつくられ、そこに劉の名が重なっていく。つまり、この映画そのものが「宣伝戦」という「文化工作」を題材とする、一種のメタ的な文化工作の様相を帯びていることがよくわかる。

四　「文化工作」としての芥川賞

この時、「文化工作」のための具体的なメディア技術として用いられるのが、いわゆる「メディアミックス」である。いうまでもなく『上海人文記』と『上海の月』は原作と映画のメディアミックスの関係にある。

メディアミックスという語はこの時点ではないが、書籍・映画・音楽の連動は菊池寛の原作作品において戦争以前からすでにルーティンと化していた。『上海の月』でもまず、主題歌のレコード化がある。中国語で黄良による歌詞がつくられ、それを日本語に翻訳、西條八十《さいじょうやそ》が作詞して「牡丹《ぼたん》の曲」と題し、ヒロイン役の一人山田五十鈴の歌でコロムビアレコードより映画公開に合わせリリースされている。ここまでなら、ルーティンのメディアミックスといえる。

それ以外でも上海第二歌舞伎座で出演者による「豪華アトラクション」実演など、事前キャンペーンも華々しく行われた。その中で注意すべきは出演俳優たちによるラジオドラマが上海で制作され、日本に向けて放送されていることだ。これは上海側から同番組が放送された旨が同地の新聞「新申報」で報道される一方、「読売新聞」一九四一年四月十八日のラジオ欄には「ラジオドラマ　上海発『上海の月』」とあり、山田五十鈴、汪洋以下の映画出演者に加え「【演

◇七・四〇　ラジオドラマ　上海
發「上海の月」　山田五十鈴、汪洋、大日向傳、大川平八郎
◇八・〇〇
「上海の月」撮影のため滞支中の東寶映画一行がドラマ化して現地から放送を行ふ

【図21】　ラジオドラマ「上海の月」上海・東京同時放送を伝えるラジオ欄（「読売新聞」1941年4月18日）

出】成瀬巳喜男」と記される記事が確認できる（図21）。小さな記事だが、両記事の放映時間は重なる。中・日間を跨《また》ぐ放送だったことがわかる。このラジオドラマの同時放送は後述するように大本営のトップを巻き込んで初めて可能な「文化工作」だったはずである。

些細《ささい》な事例だが、中国語の歌詞が先行してつくられ公表されたことも含め、『上海の月』は、上海と「内地」間で両者を結ぶ積極的な協働／メディアミックスが目論まれていることがうかがえる。

だとすれば、当初、李香蘭の出演が報じられたのも、トランスナショナルな、あるいは「共栄圏」間のメディアミックスの目論見があったからではないかと思えてくる。『上海の月』は中華電影と東宝の合作であり、「満洲日日新聞」の報道では満映の参加も当初は伝えられていた。だとすれば満映の看板女優・李香蘭の参加も日・支・満の協働体制の強調という「政治」がもう一つあったのかもしれない。

しかし、この劉暗殺に端を発した文化工作には、松崎ら製作サイドの原案『上海人文記』刊行へと収斂していく流れとは別の思惑なり政治がもう一つ当初からあったと考えられる。つまり劉の死を利用したもう一つの文化工作的作品が仕掛けられるのである。

それが、多田裕計の小説「長江デルタ」（「大陸往来」一九四一年三月号）である（図22）。

この小説は戦時下の芥川賞受賞作であったがゆえにかろうじてその名を文学史に残すが、文化工作者によって「文化工作」の一環として文化工作的思惑で書かれた小説であった点で特徴的であった。

長江デルタ

多田裕計

一

警笛は、笛を追ふやうになり止まなかつた。印度人巡捕の、地圖に似た大きな掌が自動車のガラスの外で停止を命じてゐる。黄包車たちが騒々しく叫び乍らぎつしり道路を埋めて、信號を待つてゐるのだつた。春の陽光が、揚子江の方からふいてくる雲に遮られて、聳立するビル街の色彩がふと暗い陰影に沈み、また猛烈に輝いた。

三郎は日本から上海にきて、まだ三ケ月に過ぎないので、この地獄のやうな混亂に馴れず、ガラスの外に氣を奪はれつづけた。

【図22】　多田裕計「長江デルタ」（「大陸往来」1941年3月号）

劉暗殺の直後、松崎が上海にいたにもかかわらず、中華電影を代表して二日にわたる追悼文を「大陸新報」に掲載したのは、劉や松崎と同様に中華電影に籍のあった多田裕計であった（多田裕計「嵐の運命人　劉燦波」「大陸新報」一九四一年九月九日、十日）。松崎や黄でないことにやはり違和感を持つ。目の前で盟友が暗殺されたショックで松崎や黄が筆をとれなかった、とも考えられるが、それは後述するように多田が上海青年団という上海の住民統治組織において、中華電影の代表者であった点が作用しているはずである。しかし、まず注意したいのはこれがあまり読後感のよくない文章だということだ。

マイクロフィルムが不鮮明で正確な引用ができないが、劉の暗殺前、劉を訪ねてきた青年に劉が社員であることを多田自身が認めたと仄めかす内容だからだ。多田はその年の二月、劉の所在を謎の人物が訪ねてきたと記している。

その人物は最初別の人物の名を問い、次に劉の名を出す。多田はとぼけた、というが、劉は「漢奸」で「テロ」の対象でもあると男は言い、そして「横光の文学的影響を受けた作家です」と付け加えたという。多田がこのことを劉に告げたのか否か、肝心なことは記されていないが、気にかかるのは唐突に登場する横光利一の名である。劉は直接の師事ではないが横光の流れを組む新感覚派の作家としてあった。他方、多田は横光と交流があり外地での活動を期待されていた。そして「長江デルタ」受賞を政治的に推すのが横光である。多田と劉は横光をめぐる微妙な関係にあることがわかる。

それを劉の死後に多田はわざわざ「大陸新報」で仄めかすのだ。劉は生きていれば横光という文壇のボスをめぐる文学志願者としてのライバル関係にあったかもしれず、事実、「外地作品の受賞」という前提が多田の芥川賞受賞の選考の背景にはちらつく。そういう事情一つとっても松崎と多田とは立ち位置が違う。

その多田は劉へのテロの前後、「石羊」という短編小説を雑誌「大陸往来」一九四〇年十一月号に掲載している。この雑誌は「大陸新報」系の雑誌である。そこに劉とは別のテロ事件を数行記述しているが、この時期、テロは上海の治安上の問題となっていた。

多田が上海の中華電影に赴任するのは一九三九年春ではないか。今のところそう推察するのは多田の小説『新世界』（大都書房、一九四三年）で、多田に仮託された人物が上海の「文化工作」機関に赴任するのがこの時期だからで、中華電影設立の直前ということになる。松崎や劉の「裏」の「文化工作」から「表」の「中華電影」へと移行する中で、松崎らの偽装映画グループと川喜多とともに上海にやってきた映画批評家を中心とする「内地」映画人には確執とまでは言わないが、温度差は相応にあったのではないか。そしておそらくは多田は川喜多の方に近かった。少なくとも劉や松崎とともに偽装映画工作に奔走した仲間ではない。

その中で多田は転向左翼の方法と人脈、つまりプロキノ映画運動に連なる松崎とは異質の政治性を持っていたことは確かめられる。戦時下、上海では一九四〇年八月にその前身となる組織が結成された「上海倶楽部」が「上海青年団」となり、「内地」の隣組主導の翼賛組織とは異なる形で住民組織として機能していた。それが本来、隣組プロパガンダであった「翼賛一家」の上海での展開の希薄さの理由とまではいわないが、「上海青年団」は地域・職域ごとに組織され一九四一年十月の時点で九十を越える単位青年団からなる一万人の組織としてあった。それは日本の「青年団」よりナチスの青年組織をむしろ彷彿とさせる。

一方、横光利一と多田は上海行き以前から交流があり、「ここ一二ケ年が実に日支にとつて大切なとき」「『一条の光線』を君はさし入れるべき」（一九四〇年十二月三十一日消印書簡）と横光が多田に寄せる期待は文学よりポリティカルなもののように感じられる。

多田の小説『新世界』はこの「上海青年団」設立のプロセスをモチーフとしている。その記述を全面的に事実とはできないにしても、多田の投影としてその上海を舞台とした小説に一貫して登場する三郎は、この「上海青年団」設立に当初から関与しているように記述されている。多田は中華電影が拠点を置いていたハミルトンハウスの「単位」代表として、東京で開催された「大日本青年団主催興亜青年大会」に派遣される一方、現地ラジオ局での講演を行うなど、相応に運営に関与した印象がある。大日本青年団とヒトラーユーゲントの交流は知られ、一九三九年には朝鮮で青年団が組織され、これに呼応して外地で起きた外地日本人青年団の結成の機運の中で、上海の青年団結成があった。そう考えた時、多田は少なくとも内地の翼賛体制に呼応する青年組織の一員として中華電影にあったことがわかる。

多田は先の年表に記したように劉暗殺の翌日の九月四日、偶然だろうが上海青年団の関係者が持ち回りで出演するラジオ番組で彼が提唱していた「立体文化」論を講じ、十日に多田による追悼文の掲載、そして十月七日には上海青年団の綱領や組織が制定される。中華電影の入居するハミルトンハウスの団員である多田の発言力の政治的背景は上海青年団にあった。

劉は中華電影の人間である以上、その暗殺は抗日テロに他ならず、それは松崎が私情で動いた「文化工作」とは異質の「政治」であった。松崎は転向左翼として毒を食らわば皿までという生き方で「政治」も利用したが、多田にその印象はない。青年運動と身の丈があったという言い方は酷かもしれないが、日本開戦に伴う上海映画界への工作を報告する一文も含め、上海映画工作のイニシアチブの「表」の宣伝工作を政治的に担いつつあったのが多田ではなかったか。

だから改めて多田の追悼文に戻るなら、二日間にわたる掲載でありながら、松崎のような感情のほとばしりはない。このあたりにも、多田と劉というより、松崎ら中華電影設立以前の文化工作者と、川喜田率いる「和平的」文化工作を標榜《ひょうぼう》するグループの間に、何らかの乖離があったことがうかがえる。

多田が新たな中華電影の「文化工作」の専門家であったことは、日米開戦当日以降、軍報道部および川喜多長政らが電光石火で租界にジープで乗り入れ「映画工作」を行うさまが論文「上海租界進駐と文化工作」(「映画評論」一九四二年七月号)に誇らしげに報告されていることでわかる。多田自身がその中心の一人で、日本領事館の曾根領事に「進言」したことも記されているのだ。

だからその多田が劉暗殺事件の翌一九四一年、上海で刊行されている総合誌「大陸往来」に文化工作小説「長江デルタ」を発表するのは偶然とは思えない。この小説は劉の死をめぐって起きたその政治利用の、松崎とは違う側からの動きではなかったかと考えられる。松崎への牽制とまではいわないが、暴走する松崎に比すと多田はかなり御しやすかったのではないか。多田は横光利一が若手作家に俳句を教えた際、師事していたが、松竹株式会社、東和商事と映画畑を歩いてきた。小説としての「長江デルタ」は二作目で、先の第一作「石羊」ですでにテロへの遭遇をこう記述している。

テロ事件と云ふのは中国人で文化人であり和平派の理論家である梅鶴南氏と共に中華日報へ車を走らせて居たときに起つた。車を下りやうとする瞬間に四発のピストル弾が飛び、梅氏は春の陽の明るい道路上に積木細工を倒すやうな他愛なさでばたりと横になり、強い叫びを短かく発したきりだつた。血は少し胸の白いワイシヤツに滲んで来た。

（多田裕計「石羊」「大陸往来」一九四〇年十一月号）

後述するように、テロ描写は「長江デルタ」にもあるが、これは別のテロ事件が下敷きと思われる。劉より先に暗殺された穆時英が「四馬路の雑踏」の中で撃たれた場面を連想させる。穆時英は香港で英文で作品を発表する作家であり、中華電影設立にあたって松崎らと合流した。

小説「長江デルタ」は、上海の「対支文化工作」機関「中日文化会社」に赴任してきた日本人青年「三郎」の視点から語られる。姓は作中には出てこない。プロットも『上海の月』とは一致しない。しかし気になるのが中国系キャラクター名である。日本人青年と行動をともにするのが香港出身の「袁天始」である。袁は『上海の月』のヒロイン袁露絲と姓が同じ、天始の名は劉とともに偽装映画工作に関わる黄天始と重なる。これは偶然なのか。

「中日文化会社」の描写については中華電影の細部に一致するという指摘もある。そのことからこの小説は一種のドキュメンタリーではないかという解釈もある（川村蘭太「体験的多田裕計―我が幻の師」「ぶるうまりん」第三十八号、ぶるうまりん俳句会、二〇一九年）。しかしヒロインである袁の姉・孝明は亡命ユダヤ人の恋人が抗日運動に身を投じているが、弟が日本側の「文化工作」に加わることに心を痛めているというプロット自体は松崎以上にステレオタイプである。横光の多田宛書簡にある「日支」間に差す「一条の光線」なる期待をそのままテーマとしたとしか思えない。

小説はその三郎と袁がテロに遭遇する場面から始まる。

ピストルを向けてゐる青い支那服の青年が二人——弾は金属の車体に刎ねかへつた。銃声に街の人達は豚のやうに逃げ出した。自動車は悲鳴をあげて急カーブし、直角に一台の黄包車をすつ飛ばして止まつた。袁がドアを排し、三郎も続いて路上に転げ出た。二三歩走る袁の足とその影が、三郎の印象に映つた。銃声はまた響いた。

袁は、路上に自己の影法師を抱くやうによろめいて倒れた。ドアの所に配備されてゐる十数名の守衛たちが一塊となつて、狙撃者を追はうと走り出た。然し、空しい気魄だつた。袁の右脚は撃たれて、血が雨だれのやうに午後の陽に光つた。門衛たちは、彼をかついで、暗い狭く冷やかな社内へ運び入れた。

（多田裕計「長江デルタ」「大陸往来」一九四一年三月号）

この車中からのテロ場面は『上海の月』の二つの暗殺シーンの一つ、「陽美英」殺害と、路上での襲撃という点で重なりあう。しかし、報じられた劉の暗殺場面とは重ならない。

何より劉暗殺との違いは、この小説で袁は負傷をするものの、生き延びる点にある。袁がいかなる文化工作を行ったかの詳細は描かれておらず、姉の方もスパイ活動の様子は同様に描かれてはいない。モチーフは中・日に引き裂かれた袁の姉の自死をめぐる袁と「三郎」という、中・日青年の感傷の表面的共有にある。それがかえって私情が前面に出る松崎と対照的である。

それでも上海の読者にはこの小説は、劉の事件を彷彿とさせたはずだ。

何しろ作者は、「大陸新報」に劉の追悼文を寄せた中華電影のインサイダーなのである。

先述の通り松崎の『上海人文記』の刊行は一九四一年十月二十日で映画の公開後である。したがって、時系列でいえば、劉をめぐるトランスメディア的な「公式」の「語り」は、実は「長江デルタ」が先行する。

とすれば、タイミング的に考えられるのは、やはりこの小説が『上海の月』とリンクするように政治的に目論まれていたのではなかったかということだ。

「長江デルタ」はこの年（一九四一年）の七月二十九日、第一三回芥川賞に決定される。注意すべきは、その受賞のタイミングである。同年八月一日に上海で『上海の月』上映の始まる時期と正確に重なるのである。

事実、上映開始の翌日、『上海の月』の広告が連日掲載される「大陸新報」一九四一年八月二日に「現地文学界の誇り」と題し、「長江デルタ」受賞が報じられている。同作は八月冒頭に発売される「文藝春秋」に再録され、上海、そして「内地」「外地」の書店に華々しく並ぶのである。上海では内山書店らがリアルタイムで内地から雑誌や新刊を輸入していた。

この時、同時受賞の直木賞は木村荘十「雲南守備兵」である。木村は満洲で新聞記者や満蒙評論社の経営人として一九三一年に内地に戻っているが、直木賞もまた「外地」のキャリアのある作家であるのは偶然といえるのか。

それでは「長江デルタ」の文学的評価はどのようなものだったのか。芥川賞の選評（「文藝春秋」一九四一年九月号）を読む限り「長江デルタ」の評価は芳しくない。結論からいえば、ほとんど文学作品としては評価されていないのだ。

審査員は佐藤春夫、室生犀星《むろうさいせい》、宇野浩二、菊池寛、佐佐木茂索《もさく》、瀧井孝作、川端康成、横光利一、久米正雄、小島政二郎である。菊池、久米、川端は欠席で、メモや電報で選評を寄せる。候補作の中では当初は埴原一亟《はにはらいちじょう》「下職人」、相野田敏之《あいのだとしゆき》「山彦」の評価が高い。「長江デルタ」

を含め三作を中心に議論されるが、「神経がよく行き届いていない」（佐藤）、「文学的精神は高くない」「高くないといふより、僕は低いと思ふナ」（宇野）、「ジャーナリスチック」（小島）、「飛びついていいと思ふほどいいと思はんナ」（室生）と芳しくない。「ジャーナリスチック」というのは劉暗殺が下敷きである、という情報が事前にあったとも取れる。「景色は非常にうまく書いてある」という瀧井の評価を宇野は「常識的」と切り捨てるのも、事件が背後に見え隠れすることへの反応であろう。

その「長江デルタ」の劣勢をひっくり返すのが横光利一の以下の発言である。

横光　「長江デルタ」は、これだけの会話の出来ない者はこれからの支那の中心に飛込むことが出来ないといふことを、示してゐるやうな気がする。

つまり「外地」へと進出する青年らの政治的対話（要は政治的「協働」）のモデルとして政治的評価をするのである。それは「内地」「外地」を媒介するという政治的機能、文化工作的価値を強調するに等しい。

それで選考の流れが変わる。

「昭和十六年でなければ全然問題にならんよ」と言っていた小島が「書けてゐるといふ点でなしに、推すとすれば今横光君が言つたやうな意味で賛成」に変わり、「（上海の雑誌掲載作を）ここで芥川賞として取上げるのも、この際いい」（瀧井）、「昭和十六年に生きてゐる日本人として『長江デルタ』に入れる」（佐佐木）と他の審査員が一勢に横光の意図の「政治的な意味」を受け取り、瞬く間に受賞の流れができてしまう。宇野だけがそれでも「あと書けますかね」、つまりこの先小説を書き続けられるかと抵抗する。

最後は、横光は「新しい文学」とまで持ち上げ「今のやうな時の時局はもう、時局といふやうなものぢやない。日常性になつて来てゐる」、つまり受賞は時代の趨勢《すうせい》なんだとまで言い放つ。「政治」の次は「時局」である。室生は「一つの小説でなく一つの時代」への賞なのだと説得される。

結局、欠席の菊池寛は「デ　ルタモカンシンセヌガ　ヤマヒコモコマル」と最後に残る二作とも否定し、久米正雄は「ゲンチブンガクノメバエトシテスイセンス」とする受賞支持の電報で受賞が決まる。全体として横光の熱弁に押し切られた形である。

実際、横光の発言は一つ一つが長く、ほとんど全てが「長江デルタ」の擁護である。文学としての評価の低さは全員の一致で、横光のちらつかせる「政治」や「昭和十六年」という時局に押し切られての受賞なのだ。これは横光の多田との交流や横光の上海体験からくる思い入れなどと結びつくものではない。まして「長江デルタ」の背景にある死者・劉が台湾における新感覚派として横光の影響を受けていたことも微塵も忖度されていないだろう。

ただ、横光と多田の間には交流があったことはすでに触れた通りで戦時下に三通の横光の書簡が残る。二通目の一九四一年八月二十八日付消印の書簡では、どうやら受賞の御礼に対する返信のようで賞を「二年ほど早くとりすぎた」と多田が書いていること、つまり、受賞自体は多田が当然と思っていること、横光が多田を「自分を神だと思つてゐる」と評価しているところなどから、多田の戦時下の青年としての狂信ぶりが垣間見られる。

この芥川賞選考における横光の過剰なまでの「工作員」ぶりは、翌年、日本文学報国会の大東亜文学者会議で「大東亜戦争完遂、大東亜共栄圏確立」のための「亜細亜文学者の大使命」を説く横光の姿に当然、重ねあわせなくてはならない。横光はこの芥川賞審査の時点でも、日本文学報国会へと繋がる文芸銃後運動に菊池寛らと参画している。文藝銃後運動の参加者でもある菊池が文藝春秋のトップとして「カンシンセヌ」と「長江デルタ」には冷静なのとあまりに対照的である。その銃後運動で横光は多田の芥川賞ゴリ押しの後、箱根の日本精神道場で行われた大政翼賛会中央訓練所主催の禊《みそぎ》で滝に打たれ、それの感想を多田にも先の書簡で語っていて、その点で両者のナショナリズムは呼応している。横光の評価は徹底して「時局」であり、他の審査員への工作ぶりが異様であるのはこのあたりに理由がある。

審査の中で「長江デルタ」が「別の所で受賞する」という噂《うわさ》があると佐佐木がちらりと述べているように、この作品をめぐっては何らかの「政治」的働きかけがあった、と仄めかされている。これは映画『上海の月』の「内地」での評価として飯島正が「僕が『上海の月』をおもしろく見たひとつの原因は、大した政治性ではないが、すくなくともわかりやすいひとつの政治的な目的をそれがもつてゐて、その意味では安心した態度を見せてゐるといふ点である」(飯島正『映画論ノオト』青山書院、一九四二年)と、これが「文化工作」だという「背景」の所在を仄めかし、その文脈には恭順であろうとする態度と似ている。このように「昭和十六年」という年は文学や映画の領域で「時局」に「批評」がかくも無残に破れていく年であったとわかる。だから刊行された『長江デルタ』は帯の表紙側および背に「芥川賞」、裏表紙側には「我国最初の現地文学」とあり、横光のあからさまに述べた受賞理由そのままの芥川賞の政治利用ぶりが歴然となってもいる(図23)。

その「長江デルタ」には続編「虹の日の租界進駐―十二月八日の上海」があり、「長江デルタ」の「三郎」が登場している。日米開戦当日、「三郎」が陸軍報道部長らとやりとりし、河

【図23】「芥川賞」を帯に大々的に記す多田裕計『長江デルタ』（文藝春秋、1941年）

北（川喜多長政がモデル）らと今後の映画工作の方針を立てるさまが露骨に描かれる。論文と小説の違いこそあれ、先の「上海租界進駐と文化工作」と同じ内容である。やはり多田は上海における「文化工作」の代表者として文壇に招き入れられた感が強い。

この続編「虹の日の租界進駐――十二月八日の上海」は一九四二年一月の「文藝春秋」に掲載される。しかし、これは厳密にいえば、劉の暗殺の流れのメディアミックスではない。

同年一月二日、前年一九四一年十二月八日、すなわち、日米開戦に「開戦の詔勅」が発せられたことにちなみ、毎月八日を「大詔奉戴日」とする閣議決定がなされた。これを受けてさまざまな雑誌に「十二月八日」にちなむ文学作品が同じタイミングで掲載、同一テーマのレコードの共作を含む、いわば

「日付」のメディアミックスが行われるのだ。高村光太郎は詩「十二月八日」を「婦人朝日」一九四二年一月号、太宰治は「十二月八日」を「婦人公論」一九四二年二月号に発表し、「十二月八日」の日付をいずれもあからさまに題名に含む。同様の日付を含む小説である「虹の日の租界進駐—十二月八日の上海」はこちらの流れに属するものと考えられる。多田は太宰や高村と並んで翼賛メディアミックスにためらいなく参加する新世代の「外地」文学者として「昭和十六年という年」に登場したのである。このように多田の「文学」の役割は、「時局」そのものの多メディア展開の一つとしてあることなのだ。

ちなみにメディアミックスという点では「長江デルタ」は、同作が再録された後の十月一日から明治座で佐々木孝丸演出による新派の舞台になっている。広告には「芥川賞受賞作（文藝春秋九月号所載）」とある（「朝日新聞」一九四一年九月二十六日）。今と違って芥川賞作品が右から左にメディアミックスされる時代ではない。佐々木は「インターナショナル」の歌詞翻訳でも知られ、日本プロレタリア劇場同盟の初代執行委員である。その転向作とでもいうべき同調圧力としてのメディアミックス作品だったと思われる。

こういった関連するコンテンツの前後する公開やリリースがメディア展開として有効なのは、映画『上海の月』の広告やレコードの広告に交じってこの新派の広告も新聞に日々、連続して掲載されるからである。読者は朝日新聞や読売新聞の紙面でそれを体感する。そして一連の広告は最後は『長江デルタ』の書籍広告へと繋がるのだ。そうした視覚的な「流れ」を読者は新聞広告の連続の中に感じ取る。新聞広告はメディアミックスを可視化する仕組みなのである。

五　「上海の月」と大本営

このような、劉暗殺をめぐる上海と「内地」の政治的「メディアミックス」は、実は事件直後から始まっていると考えられる。

再び日付を劉暗殺の日に戻す。劉暗殺の第一報は暗殺の翌日の朝刊で、日本でも報じられている。

映画技師殪る
上海のテロ
【上海特電三日発】三日午後二時上海共同租界四馬路の料亭杏花楼で昼餐の会を催してゐた中華映画会社の一行が宴を終つて部屋を出た瞬間、階段下に潜んでゐた怪漢が一行中の同会社製作部次長劉燦波氏を目がけてピストル一弾を発射、胸部と腹部を貫通せしめて逃

走した

劉氏はその場で即死を遂げたが同氏は台湾台南市生れ、青山学院出身の青年で蔣介石政府時代南京の中央撮影所監督、上海芸華影片公司監督を経て中華映画創立とともに和平文化映画工作に乗出して活躍してゐたもの

（「朝日新聞」一九四〇年九月四日朝刊）

「内地」新聞社による見出しにはただ「技師」とあり、劉の名はない。他方、上海発の記事には「中華映画創立とともに和平文化映画工作に乗出して活躍」と劉の経歴を「文化工作者」として紹介してもいる。それゆえ、この見出しと本文の「乖離」を埋めるのが松崎らの私情からなる文化工作の目的だといえるだろう。

現地では事件は「中華映画の劉燦波氏　テロの凶弾に斃る！」と「大陸新報」一九四〇年九月三日の夕刊にて大きく報道される（図24）。

そして同紙九月四日付朝刊に「身を危機に曝しつつ」「文化工作に短き一生」「今は亡し劉燦波氏」という「論評」が先行することだ（図25）。つまり、事件そのものの詳細より文化工作の犠牲者として劉を大々的に位置づける「政治」がただちに走り出したことがわかる。それは一九三六年秋頃から日本人だけでなく「工作者」の暗殺が続いており、租界の各国領事が協議

【図24】 劉暗殺第一報（「大陸新報」1940年9月4日夕刊）

【図25】 文化工作の犠牲者劉燦波という論調がただちにできる（「大陸新報」1940年9月4日）

を始めた直後であり、台湾出身、つまりは「日本人」の劉暗殺は日本にとって対テロのプロパガンダで利用しやすいタイミングだったことは一つの要因として考えられる。結果、上海では劉は文化工作の殉死者として位置づける論調が容易につくられていくことにもなる。そういう「表」の政治の側の人間として多田は中華電影を代表するにふさわしかったのではないか。

そしてこのようなテロ対策の世論形成の中心にいたのがすでに名を出した馬淵逸雄である。この大本営報道トップになっていく人物を挟みつつ、松崎と多田が劉の死をめぐる「文化工作」で対峙《たいじ》する、という構図があるようにも思える。

当時、多田の小説でも言及されているように、中華電影が文化工作機関であることは公然の事実で、劉の身分も公的には同社にあったとはいえ、それ以前は松崎と偽装中国映画製作という水面下の文化工作を行ってきた。ところが秘密裏でなくてはならないはずの文化工作の中心人物が、その死によって表面に出てしまったのだ。

劉の暗殺前後、「内地」では一九四〇年七月二十六日、近衛新体制、いわゆる翼賛体制成立に向けた「基本国策要綱」が閣議決定、上海でも、劉の暗殺の直前にはすでに「新体制」の文字が新聞に躍り始め、まだその名の定まっていない新組織（大政翼賛会）についてものものしく報じられる。すでに触れた多田の上海青年団はこの流れに位置づけられる。

そういう文脈の中で、劉の暗殺はまず上海でメディアミックスとして「劇場化」する。つまりテロリストの暗殺を主題とするメディアミックス『上海の月』の企画である。

そこには二つの思惑があったのではないかと考えられる。

一つは繰り返すが、松崎個人の感傷や私情。つまり劉への友情や、亡き妻、そして案外とその存在は小さくない中・日の狭間を生きた「美しき女スパイ」らへの感傷。そして、偽装映画づくりまでして上海の映画利権の下地をつくりながらイニシアチブを奪われた中華電影川喜多派への意趣返し。

いわば私怨である。

松崎は、『上海の月』公開後に発表した上海の「文化工作」の回想録、「プロデューサーの手帳」で「文化工作」のための劇映画について「猪突の勇を鼓して数多い失敗を繰り返した満映」と「映画制作を回避して、事業的には成功して居る」中華電影を対比し、「如何に困難な事情はあるにしても、映画は制作されなければならぬ」と、日本側が劇映画を手がけない川喜多映画工作を批判した上で、川喜多以前に偽装中国映画製作に奔走した劉を回想する一文を記す（松崎啓次「プロデューサーの手帳」「映画評論」一九四一年十月号）。そういう個人的な感情や「含み」を松崎は隠さない。松崎にとっては「工作」における「公」（「文化工作」が仮に「公」として）と「私」が混交どころか反転しているのだ。

こういった立ち位置は、『上海の月』プロデューサーの瀧村和男などに共有されるところだろう。

しかし『上海の月』をとり巻く政治は松崎周辺の小さな感傷に留まらない。何しろ松崎にそのつもりがない。

文化工作や、そこに関わる人々を「宣伝」する、より大きな動きが重なっていく。多田もその一人である。「のらくろ」に「宣伝」工作を得意とするキャラクターが登場するように、日中戦争以降、「宣伝」や文化工作の所在そのものは公然化していた。

だからこの点で注意すべきなのは、上海で劉の死を伝える最初の記事、「大陸新報」九月四日朝刊記事に「文化テロの剔抉が必要　馬淵報道部長談」という見出しが躍ったことだ。

すなわちもう一つの思惑はこの人物が中心となるのだ。

【図26】 大本営報道のトップ馬淵逸雄。『報道戦線』（改造社、1941年）

馬淵とは、馬淵逸雄（図26）のことだ。この時、支那派遣軍参謀・報道部長の職にある。同年十二月には大本営陸軍報道部長に就任している。馬淵は陸軍の宣伝戦の中心人物であり、日中戦争開戦から日米開戦まで四年四ヶ月を、作戦参謀としては異例の報道部一筋で通した。火野葦平《あしへい》や名取洋之助を軍の宣伝報道に引き込んだ人物でもある。日米開戦後少しして、東條英機らにその派手なメディア露出が疎まれ、失脚したともいわれる（西岡香織『報道戦線から見た「日中戦争」―陸軍報道部長馬淵逸雄の足跡』芙蓉書房出版、一九九九年）。しかしそれはただ目立ちたがりというわけでは当然なく、彼は大東亜共栄圏のメディアミックスの設計者の少なくとも一人であった。

馬淵は一九三九年八月、陸軍次官宛に「宣伝組織強化拡充大綱」なる文書を提出、そこに付

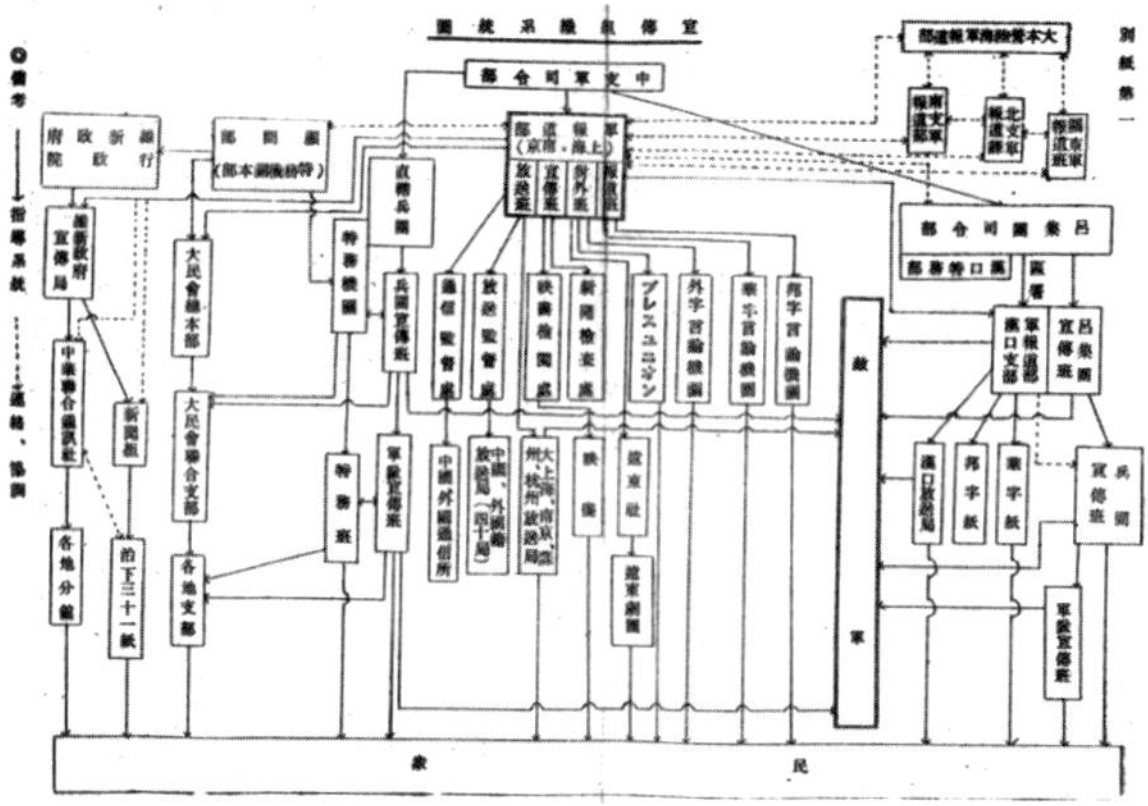

【図27】 馬淵構想の中国メディアミックス機関（中支参謀本部「宣伝組織強化拡充大綱」アジア歴史資料センター、1939年8月8日）

された組織図はそれ自体がメディアを統合的に管理する巨大メディアミックス機関である（図27）。この構想にどこまで実体があったかはともかく、こういう構想の中に『上海の月』をめぐる各メディアの展開があったことは、念頭に置いておく必要がある。

　ではその動機は何か。劉へのテロは「報道」、つまり、中国における情報戦や文化工作を統括する報道部のトップとしては、自分たちの職域への挑戦に他ならなかったはずだ。馬淵はそれ以前から上海租界での抗日テロについて、長江逸人の筆名でこれを憂うコラムをいくつか書いており、この馬淵を引き込むことで『上海の月』における松崎の「私情」は「公」に転じた、といえる。少なくとも「公」になることで松崎は「私情」を「公然」と語ろうとした。

実は、馬渕はM大佐として松崎の『上海人文記』に登場する。載志華との出会いが語られた後のくだりである。


××日、の朝、上海から会社関係の一同が急行車に乗つた。

興亜院の文化部で、この会社の設立の産婆役を続けられた、T中佐、M調査官、軍報導部長のM大佐、そして、満州から、わざわざ出席された、根岸寛一氏、その他、中華映画の専務に就任する川喜多長政氏、等々。それぞれの顔は、新しきものの誕生の期待に輝いて居た。

が、それにも増した感概《ママ》と喜こびに震へて、吾々は、列車の一隅に固まつて居た。

吾々——即、劉燦波、黄天始、黄謙、そして私の四名である。（松崎啓次『上海人文記』）

車中には松崎・劉・黄兄弟の四人がいる。これに暗殺された穆時英を加えた五人が『上海人文記』における中華電影設立前の偽装中国映画づくりにおける文化工作の盟友である。

M大佐（馬淵）とその彼らが中華電影設立式典参加のため同じ列車に乗りあわせるのが『上

海人文記』の冒頭場面である。案外と「物語」の発端としてはよくできている。

馬淵に対してはそれ以上の描写がなく、それは、松崎や劉と馬淵の距離を案外と正確に語っているようにも思える。同書は、劉の暗殺に始まる一連のメディアミックスの最後に刊行されるもので、つまり、さまざまなトランスメディアストーリーテリングにおける松崎の「私情」の収斂先でもある。

しかし、この芥川賞をも巻き込んだメディアミックスにはすでに触れかけたようにもう一つの思惑がある。

それは上海における文化工作そのものの「宣伝」というよりは馬淵の自己宣伝といった方がより正確かもしれない。

【図28】　馬淵逸雄『報道戦線』（改造社、1941年）

馬淵は同年十二月には大本営陸軍報道部長に就任している。つまり日本軍の「報道」のトップになるのである。その馬淵が大本営陸軍部報道部長という絶頂期に自らの「宣伝報道」におけるキャリアを回想したのが、一九四一年八月に刊行された『報道戦線』（改造社）である（図28）。『上海の月』公開のタイミング、

「長江デルタ」芥川賞受賞のタイミングとも重なる。同書の広告は芥川賞の発表に掲載された「文藝春秋」一九四一年九月号にも掲載されている。

馬淵は「文藝」同年三月号に「文学者に望む」と題して、「国民と国民の精神的接触」を描くことが「文化のたたかい」だと述べており、「長江デルタ」選考のロジックと妙な整合性がある。

つまりは松崎の私情、馬淵の自己顕示の二つの思惑が『上海の月』をつくり上げていくエンジンだった。

すでに見たように『上海の月』製作についての報道は上海の新聞でなく、満洲が先行する。成瀬巳喜男監督で満映・中華電影・東宝の共同製作企画のある旨が「満洲日日新聞」一九四〇年十二月二日に掲載されている。それが「三者提携」の作として『上海の月』という題名とともに「満洲日日新聞」一九四一年二月十六日に報じられた時点で、プロットは「大陸放送業の重要性とスパイの暗躍を描く」と固まっている。一方、前述したようにキャスティングには李香蘭の名がある。同時に「前中華電影製作部次長・劉燦波をはじめ、文化戦に殉じた人々」に捧ぐ作品と、その趣旨が明示されている。シナリオは松崎の「書き下ろし」を山形雄策が「脚色」したともある。

松崎の『上海人文記』は一九四一年十月二十日刊、対して多田の「長江デルタ」は一九四一年三月発売の「大陸往来」掲載だから前年の遅くとも十一月か十二月には書かれているはずである。とすれば、こちらが『上海の月』原作となる可能性も実はあったのではないか。直接の関係はないと思われるが「映画之友」一九四二年四月号では溝口健二が中華電影との間で「長江デルタ」映画企画が話題になったことを言及している。中華電影の中での「長江デルタ」の位置づけからうかがえる。

『上海の月』は『上海人文記』の「徐小姐のロケット」にプロットが重なる部分がある。しかし、プロットは映画工作でなくラジオ局設置という「文化工作」に替わっている。ラジオ関連の「文化工作」がモチーフとなったのは、馬淵の存在が作用していると考えられる。なぜなら馬淵の「宣伝工作」の中でも重要なキャリアが、占領地における放送局の設置などの電波工作であるからだ。

中国でのラジオ工作の詳細を記す余裕はないが、一九三七年十一月の上海占領以降、日本軍は大上海放送局を設立し、日本軍が管理していた放送事業は一九四〇年に発足した「中国放送協会」の設立に伴い、翌年二月南京放送局を中央放送局として上海・漢口・杭州《こうしゅう》・蘇州《そしゅう》・寧波の各局が所属することになる。馬淵の『報道戦線』では、上海占領後、報道部の金子少佐と日本放送協会・友安義高らによる放送局設置、さらにこれを受けての浅野一男少佐について派遣の詳細が記されている。それが最終的に「日支放送事業の合作」となる。このような馬淵の功績がそのまま『上海の月』のプロットの下敷きに採用されるのだ。

浅野一男は『上海人文記』では冒頭にA少佐として登場し、劉の死を悔やむ言葉を松崎に語る。金子少佐の紹介で大上海放送局に女性工作員を迎え入れたのが浅野であったとも語られる。金子や浅野が松崎とともに『上海の月』主人公の青年の基調になっている印象である。これも大本営への配慮や忖度の類いであるのか。

いずれにせよ『上海の月』が上海でのラジオ工作がベースになったのは、このような馬淵の功績を広報するためであり、そうすることで、松崎の「私情」である、劉追悼映画製作が可能となったことはあまりに明白である。

それは、先の瀧村の「キネマ旬報」の文章が「陸軍報道部長　馬淵逸雄大佐」の発言を長々と引用することで裏付けられよう。瀧村は、馬淵を文章の中で、上海でロケーションを行っていた一九四一年三月五日に発足した「中国放送協会」の「産みの親」と持ち上げ、文の三割ほどが丸ごと馬淵発言の引用なのである。馬淵の一文はといえば、自身の上海における電波工作の経緯と自画自賛、身内への賞賛を語るものである。

その瀧村が引用した一文の中で最後に馬淵はこう付け加える。

その他敢然として我軍管理下の放送局に演劇部員として身を投じ我が軍の真意了解を民衆に鼓吹するため〝同胞へ血の叫び〟を続け、遂に抗日テロ団の魔手に倒れた幾多中国職員あるのことを忘れてはならない（馬淵発言、瀧村和雄「『上海の月』製作の意図に就いて」前掲）

いうまでもなく馬淵のいう「中国職員」の中に劉は含まれる。

そしてこの最後のくだりを受けて、瀧村は「私達が『上海の月』を世に送らうとする意図は、実に此の報道部長談の中に尽されてゐる」と書く。つまり、上海での「文化工作」の犠牲者を忘れるなという大本営のコメントを引き合いに出し、劉の追悼映画製作を軍のお墨付きとするのである。さらにこの映画には「現地軍報道部放送班の指導援助」があったとまで明言する。

こういう周到な段取りの上で、馬淵の語った「中国職員」の死者の一人として瀧村は劉の名を出す。同時に、ラジオ工作での死者である席時泰、張霊林の両名の死についても記す。劉を「魔手に倒れた幾多中国職員」に加えることで、彼の存在を軍に公認させているのだ。

馬淵のラジオ工作の成果としての「中国放送協会」の発足に合わせ、松崎は映画のプロットを映画の「文化工作」からラジオ工作にシフトさせることなど松崎にとっては些細なことで劉の名を公然化するという「実」を彼はとったのである。

前述の上海製作のラジオドラマの「内地」での放送にも、馬淵の大陸放送網の誇示という思惑があると考えた方が自然だ。

かくして馬淵の思惑に乗ることで劉の存在は公然化したのである。

だから馬淵の『報道戦線』にはこういう言及があることは案外と重要だ。

此の合併会社の成立発展の主役として献身的努力を為し来れる張燦波氏が、重慶側の反感嫉視する所となり、遂に其の政治テロの目標となり昭和十五年兇弾に殪れたのは惜しみても余りある事で、日支映画事業の困難性とその将来に横はる障碍を物語るものである。張氏こそは日支文化提携の犠牲であり、日支映画事業発展の華と云ふべきである。

(傍点筆者)

劉を張と誤記しているのはラジオ工作で犠牲となった張霊林との混同か、単なる誤植なのかは確かめようもないが、劉の功績と存在は大本営陸軍報道部長の著書にともかくも記されることになる。

おそらく「長江デルタ」が『上海の月』メディアミックスに並行して仕掛けられたのも横光の力というより馬淵が火野葦平を報道部に引き入れ「麦と兵隊」を書かせたことを考えれば、何らかの関与か、少なくとも審査員側の文学者の忖度があったことは否定できないだろう。

かくして、上海で劉の追悼映画『上海の月』は堂々と公開される。その広告には「東亜の文化戦士は斯く戦ったのだ！」「抗日スパイの妖しき微笑み！」「抗日女スパイの暗躍に抗して敢然起つ文化戦士の血みどろの挑戦」「抗日テロの魔手は躍る　文化戦士の苦闘と日・支の美しい友情を描く」とステレオタイプのコピーがこれでもかと並ぶことになる（図29）。新聞に酷評が出ると広告の文面でやり返したりもしている。この広告自体がまたトランスメディアストーリーテリングに他ならない。劉はそうやって、上海の言語空間の中で繰り返し語られ、大衆たちの「俗情」の中に記憶されるはずだった。

しかし敗戦によって『上海の月』のフィルムは失われ、松崎は紆余《うよ》曲折の末、東宝を去る。

今、松崎の上海での活動や劉の名は、戦後のそれぞれの「国家」の映画史に居場所を見つけられない。多田も文学史からは消えた。他方で上海での文化工作に当たった日本側の「良心的」映画人たちは、戦後の映画論壇の中心となる。上海での松崎は戦争協力者として糾弾され

【図29】「大陸新報」1941年8月1日から掲載された『上海の月』広告。テロ、犠牲、女スパイなどの文字が躍る

るだけだ。

松崎はテレビに活躍の場を求め、怪作・実写版『鉄腕アトム』のプロデューサーとしてかろうじて記憶される。劉は新感覚派の小説家、およびジガ・ヴェルトフの影響下の「持撮影機的男人」監督としての再評価がようやく始まってはいる。

しかしこういった歴史の狭間に消えた人物や作品を掘り起こし、その脈絡を復元した時、明らかになるのは「大東亜共栄圏」を一つ一つの局面で媒介しようとした人とメディア表現のあり方である。「文化工作」やメディアミックスという無機質な文化メカニズムの現場で動くのは所詮は「人」であり「人」は「作品」をつくらざるを得ない。その負の歴史を掘り起こして、かつて「間」を媒介した人や表現のあり方の具体相を確認していかない限り、私たちは歴史の細部も、全体像を顧みることができないのである。

無論、松崎が戦時下上海で私情を動機に映画製作を行ったことは本質的には「朗らか」な大東亜共栄圏づくりの「文化工作」と本質において少しも変わらない。メディア表現が人々に戦時下の現実を見えにくくする点で同じである。

今回、資料として用いた松崎『上海人文記』には見返しに誰とは知れぬがこの本の前の所有者の書き込みがある。刊行の翌年一九四二年三月十九日「読了」とし、「M氏の感傷記であ

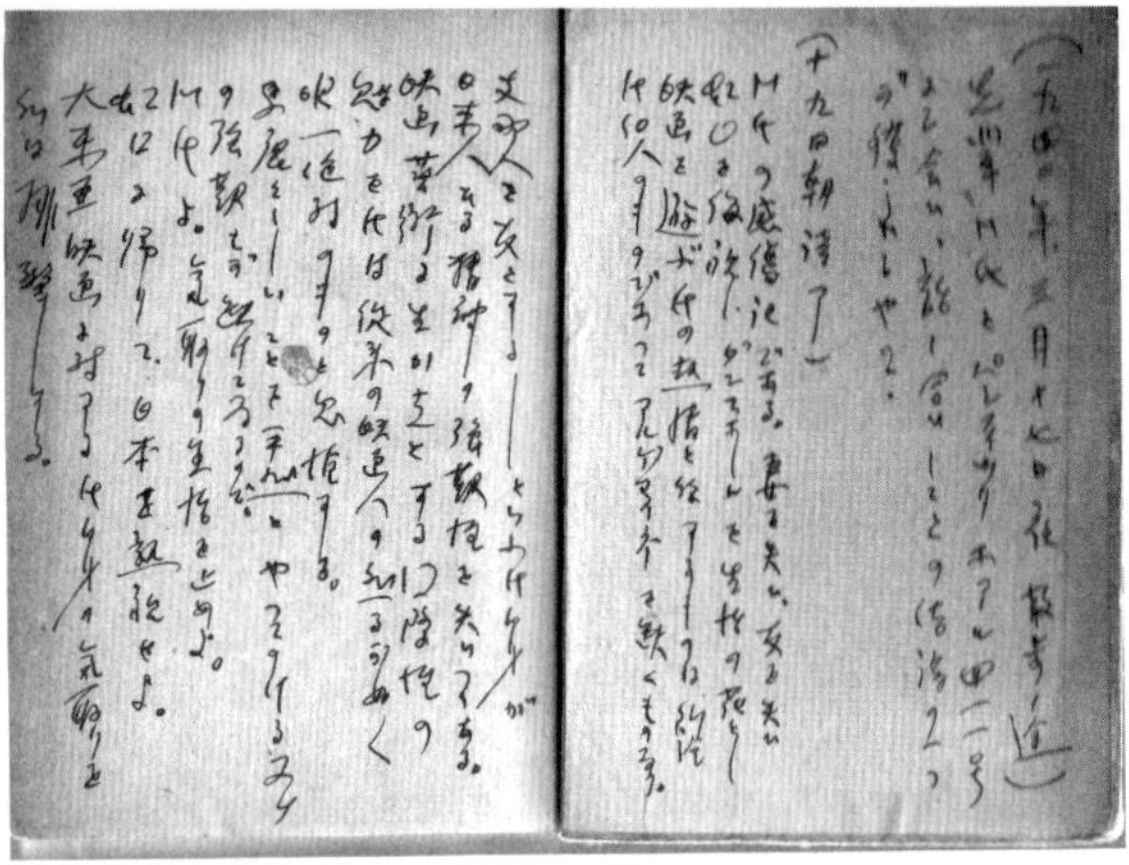

【図30】　松崎の「感傷」をなじる書き込み（松崎啓次『上海人文記』1941年10月）

る」と断罪するものだ（図30）。その「感傷」への怒りを松崎に近いと思われる人物は彼もまた激情のまま書き殴った印象である。その動機は不明である。しかし、松崎の「私情」の周囲に及ぼした波紋を垣間見させる。そうして見た時、松崎の偽装中国映画製作と『上海の月』メディアミックスは文化工作者や軍部、東宝の錯綜し対立する関係や思惑さえも「協働」させてしまった点で、やはり特異であったといわざるを得ない。「私情」という「心よりの参与」が可能にした「協働」ともいえる。

　だからというわけでもないが、戦時下の文化工作者、松崎啓次の公私混同ぶりにぼくもまた政治的立場や歴史的評価とは別に幾ばくかの同情を覚えないわけではない。

第四章　大東亜共栄圏とユビキタス的情報空間

——アニメ『桃太郎 海の神兵』と柳田國男

一　ステルス化するメディアミックス

本章では第一にアニメ『桃太郎 海の神兵』（以下、必要に応じ『海の神兵』）を題材に戦時下のメディアミックスのあり方とその南方への広がりをトレースする。そして第二に戦時下の汎「共栄圏」コンテンツとしての『海の神兵』の様式性について戦時下の情報空間との関わりの中で論じたい。

そのための手続きとして最初に確認しておきたいのは「メディアミックス」という語法の歴史的出自である。

「メディアミックス」という和製英語が一九六〇年前後に成立したことはマーク・スタインバーグも指摘している（マーク・スタインバーグ著、大塚英志監修、中川譲訳『なぜ日本は〈メディアミックスする国〉なのか』ＫＡＤＯＫＡＷＡ、二〇一五年）。しかし、この点でスタインバーグには重要な見落としが二つある。

一つは六〇年代におけるメディアミックス提唱者の顔ぶれである。そこには一方では小林太三郎、川勝久のような戦後における北米の広告理論の提唱者たち、他方では新井静一郎、粟屋義純といった戦時下、当初は企業広告の実践者であり、その後に国家広告と呼ばれた戦時プロパガンダの理論的構築を行った者たちが含まれているのだ。新井もまた戦後の広告の世界で北米式のアートディレクターの概念を確立したとされるが、広告家としてのキャリアは一九三二年に森永製菓の広告部に入社することで始まる。粟屋は一九二五年に新井より早く、森永の広告部に入社、一九三〇年には明治大学で広告論の講師に就任している。広告のアカデミズム化の先駆者の一人である新井は、森永のコピーライターとして活躍した。森永には、新井より一年ほど早く入社したデザイナーの今泉武治がいた。

新井、今泉は内閣情報部の助言もあり、彼らが中心となって国家広告の理論化と実践を行う報道技術研究会を一九四〇年に設立する。他方、粟屋は百貨店のディスプレイや広告における心理面での論考を中心に学術化していく広告論の黎明《れいめい》期の研究者となるが、第一次世界大戦におけるドイツの敗北の要因を「宣伝戦」での敗北に求め、戦時下における宣伝の具体相を説く『戦争と宣伝』（時代社、一九三九年）で知られる。戦後広告が北米理論の導入によりつくられたというストーリーは、広告理論における戦時下の達成と戦後の連続性を見えにくくするためのものであり、一九六〇年代の「メディアミックス」への言及者たちの顔ぶれの政治的意味を判断する時、その程度の注意がまず必要だ。

スタインバーグの見落としの二つめは、この時点で「メディアミックス」と呼ばれるものは、あくまでも広告を異なる媒体間で展開して宣伝効果をあげる「広告のミックス（admixture）」（小林太三郎「メディア・ミックス」、深見義一他編『マーケティング講座 第4 広告政策』有斐閣、一九六六年）の意味で限定して用いられていることだ。まんが作品やキャラクターの多メディア展開を指すものではない。スタインバーグが戦後におけるメディアミックスの具体例としてTVアニメ「鉄腕アトム」（一九六三〜六六年）を扱う際、検証が十分でなかったのは、アニメ版「鉄腕アトム」が創り手の手塚にとっては自作のアニメ領域への展開という「作品」多メディア的拡張の一貫だったとしても、広告主である明治製菓にとっては、「アトム」というアニメ映像およびキャラクターは「明治製菓」および「マーブルチョコレート」を想起させるアイコン、すなわち「広告」だったという乖離である。したがってTVアニメと、それがもたらした人気に便乗した、その後のキャラクター商品全般へのマーチャンダイジングと分けて考える必要がある。

とはいえ、スタインバーグはTVアニメ「鉄腕アトム」の作品にスポンサーの商品であるマーブルチョコレートが一瞬、描かれることに注意を促している（スタインバーグ、前掲書）。これはアニメ「鉄腕アトム」そのものが宣伝広告であることへの一種の自己言及であるとする指摘は正しい。TVアニメ「鉄腕アトム」に端を発した黎明期、子供向けのTVアニメは基本的には単一のスポンサーからなり、「鉄人28号」（一九六三～六五年）、「少年忍者風のフジ丸」（一九六四～六五年）がそうであったように、オープニング主題歌の歌詞にメロディーを付したスポンサー名を含んでいた。また同じ「風のフジ丸」はスポンサーの藤沢薬品にちなみ、アニメではないが特撮ドラマ「ナショナルキッド」（一九六〇～六一年）、人形アニメ「シスコン王子」（一九六三～六四年）では、よりあからさまにスポンサー企業や商品名がタイトルやキャラクターの直接的名称となっていた。一九六〇年代、リアルタイムでこれらのTV映像を見たぼくの個人的な記憶でも、それぞれのキャラクターはスポンサーや商品名と明瞭に結びついている。

つまり、黎明期の子供向けTV番組におけるキャラクターは、企業キャラクターとしてスポンサーによって位置づけられていた。それゆえ、TVCMだけでなく番組名、オープニング、番組そのもの、掲載誌などの誌面での商品広告、店頭ポスター、そしてスポンサーによって「おまけ」「景品」として配布されるシールなどのモノもまた宣伝ツールであり、それらを含めて「広告」の多メディア展開、つまりメディアミックスとしてあった、と考えるべきだろう。

そう考えた時、ぼくが戦時下のメディアミックスの事例として扱った大政翼賛会宣伝部主導の「翼賛一家」もまた、翼賛体制や隣組といった政治宣伝のためのキャラクターであり、個別の展開に大政翼賛会が広告費を拠出したわけではないが、読者の人気、つまり需要と関係なく同時多発的な多メディア展開をしたのはそれら一つ一つのコンテンツは「作品」ではなく「広告」であったからだと再確認できる。

このような国家広告における多メディア展開の考え方、すなわち「メディアミックス」の「名」が成立する以前にメディアミックス論が戦時下、正確に理論化されていたことは、新井らが主導した報道技術研究会の機関誌での今泉武治の次の記述によっても確かめられる。


また各報道媒体も無統制な乱立から統制ある計画が樹てられねばならない。媒体機能の相互連関である。ラジオはラジオ、映画は映画、印刷物は印刷物として各々の領域の中だけに立ちそこからの自足的表現のみに終つたのでは真の一元化ではない。それぞれの媒体の性能をもつて互ひに補完しつつ総合して一つの理念または政策を浮び出させることである。聴える音声、移りゆく映像そして形象・色彩・文字等によつて異なる機能を協同して表現する。ラジオ講演を翌日の新聞に活字をもつて反復する。回覧板の告示を映画によつて映像化する。ラジオ・映画によつて解説した公債消化政策をポスターによつて拡布掲出して記憶を刺激し反復しつづける。またこのやうに媒体を並行して協同せしめることにとどまらず一層媒体の連関を意識的に秩序化し、計画的に表現領域の配分・連環・抑制がなされなければならない。前例のラジオと新聞の受け渡しによる時間的連関、家庭・職場・街路のごとき地域別による環境的連関を相互に交流せしめて内面的な報道体系を形成することである。無統制な報道は徒らに政策の錯雑混乱を感ぜしめるだけであつて、右のごとき視覚的・聴覚的・言語的報道連関を体系づけることによつて初めて存在の全円性を表象し現出せしめることができるのである。（今泉武治「印刷報道に於ける技術構成体」『報道技術研究第五輯　印刷報道に於ける技術構成体』報道技術研究会、一九四二年）

こういった多メディアの「連関」という問題は、いかにして国家宣伝のために効率のよい情報空間を設計するかという立論と実践に関わってくる。しかもその情報空間は「時間的関連」、「地域別の理論的関連」という時間、および実際の空間の二軸からなる情報空間をつくり、それが最終的には「内面的な報道体系」を形成、つまりこのような戦時下の情報空間の「内面」

化を目論む、というシナリオとなる点で特徴的だ。

　ここで註釈しておきたいのは「内面」という近衛新体制用語である。ぼくは別の場所で「生活」「日常」「科学」「素人」「協働」「投稿」といった現在も何気なく使われる戦争とは無縁に思える語が実は翼賛体制づくりの中で政策用として常用されたことを指摘した（大塚英志『「暮し」のファシズム』）。そしてこの例に倣えば、実は「内面」もまたこのような翼賛体制用語なのである。翼賛体制の発足にあたり、一九四〇年八月二十八日に近衛文麿は、その理論的基礎をつくった学際的組織、昭和研究会が考案した新体制建設綱領を踏まえ声明で以下のように述べた。

> 即ちそれは国民をして国家の経済及文化政策の樹立に内面より参与せしむるものであり、同時にその樹立されたる政策をあらゆる国民生活の末梢に至るまで行渡らせるものなのである。かかる組織の下に於て始めて、下意上通《ママ》、上意下達、国民の総力が政治の上に集結されるのである。
> （翼賛運動史刊行会『翼賛国民運動史』翼賛運動史刊行会、一九五四年）

すなわち新体制づくりに、国民の外的な行動のみならず「内面より参与」することを求めている。この「内面」の「参与」は当時の翼賛体制関連の記事や啓蒙用冊子に頻出する語なのである。そして報道技術研究会は国民が新体制に「内面より参与」せしめることを可能にする文字通り「報道技術」としてメディアミックス的宣伝を設計することを目論んだ。

この時、「報道」という語は「国家宣伝」と同義であることにも注意しておきたい。十五年戦争下、大正アヴァンギャルドの流れを汲む堀野正雄らの新興芸術写真が「報道写真」に転じることは国策報道への参与を意味したのである。

先の報道技術研究会のメディアミックス論に戻れば、その主張は単に多メディア間の連鎖でなく、同一の表象を媒体の特性に応じて「形象・色彩・文字」などによって「異なる機能を協同」する点にある。報道技術研究会がメディアミックスを「協同」と呼んでいることに注意したい。これはぼく自身の議論にもいえる傾向だが、メディアミックスをどうしても一義的には多メディア間のトランスメディアストーリーテリングとして捉えてしまいがちである。しかしある意味で自明すぎる主張だが、メディアミックスは本来、情報特性の異なる媒体を反復的に連鎖することで補完しあうことにある。それによって時間的、空間的、そして内面的でさえある情報空間をつくり上げる。そのことは本章でも議論する『海の神兵』における音楽の重要性とも関わるし、その映像が中途で影絵アニメという異なる様式に転じる意味も見えてくる。すなわち『海の神兵』それ自体が「異なる機能を協同」するメディアミックス的な情報構成を持つのである。

　このような戦時下メディアミックスに技法上、特徴的なのは多メディア展開されるのがキャラクターに限定されず、短いワードや表象であり、一見広告に見えないステルス化が併用されることだ。

『「暮し」のファシズム』などでも紹介した繰り返しとなるが、わかりやすい一例を挙げる。

　太宰治の小説「十二月八日」は、日米開戦を受けたタイミングで書かれた小説である。題名は日米開戦の日付であることや、その内容からして戦時体制に迎合した作品であることは明らかだ。

　だが、この小説が「翼賛一家」と同じくメディアミックスの一部であると記すと多くの人々が困惑するだろう。けれども「翼賛一家」がそうであったように、実は、戦時下の「宣伝」は「作品」に見えるものがしばしば「広告」である例が少なくない。今でいうステルスマーケティングとして、小説や詩といった文学作品などにワードや表象が潜り込み、「広告」としてわかりやすいものも含め、同時多発的メディア横断的な露出が目論まれるのだ。

　太宰の「十二月八日」は「婦人公論」一九四二年二月号に掲載された。しかしこの小説が仮に翼賛小説ではないとしても、日米開戦の日付を題名にすることは不自然ではない、という異論もあるだろう。しかし、その執筆のタイミングは、日米開戦の日付である十二月八日にちなんで毎月八日を「大詔奉戴日」とする一九四二年一月二日の閣議決定を踏まえていると考えられる。同じく十二月八日という日付を織り込んだ高村光太郎の詩「十二月八日」は「婦人朝日」一九四二年一月号に執筆されている。一月二日、元日の翌日の閣議決定のためには相応の準備があったはずで、この二作の執筆から公表に至るタイミングの一致は偶然とは考えにくい。

この「大詔奉戴日」制定を受け、白樺派の流れを汲み、戦時下は翼賛会に最も近い詩人の一人として創作を続けた尾崎喜八の作詞による国民歌謡「大詔奉戴日の歌」が翼賛会制定と銘打ち制作、レコード会社競作となる。同名の高橋民次郎作詞「本国民唱歌 大詔奉戴日の歌」も大政翼賛会推薦としてリリースされる。さらに「十二月八日」をモチーフとしたアンソロジー詩集である大政翼賛会文化部編『大東亜戦争愛国歌集（1）』（目黒書店）が一九四二年三月に刊行される。高村の「十二月八日」を含む詩集『大いなる日に』（道統社）は同年四月、太宰の「十二月八日」は「女生徒」などすでに単行本に収録済の作品を再録した作品集『女性』（博文館）として六月に刊行される。

さらに翼賛会宣伝部の花森安治は国家広告に自ら特化した広告家集団・報道技術研究会に

「十二月八日」の統一フォント制作を打診、山名文夫が中心となり、縦・横のフォントが決定、清刷りの形式で配布される。前章で言及した多田裕計の「長江デルタ」続編「虹の日の租界進駐——十二月八日の上海」もまた同様のタイミングの日付のある小説である。

このように「大詔奉戴日」決定を踏まえ、一九四二年初頭から「十二月八日」という「日付」をめぐる多メディア展開がなされる。「十二月八日」というワードは、「奉戴日」についての新聞雑誌などの報道や記事に当然、繰り返し書かれるが、そこに太宰の小説、高村の詩、尾崎の国民歌謡、山名のフォントが連鎖する。翼賛詩は翼賛会が隣組での朗読を奨励しており、文章だけでなく朗読や歌という音声、ポスターなどのフォントと連鎖しながら、開戦からその一周年に向けて「十二月八日」という日付は「聴える音声、移りゆく映像そして形象・色彩・文字等によつて異なる機能を協同して」特権化していくのだ（図1）。

多田の小説もそこに参画していった作品であり「十二月八日」の「内面」化に誰がどのように動員されたかは広く検討されていい。

「十二月八日」メディアミックスに参加した顔ぶれは今ふり返っても錚々《そうそう》たるものだが、彼らの一つ一つの作品が単独で戦時体制を礼讃したと考えると評価を誤る。忖度的自発参加もあったろうが、全体としては翼賛会主導による一連の多メディア展開のピースであると考えるべき

図1　多メディアの「協働」による「十二月八日」ユビキタス的
メディアミックス

【図1-1】 報道技術研究会デザインの
「十二月八日」統一フォント（個人所蔵）

【図1-2】 統一フォントを用いた車内つり広告。
まさに「どこにでもある」状態

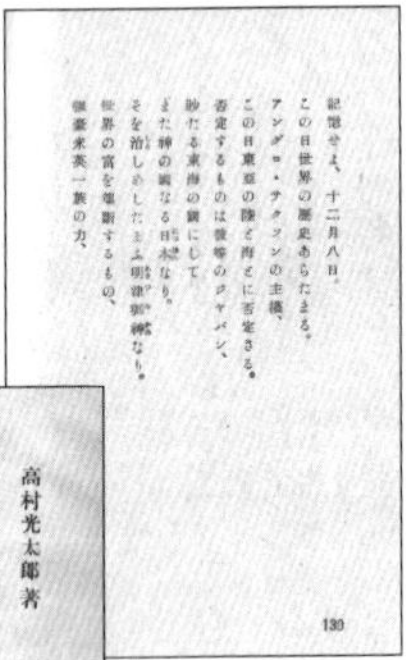
記憶せよ、十二月八日。
この日世界の歴史あらたまる。
アングロ・サクソンの主権、
この日東亜の陸と海とに否定さる。
否定するものは彼等のジャパン、
眇たる東海の國にして
また神の國なる日本なり。
そを治しめしたまふ明津御神なり。
世界の富を壟断するもの、
強豪米英一族の力、

130

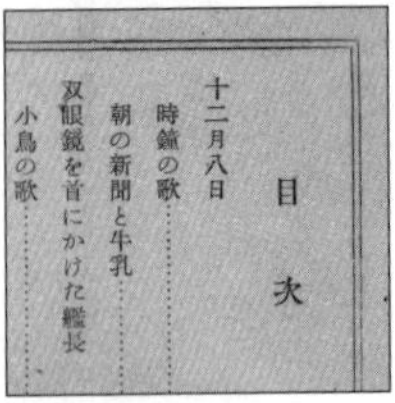
目次

十二月八日
時鐘の歌
朝の新聞と牛乳
双眼鏡を首にかけた艦長
小鳥の歌

【図1-5】 詩人たちは「十二月八日」を織り込んだ詩を1942年はじめに発表（高村光太郎『詩集　大いなる日に』道統社、1942年4月。西村皎三『少年少女詩集　旗艦先頭』精興社、1942年6月）

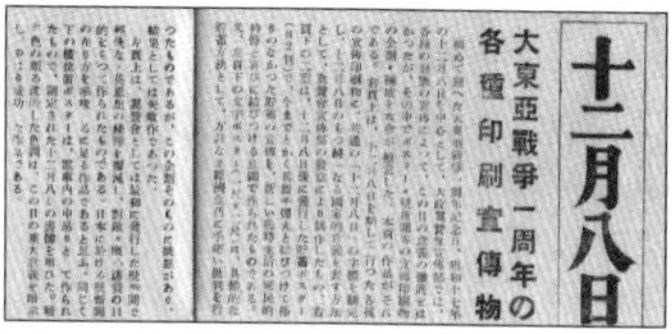

十二月八日

大東亞戰争一周年の各種印刷宣傳物

【図1-3】 翼賛会の発案で「十二月八日」フォント制定がなされた報告（『報道技術研究　第六輯　特殊形象報道の研究』報道技術研究会、1943年）

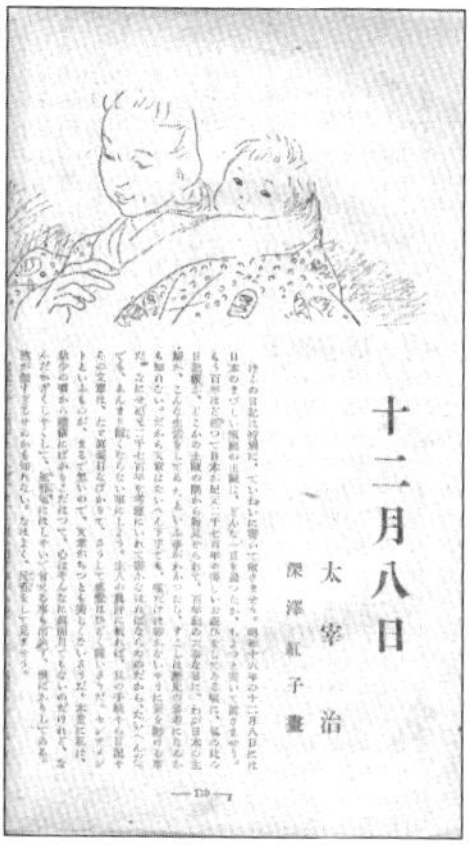

十二月八日

太宰治

深澤紅子畫

【図1-4】 太宰治「十二月八日」（「婦人公論」1942年２月号）

虹の日の租界進駐

―十二月八日の上海―

多田裕計

【図1-7】 多田裕計「虹の国の租界進駐ー十二月八日の上海租界」（「大陸往来」1942年1月）

【図1-6】 尾崎喜八作詞・信時潔作曲「大詔奉戴日の歌」楽譜（新興音楽出版、1942年5月5日）

で、そこに、戦時下メディアミックス的情報空間の所在を見てとるべきなのだ。

戦時体制を肯定する作品は左派の「転向」小説を含め、もっぱら作家個人の問題、あるいは「文学」という単独の領域の問題として論じられてきたが、そうではなく、多メディアを横断、連動する形で展開されているものの一部である可能性に注意しないと、このような戦時下のメディアミックスがつくり出していたであろう、戦時下の情報空間の所在を見落としてしまう危険がある。

そして注意すべきは、こうやって「協働」によって演出されるのは、そこで反復される一つのワードや表象が「どこにでもある」という状況をつくり出す点である。その時、スタインバーグが現代日本のメディアミックスの「ユビキタス性」を指摘していることは思い出していい（スタインバーグ、前掲書）。スタインバーグの議論自体は、今日のメディアミックスによりキャラクター商品類がコンビニエンスストアなど日常のあらゆる場所で見かけることができるという印象論の域を出ないが、ユビキタス性を伴うメディアミックスというイメージはむしろ戦時下の情報＝報道空間を描写するにこそふさわしい。

このように、戦時下の国家広告としてのメディアミックスは、キャラクターのマーチャンダイジングやトランスメディアストーリーテリングではなく、特定のワードや表象のユビキタス

図2　手塚治虫の「二次創作」

【図2-1】　瀬尾光世『桃太郎 海の神兵』(1945)

【図2-2】　手塚治虫　私家版「勝利の日まで」(1945年)

的反復としてあり、「翼賛一家」のようにキャラクターを用いた場合のみ、現在のメディアミックスに近似した外形となる、というのが正確だといえる。

このような視点に立って『海の神兵』を考える時、この作品を出発点とする二次的作品展開をした例は、「神兵」で描写が曖昧だった、偵察に行った兵士の直接的な死を描いた手塚治虫の私家版「勝利の日まで」の「南方基地編」と題される未完成の数ページにおける二次創作以外は確認できない。ここではウサギの整備兵のキャラクターや南方の前線基地という世界設定が借用されている（図2）。中学生の私家版をあえて二次的展開にカウントするのは、戦時下のメディアミックスが常に「投稿」や自ら演劇を上演するなど参加型としてあったからである。

同作が一方では「翼賛一家」のキャラクター採用による二次創作でもあったことはすでに指摘した（大塚英志『大政翼賛

会のメディアミックス』)。しかし、このアニメが改めてまんがや絵本化された例、反対にこのアニメの「原作」に相応する作品の存在は確認できない。なぜならこの作品はステルス的かつユビキタス的なメディアミックス作品であるからだ。しかもその時、注意すべきは、①反復される表象やワードが一つではないということ、②それがつくり出す情報空間が「大東亜共栄圏」に拡張する点である。そして第一章から見てきた事例を含め、これは戦時下メディアミックス作品全体の特徴といえるかもしれない。

さて、それでは『海の神兵』がユビキタス的に反復していた表象とは何なのか。それは今、言及したように単一に留まらないが、その中心にあったのは「桃太郎」という存在である。手塚と「翼賛一家」の関連でいえば、手塚の下記の証言に注意したい。

手塚　ぼくの場合は、大政翼賛会の「桃太郎」というのを書いているんですがね。仙花紙の悪いのに、「翼賛一家」というのがあったでしょう。あれです。「翼賛一家」というのは各地方でいろんな人が書いているんですが、大政翼賛会できめた主人公なんですね。おじいさん、おばあさん……(中略)それは昭和十九年でした。大阪の本屋さんから出ました。

(手塚治虫、馬場のぼる、竹内敏晴、富田博之座談会「マンガの発見」「民話」二〇号、未來社、一九

六〇年）

現物が発見されていないが、手塚は一九四四年に「翼賛一家」のキャラクターを用いた「桃太郎」でデビューしている、と主張しているのだ。だが、この挿話が仮に事実とした時、それが同時に「桃太郎」をモチーフとした作品であることの方に今回は留意すべきである。「翼賛一家」のメディアミックスが仕掛けられるのは翼賛会発足のタイミングである一九四〇年秋であり、主たるメディア展開は一九四一年前半に集中し、それ以降は演劇や人形劇、参加型の「素人演劇」を中心に展開される。その点で、手塚のいう一九四四年の刊行はやや遅い。

しかし、この幻の手塚のデビュー作を一九四三年三月公開の『桃太郎の海鷲』から、一九四四年末に完成、一九四五年四月に公開された『桃太郎 海の神兵』の中に配置してみると時系列的には不自然ではない。実はこの期間、「桃太郎」という表象およびワードを含む書物が繰り返し露出されるのである。手塚の幻の翼賛一家の「桃太郎」は、時期的にはその最後尾の一つと思えてくる。

二　柳田國男と桃太郎南方政策

さて『海の神兵』の国策的文脈でまず想起すべきは「南方」である。すなわち『海の神兵』がつくられた直接的背景である。一九四二年九月十日、陸海軍両省、外務省、内閣情報局関係者による「南方映画工作処理要領」（国立公文書館所蔵、昭和一七年内閣雑纂に収録）で南方への映画による「文化工作」の方針が定められる。

> 南方諸地域ニ対スル映画工作ハ緊急ヲ要シ且内地ノ機構ト連繋ヲ保持シ強力ニ之ヲ統制スルヲ有利トス

その結果、社団法人映画配給社、日本映画社がその工作を担当することになるが、改めて確認しておきたいのは『海の神兵』が「外地」、中でも「南方」での上映を想定している点である。一九四五年の時点で日本はすでに共栄圏の多くを失いつつあったからその上映は「内地」に留まったが、同一のシリーズともいえる前作『桃太郎の海鷲』は上海など外地での上映が確認されている（図3）。

『海の神兵』が単に内地に南方政策の正当性を説くだけでなく、南方での上映を目的としていたことは、何よりこの映画における音楽の位置づけが暗黙のうちに示している。それが作中の日本語教化のシーンでミュージカル仕立てで描かれる「アイウエオの歌」の場面である（図4）。

戦時下のまんが家らの戦争協力について厳しい検証を続ける櫻本富雄は私的な体験として、戦後、取材でシンガポールに赴いた時、タクシー乗務員が口ずさんだ際の複雑な心境を回想している。この「アイウエオの歌」は複数のバージョンが外地向けにつくられている一方、日本映画社による南方政策用文化映画『アイウエオの歌』（一九四三年）の所在も知られており、また、ラジオでも各地で放送され教材に用いられてきた。この「アイウエオの歌」そのものが教育現場、ラジオ、映画、そしてアニメとユビキタス的に南方に展開していくツールであったとわかる。南方統治を題材とした紀行文などで黒板に「アイウエオ」と書き「国語教育」をするさまはしばしば見られるが（図5）、このような現場でも「アイウエオの歌」は用いられた可能性が高い。

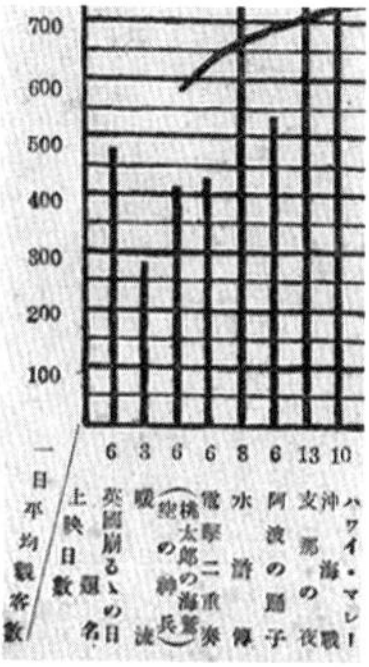

【図3】『桃太郎の海鷲』（1943）は上海の映画館「大華大戲院」など外地での上映が確認されている（『中国映画研究資料 大華大戲院報告書　中国人を対象とした日本映画専門館』中華電影研究所資料部、1994年）

現在、同曲は国会図書館の歴史的音源と

【図4】「アイウエオの歌」のシーン。瀬尾光世『桃太郎 海の神兵』(1945)

して聞くことができるが、これまでサトウハチロー作詞、古関裕而《ゆうじ》作曲とされていたが、所蔵資料としては斉唱「昭南市マレー児童」とのみ記される。作曲者は古関でなく海軍軍楽隊との説がある。

作中で現地の人々は、キャラクターとしては日本兵が猿や熊や雉《きじ》や犬であると同様に擬人化されているが、話すのは「日本語」ではなく動物の鳴き声であり、日本語を教えようにもそもそも大人しく座ることさえできないと差別的な描かれ方をする。しかし兵士の一人がハーモニカを吹き、それを伴奏に「アイウエオの歌」を歌い出すや一転して大合唱となる。『海の神兵』の中では最も印象強いシークエンスであり、歌とアニメの動きの共鳴は見事である。『海の神兵』をリアルタイムで見た手塚治虫は戦後『ジャングル大帝』で逆説的に引用しているほどだ。手塚の場合は「アイウエオの歌」と前後する開墾シーンとともに引用しているが、動物たちが日本語でなくそれぞれの鳴き声のハーモニーを奏でることで「アイウエオの歌」の政治性への批判となっている（図6）。

このくだりがあからさまな南方政策であることは「映画旬報」誌上の座談会で海軍省のアニメ支援をする「工作員」の役割を果たした今村太平が早くから主張していたことにまず注意すべきだ。

【図5】 黒板に「アイウエオ」と書き「国語教育」（松下紀久雄『南を見てくれ』新紀元社、1944年）

つねに子供がそれにひきつけられるやうに、共栄圏のおくれた種族ほど漫画映画を愛好するにちがひなく、しかも南方の民族が音楽を愛好することは、われわれの想像以上であるらしい。漫画映画は一種の音楽映画でもある故、それは彼等を一層ひきつけるにちがひあるまい。したがつて秀れた漫画映画の製作輸出は、秀れた政治でもあるといふことになる。（傍点筆者

今村太平「漫画映画論」『戦争と映画』第一藝文社、一九四二年）

今村はこういった不適切な物言いをもって、音楽を用いたトーキーアニメのプロパガンダ効果につい

【図6】　手塚治虫『手塚治虫漫画全集1　ジャングル大帝①』（講談社、1977年）

て主張しているのである。このくだりからだけでも『海の神兵』がすぐに連想されるが、今村のこの口調は南方政策の先どりであった。

軍政総監部が統治の方針を示す一九四二年八月七日付「軍政総監指示」（防衛庁防衛研究所戦史部『資料集　南方の軍政』朝雲新聞社、一九八五年）には「此際原住民ノ音楽的才能ヲ利用シ唱歌ノ中ニ日本語ヲ教育スルモ一案ト思考セラル」（傍点筆者）とあり、唱歌を日本語教育のツールとすることが「原住民」の音楽への関心からして有効だという主張は今村と重なる。そして今村の差別性を隠さない音楽による教化はこれを受ける形で公然化する。内務省警保局長で陸軍司令長官として第二軍政幹部、スマトラ軍政幹部に派遣された大塚准精は平然とこう述べている。

歌とおどりが南方共栄圏の人々の二大好物であるが、ちょうど今は「愛国行進曲」と「荒城の月」が、非常な流行で、十分に意味はわからずに歌って居るものも少しはあるかも知れないが、それこそ町に氾濫して居る。この方も、ぜひ力強い皇国の姿を思わせる雄壮な調子の曲や、レコードが、南方へドシドシ送られることを私は願って居る。

熱い土地のことであるから、簡単な歌を伴奏として、住民は始終おどりをやって居る。

（傍点筆者「南方各地の日本語へのあこがれ」「国語運動」七巻六号、一九四三年）

今村の一九四一年の軍に向けた発言が、一九四三年には南方政策の前線で当事者による放言として反復されていることがわかる。

南方での教化のために用いられた「アイウエオの歌」はアニメの中だけでなく、例えば井伏鱒二《ますじ》は日本浪漫派の詩人として知られる神保《じんぼ》光太郎が校長を務めたシンガポールの昭南日本学園で以下のような事例を報告している。

日本語普及運動の効果は一朝一夕に現はれる筈のものではないが、現地の学童たちの間に日本の唱歌や軍歌の流行を生んだことは私たちにも目に見えてわかつた。先づ昭南日本学園で教へた「アイウエオ、カキクケコ」の歌が街の子供たちの間に流行し、「君が代」「愛国行進曲」「海ゆかば」軍歌「暁に祈る」「遺骨を抱いて」が流行し、国民歌謡の「さくら、さくら、弥生の空に」「椰子の実」が流行した。（『徴用中のこと』講談社、一九九六年）

さて、映画南方政策から「アイウエオの歌」へと脱線したが、これもまた『海の神兵』そのものが改めて後述するように戦時下ユビキタス的に反復される表象の束であることは一例としてである。

再び「桃太郎」に議論を戻す。

「桃太郎」は、この時期に限らず近代を通じて繰り返し描かれてきた物語であり表象である。学校教育の教材としては、「桃太郎」は、一八八七年に文部省編纂の『尋常小学読本（巻一）』に初めて登場したことで「国民童話」化する。

そして、そのモチーフには時代状況の影響を受け推移があり、集中して描かれる時期とそうでない時期がある。十五年戦争下に限っても「桃太郎」の翻案の児童書、絵本の類は継続的に

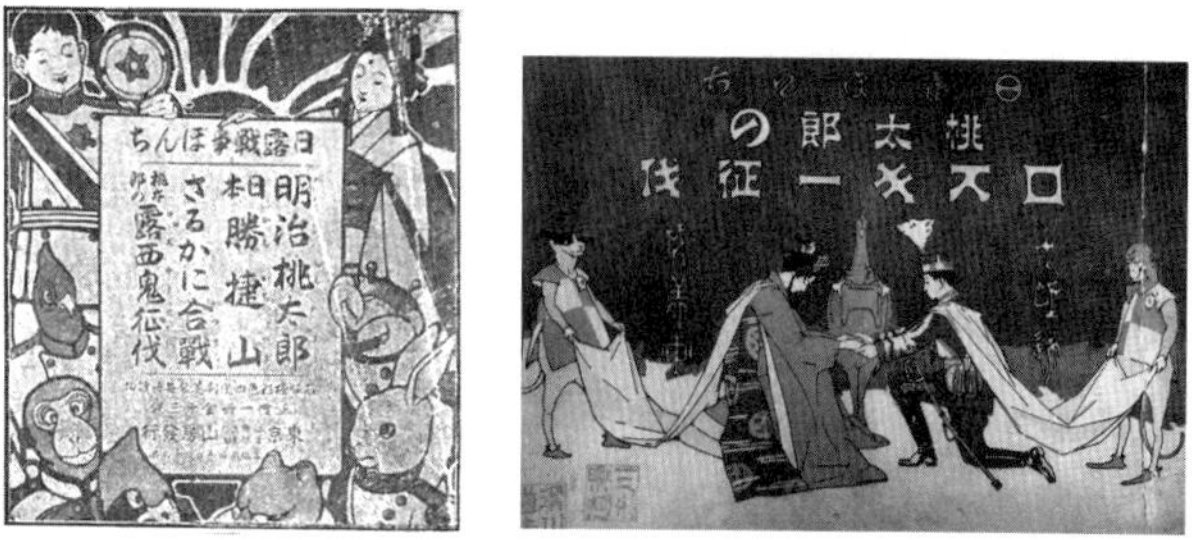

【図7】　一条成美・画、石原万岳・文『日露戦争ぽんち 桃太郎のロスキー征伐』（冨山房、1901年）と同書掲載のシリーズの広告

刊行され、新聞記事などでは健康優良児の意味で繰り返し使われる傾向にある。

「桃太郎」を日本軍の表象とし、鬼を敵国に見立てるという発想は、例えば日露戦争時、「明星」の表紙などで知られる一条成美のアール・ヌーヴォー式の挿画と、石原万岳の文という組み合わせによる『日露戦争ぽんち 桃太郎のロスキー征伐』（冨山房、一九〇一年、図7）をはじめ、繰り返し見られる。

他方、アニメでは、『桃太郎の海鷲』以前に一〇作以上の「桃太郎」が登場する作品が製作されているのはよく知られる。十五年戦争以降、「桃太郎」を日本軍の表象としてステレオタイプに位置づける図式がアニメにも成立、Ｊ・Ｏトーキー漫画部製作の『絵本１９３６年』（一九三四年）では、桃太郎がミッキーマウス軍の侵攻に空から立ち向かう姿が描かれる（図８）。ハリウッドアニメのキャラクターを連合国に

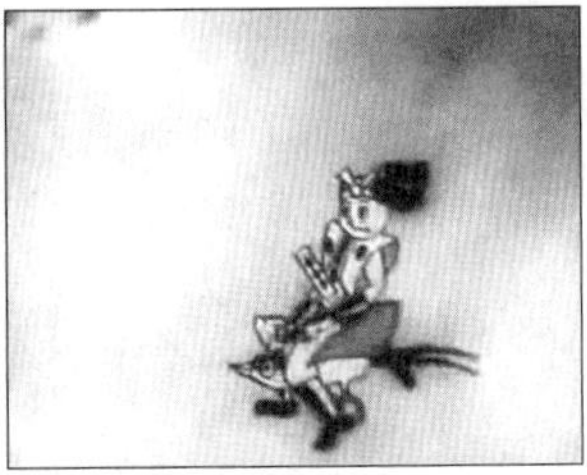

【図8】　J・Oトーキー漫画部製作『絵本1936年』（1934年）南方をミッキーマウス軍が侵攻してきて桃太郎と戦うという2年後の近未来を描く

見立てる図式は、『桃太郎の海鷲』においても見られる。同作では、ハワイが鬼ヶ島に見立てられている。

このような「桃太郎」において、鬼ヶ島が植民地と結びつけられる比較的早い作品が、芥川龍之介の小説「桃太郎」である。これは一九二四年が初出であり、十五年戦争以前の作品である。そこでは「桃太郎」は侵略者であり、略奪者である。

あらゆる罪悪の行はれた後、とうとう鬼の酋長は、命をとりとめた数人の鬼と、桃太郎の前に降参した。桃太郎の得意は思ふべしである。鬼が島はもう昨日のやうに、極楽鳥の囀る楽土ではない。椰子の林は至る処に鬼の死骸を撒き散らしてゐる。桃太郎はやはり旗を片手に、三匹の家来を従へたまま、平蜘蛛のやうになつた鬼の酋長へ厳かにかういひ渡した。

（「桃太郎」『芥川龍之介全集』岩波書店、一九二七年）

鬼ヶ島が椰子《やし》の実の実る場所と設定されていることもあり、日本の植民地統治への批判と容易に解釈される作品である。敗戦直前刊行の『少国民文化論』(日本少国民文化協会編、国民図書刊行会、一九四五年)に寄せられた菅忠道「桃太郎の現代史―児童文学の伝統と新風に寄せて」は、「桃太郎に軍国主義・侵略主義を説くことがインテリの観念」となったのは「大正末期から昭和の初頭を経て満洲事変」あたりからとするのと一致する。

一九二九年二月一日「東京日日新聞」の記事「読本から削られる猿蟹《さるかに》合戦と桃太郎」では「桃太郎は軍国主義の宣伝」という批判があることを伝えている。

「桃太郎」を侵略者として、「鬼」を侵略される側として逆説的に描くのは、尾崎紅葉『鬼桃太郎』(博文館、一八九一年)に早くから見られる趣向である。しかし、芥川の「桃太郎」を侵略戦争の批判であると公然と解釈したのは実は日中戦争後である。一九三八年三月七日「東京朝日新聞」には以下の記事「芥川の〝桃太郎〟は御法度」が確認できる。

【八戸電話】青森県立八戸高等女学校では昭和六年来文部省検定済東京女子高等師範教授金子彦二郎氏編纂「女子現代文学新抄」を二学年国語副読本として採用してゐたがその読

本中童話の項芥川龍之介氏の「桃太郎」の内容は帝国主義、侵略主義、日本主義を巧みに諷刺し悪罵したもので、わが国情に照らし、思想的に見て不穏当極まるものである事を発見、同校教諭会の決議を以て去月二十八日県当局に使用禁止方の意見書を提出中であつたが、五日県から遂に右読本使用禁止命令があつた

地方の一教員の申し立てで芥川の「桃太郎」を扱った国語副読本が使用禁止となったとの記事である。石川達三「生きてゐる兵隊」(「中央公論」一九三八年三月号)の発禁処分などで神経質になっている状況の中で、「桃太郎」が改めて植民地侵略の表象として捉えうることの不当さを指摘したのである。

芥川の「桃太郎」における「桃太郎」像の侵略者化は、確かに菅の指摘する時期に成立している。それゆえ、前述の菅に言わせれば、必要なのは「桃太郎」が植民地主義として批判された状態から本来の日本主義的なものへの「修正」なのである。それが日中戦争あたりから改めてなされる。

とはいえ「桃太郎」はよくも悪くもこの時点で「国民童話」として普及している。一九三九年、文部省は「桃太郎」が児童図書推薦に採択されると、ラジオや新聞、地方官庁の文書など

で無料での宣伝機会を提供する制度を定める。いわばメディア展開の後押し制度である。一九四〇年一月、第八回推薦図書には前年に発行の幼年絵本研究会編、黒崎義介画『金太郎ト桃太郎』（冨士屋書店、一九三九年）が選ばれているが、「桃太郎」と題する本が児童数の一五パーセント近くに読まれた旨を報じている記事もある（「東京朝日新聞」一九四〇年十一月二十二日）。

そして萱のいう「桃太郎」観「修正」の総仕上げとして瀬尾光世の二つの「桃太郎」アニメ、すなわち『桃太郎の海鷲』（一九四三年）と『桃太郎 海の神兵』（一九四五年）を挟む前後の期間に、事実として「桃太郎」というキャラクターおよびワードが集中的に多メディア展開することになる。

この時期の「桃太郎」の特徴は、あまりに凡庸すぎる帰結だが先に確認した南方侵略の肯定としての改めてのアイコン化に他ならない。例えば、吉野弓亮《ゆみすけ》『僕等の進水式』は「桃太郎」が主人公ではないが南方進出を夢見る少年が手製の船をつくるという物語で、夢の中で桃が書かれ「日本一」の幟を掲げた「鱶《ふか》の潜水艦」で「昭和の桃太郎」として「南進」するさまが描かれる（図9）。

しかもこの時期、そのような「桃太郎南方」言説は執拗《しつよう》に繰り返されもするのである。

表1（269〜270ページ参照）は一九四二年から一九四五年、「東京朝日新聞」紙上で確認

【図9】「鱶の潜水艦」で「昭和の桃太郎」として「南進」（吉野弓亮『僕等の進水式』淡海堂出版、1943年）

できた、「桃太郎」を冠した新聞広告を網羅したものである。二つの「桃太郎」アニメと前後して、東京宝塚劇場「桃太郎」の広告を挟む形で三つの「桃太郎」が興行として連続することがわかる（図10）。広告スペースは小さいが、紙面のページが縮小される中で「桃太郎」がリレーするように広告を飾るのである。いわば、「桃太郎」のユビキタス化の一部である。一九四二年十二月の邦楽座の舞台「桃太郎」は白井鐵造《てつぞう》の戯曲によるレビューで、エノケン（榎本健一）の主演に水谷八重子一座が合流するものだ。表1は「東京朝日新聞」紙面の広告なので記載していないが、この年の宝塚六月月組公演としても内海重典脚本「桃太郎の凱旋《がいせん》」が上演されている（図11）。

表1　「桃太郎」関連新聞一覧

日付	項目
1942.3.13	武蔵野電車　豊島園「桃太郎祭」
1942.8.21	三省堂「桃太郎の誕生」
1942.8.21	帝国劇場「お伽歌劇桃太郎」「少年野口英世」
1942.9.10	東京宝塚劇場「桃太郎」「ピノチオ」
1942.12.31	邦楽座「桃太郎」「水の江滝子と軽音楽」「花火の夜」
1943.2.24	東京宝塚劇場「桃太郎」
1943.2.28	東京宝塚劇場「桃太郎」
1943.3.2	東京宝塚劇場「桃太郎」
1943.3.6	東京宝塚劇場「桃太郎」
1943.3.7	「桃太郎の海鷲」
1943.3.7	東京宝塚劇場「桃太郎」
1943.3.9	「桃太郎の海鷲」
1943.3.10	東京宝塚劇場「桃太郎」
1943.3.10	「桃太郎の海鷲」
1943.3.12	「桃太郎の海鷲」
1943.3.13	「桃太郎の海鷲」
1943.3.14	「桃太郎の海鷲」
1943.3.14	東京宝塚劇場「桃太郎」
1943.3.16	「桃太郎の海鷲」
1943.3.17	「桃太郎の海鷲」
1943.3.18	「桃太郎の海鷲」
1943.3.19	「桃太郎の海鷲」
1943.3.20	東京宝塚劇場「桃太郎」
1943.3.21	「桃太郎の海鷲」
1943.3.23	「桃太郎の海鷲」
1943.3.24	「桃太郎の海鷲」

1943.3.25	日比谷映画劇場ほか「桃太郎の海鷲」
1943.3.25	新宿松竹ほか「桃太郎の海鷲」「闘ふ護送船団」
1943.3.25	新宿帝都座ほか「桃太郎の海鷲」
1943.3.27	「桃太郎の海鷲」「闘ふ護送船団」
1943.4.21	東宝四階劇場ほか「桃太郎の海鷲」「格子なき牢獄」「白鳥の死」
1943.5.5	文林堂双魚房「桃太郎主義の新教育論」「妙高」 「現代短歌の志向」
1943.5.8	文林堂双魚房「桃太郎主義の教育新論」「猫柳」
1943.5.25	東京宝塚劇場「撃ちてし止まむ」「桃太郎」「みちのくの歌」
1943.5.26	東京劇場「焔の人」「桃太郎」「みちのくの歌」
1943.5.26	東京宝塚劇場「撃ちてし止まむ」「桃太郎」「みちのくの歌」
1943.5.29	東京宝塚劇場「撃ちてし止まむ」「桃太郎」「みちのくの歌」
1943.5.30	東京宝塚劇場「撃ちてし止まむ」「桃太郎」「みちのくの歌」
1943.5.30	東京宝塚劇場「撃ちてし止まむ」「桃太郎」「みちのくの歌」
1943.6.18	東京宝塚劇場「撃ちてし止まむ」「桃太郎」「みちのくの歌」
1943.8.22	文林堂双魚房「桃太郎主義の新教育論」「批評と信仰」 「現代短歌の志向」
1945.1.25	「桃太郎　海の神兵」(松竹)
1945.1.30	「桃太郎　海の神兵」(松竹)
1945.3.9	「桃太郎　海の神兵」(松竹)
1945.3.18	「桃太郎　海の神兵」(松竹)
1945.3.23	「桃太郎　海の神兵」(松竹)
1945.3.31	「桃太郎　海の神兵」(松竹)
1945.4.3	「桃太郎　海の神兵」(松竹)
1945.4.5	「桃太郎　海の神兵」(松竹)
1945.4.5	「桃太郎　海の神兵」(松竹)
1945.4.8	「桃太郎　海の神兵」(松竹)
1945.4.9	「桃太郎　海の神兵」(松竹)

図10　新聞広告による「桃太郎」のユビキタス化

【図10-1】「桃太郎の海鷲」広告（「朝日新聞」1943年3月7日）

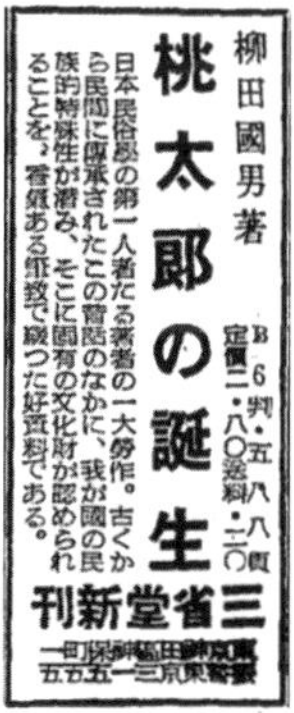

【図10-2】
「桃太郎 海の神兵」
広告（「朝日新聞」
1945年1月25日）

【図10-3】
柳田國男『桃太郎の誕生』広告
（「朝日新聞」 1942年8月21日）

【図10-5】
水の江瀧子
「桃太郎」広告
（「朝日新聞」
1942年12月31日）

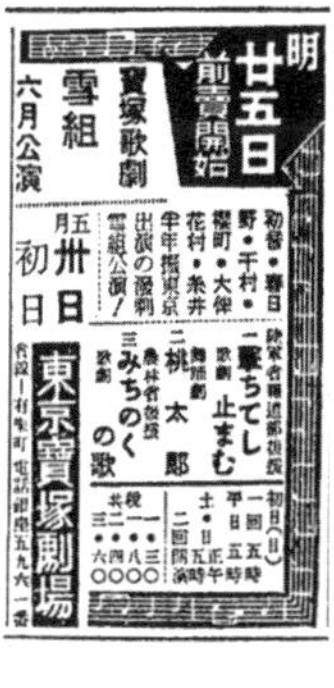

【図10-4】
宝塚公演
「桃太郎」広告
（「朝日新聞」
1943年5月25日）

【図11】 内海重典脚本「お伽歌劇 桃太郎の凱旋 全六場」で鶴万亀子演じる桃太郎（『宝塚歌劇脚本集』1942年6月号、5ページ）

この「桃太郎の凱旋」のプロットもまたあからさまに南方政策が語られるものだ。「南の島」が鬼たちに侵略され、助けを日本に求めて同地から若人がやってくる、というもので、それを見て桃の女神が再び「桃太郎」を誕生させ鬼退治に行かせる、という趣向である。

お里「そうですわ、この村は、桃太郎さまがお生れになつた由緒ある村なのです」

（中略）

若人「私達は、昔桃太郎が居られた、この日出る国に参り、南の島の有様をお伝え致そうと、日夜脱出を試み、或る夜やつとのことで足の鎖をたち切り、私達二人は、海に出て丸木舟を拾ひ、数十日の間無我夢中に舟をこいで参つたので御座います」（西村真琴原案、内海重典「全日本保育連盟後援　お伽歌劇　桃太郎の凱旋　全六場」『宝塚歌劇脚本集』一九四二年六月号）

このように「桃太郎」は「日出る国」からやってきた植民地解放者として描かれている。まさに見事なまでの「修正」ぶりである。

この南方における解放者という「桃太郎」の位置づけは、あからさまに『海の神兵』とも重なる。

翼賛体制下「宝塚」は翼賛会の指導による翼賛歌劇とでもいうべきものをしばしば上演しており、この「桃太郎」脚本が収録された『宝塚歌劇脚本集』一九四二年六月号には「大政翼賛会宣伝部」名義と推定できる花森安治のエッセイや、やはり翼賛会文化部の小場瀬卓三の評論が掲載されている。このように同時期、東西で「桃太郎」のレビューが上演されていたのである。

多メディア展開という点では、翌一九四三年四月には中山晋平作品『桃太郎音頭』（ビクター）、同十二月には『朗読ドラマ 桃太郎鬼征伐』（ビクター）のリリースが確認できる。

そして、先の一群の広告内に柳田國男『桃太郎の誕生』および、巌谷《いわや》小波《さざなみ》『桃太郎主義の教育新論』の二著があることに注意したい。いずれもこのタイミングでの「復刊」なのである。

本来、前著は一九三三年の刊行、後著は一九三一年に一度復刊されていた。出版統制下、「桃太郎」関連の旧刊が同時期に復刊されるのは偶然とは言い難い。

巌谷の著書は一九一五年刊行され、十五年戦争の最初の年である一九三一年にまず復刊、その論はこう結ばれていた。


我が日本の人の親たるものは、桃太郎の爺さん婆さんの如くなれ！人の子たるものは、桃太郎其人の如くなれ！而して人の臣たるものは、正に犬、猿、雉子の如くあれ！若し夫れ此説に反対する、頑固蒙昧の徒があるならば、僕わ之を鬼ケ島の鬼共として、桃太郎と共に退治しなければならぬ。そしてその鬼共を退治た時、初めて宝物が手に入る。――理想の新日本が興るのである。

然るにこの最良の童話を、軍国主義の嫌があるの、進掠主義の傾があるの、甚しきに至つては、資本主義の臭があるのと、国民教育上異端視するものがある。是れ我が桃太郎を誣るも甚しい。そんな一智半解の徒の、蒙を啓く便にもならばと、感ずる所あつて、敢て桃太郎論を書いて見た。

（『桃太郎主義の教育新論』賢文館、一九三一年）


同書はそもそも大正デモクラシー的な「桃太郎」侵略者説からそれを「修正」するものとし

てタイミング的には書かれていた。それが改めてこの時期に「復刊」したことは納得はいく。しかしこの「桃太郎」本復刊の政治性は、実は巌谷の序より、柳田の新旧「桃太郎」に付された前書き的な文章を比較してみることで明瞭となる。

以下に両著を掲げてみる。

今からちようど十年前の、春の或日の明るい午前に、私はフィレンツェの画廊を行き廻つて、あの有名なボティチェリの、海の姫神の絵の前に立つて居た。さうして何れの時か我が日の本の故国に於ても、「桃太郎の誕生」が新たなる一つの問題として回顧せられるであらうことを考へて、独り快い真昼の夢を見たのであつた。

（柳田國男「自序」『桃太郎の誕生』三省堂、一九三三年）

珊瑚海を取巻く大小の島々には、文化のさまざまの階段に属する土民が住み、その或者は今も鬼ケ島である。しかも彼等の中にすらも、やはり昔話は有るのである。それと我々の珠玉の如く、守りかかへて居た昔話との間に、果して悠久の昔から、何等の相交渉するものが無かつたと言へるかどうか。是は世界の謎であり、しかも我々日本人ならば、いつかは解き得べき謎でもある。私は幸ひにしてこの島々の新たなる資料が、ほぼ公共の財産となるの日を迎へ得るならば、もう一度この旧著を読み返して、改めて是が保存に値するか否かを決したいと思つて居る。人が家々の祖神の神話として、たしかに信じて居た時代が曾てはあつたといふ点ならば、寧ろ未開の民の間にその痕を見つけやすいであらう。それに争ふべからざる両者の類似がもし有りとすれば、記録こそは少しも無いけれども、一度は共に住んで教へ合つたことがあるか、さうで無ければ人間の自然の性として、いつかは同じ様な空想に遊ぶ階段を経、しかもその思ひ出を永く失はないといふ癖を共通にして居るのである。

（柳田國男「改版に際して」『桃太郎の誕生』三省堂、一九四二年）

つまり、同じ書物でありながら、序文の書き換えによってサンドロ・ボッティチェッリの絵画「ヴィーナスの誕生」の中に、海から来る神々の原イメージを見てとることで立ち上がった「桃太郎論」が、「南方」に「桃太郎」と類似した民譚はないか、という大東亜共栄圏的関心へと全く違う方向に文脈がつくり替えられていることがわかる。

いわゆる「大東亜共栄圏」内に「内地」の民話に似たプロットの説話を見出すことは、すなわち一つの文化圏の所在の証明となり、日本による植民地支配の正当性の根拠となるというロジックはこの時期、特徴的な言説なのである。

三 「椰子の実」言説の呪縛

そして数奇なことに、というべきかこのような南方を一つの文化圏とする表象として、島崎藤村作詞・大中寅二《おおなかとらじ》作曲の国民歌謡「椰子の実」があるのだ。「数奇なことに」と記すのは、この歌の成立に柳田國男自身が関わっているからである。

【図12】 国民歌謡「椰子の実」（日本放送協会、1936年）

「椰子の実」とは日本放送協会が一九三六年、ＪＯＢＫ文芸課長奥屋熊郎の発案で始めた定期ラジオ番組「国民歌謡」で流された東海林《しょうじ》太郎歌唱による曲として知られる（図12）。翌年の日中戦争勃発によって同番組の放送する楽曲の戦時色は一挙に強まり「国民歌謡」は「戦時歌謡」の代名詞となるが、「椰子の実」は紛《まが》うことなき戦時歌謡として戦時下、歌われ続ける。

その証左の一つが大政翼賛会宣伝部編『国民の歌 九十一篇』（大政翼賛会宣伝部編、一九四三年、

図13）である。同書は翼賛会宣伝部が隣組などの啓発用に刊行した冊子の一つで、同一シリーズでは朗読用の詩集や素人演劇上演用の台本などの参加型ツールがしばしば刊行された。歌唱用のこの冊子は、実用を重んじて手帳サイズである。その目次に「太平洋行進曲」「海の進軍」と並ぶのを見れば「椰子の実」という情緒的な曲名が位置する文脈がおのずと明らかであろう。

今、情緒的と書いたのは、いうまでもなく同曲の詩が島崎藤村の手による抒情《じょじょう》詩だからである。同曲は、

名も知らぬ遠き島より
流れ寄る椰子の実一つ
故郷の岸を離れて
汝はそも波に幾月

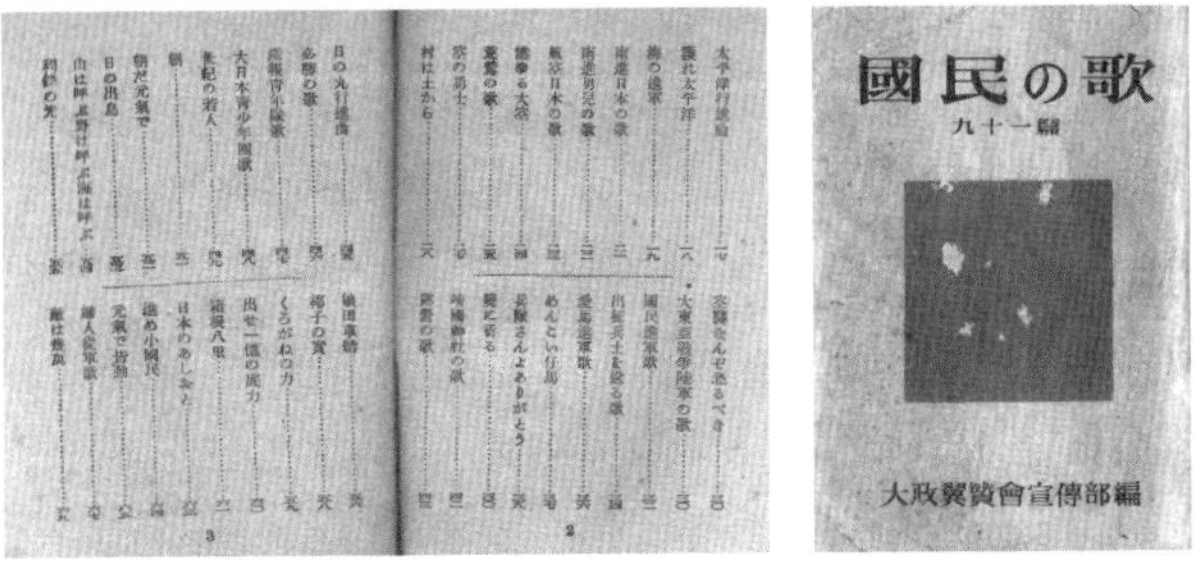

【図13】 軍歌集の中の「椰子の実」（『国民の歌 九十一篇』大政翼賛会宣伝部編、1943年）

に始まり、

実をとりて胸にあつれば
新なり流離の憂

海の日の沈むを見れば
激り落つ異郷の涙

思ひやる八重の汐々
いづれの日にか国に帰らん

（島崎藤村「椰子の実」『落梅集』春陽堂、一九〇一年）

で終わる、いわゆる新体詩である。あたかも「椰子の実」に南方へ出征した兵士の故郷へのノスタルジーを重ねたように思える。しかし結果的に作詞者となった島崎藤村がこの新体詩を寄せたのは一九〇一年刊行の詩集『落梅集』であることは知られる。柳田國男がまだ民俗学者以前の、藤村や花袋《かたい》らとともに新体詩の詩人として知られた時期である一八九八年、伊良湖《いらご》岬に旅した時の以下の体験を藤村が詩にしたといわれる。

里人に問へば、海草の実なりと答へぬ、嵐の次の日に行きしに椰子の実一つ漂ひ寄れり、打破りて見れば、梢を離れて久しからざるにや、白く生々としたるに、坐に南の島恋しくなりぬ

（柳田國男〈松岡粱北名義〉「伊勢の海」「太陽」八巻八号、一九〇二年）

「伊勢の海」と題する一九〇二年の一文である。岬の漁村の、嵐の後には時には難破船の打ち上げられもする浜で旧姓「松岡」時代の柳田は「椰子の実一つ漂ひ寄れ」るのを拾い、自身の「南の島」への思慕を短く語る。この一文は何ヶ所か短歌が挿入されるが、全体は自然主義的な観察からなる文章で「習」つまり民俗習慣の短い報告さえ含まれ、その学問の萌芽《ほうが》がヨーロッパのフォークロアやエスノロジーと出会う前に柳田の中にあったことを示す一方で、この椰子の実のイメージは彼の中ではロマン主義的民俗学の一方の極として生涯、基調を流れることになる表象ともなる。

ロマン主義的民俗学とは、つまりは日本民族起源論の類いである。

柳田の中においては民俗学の萌芽期に唱えられる山人先住民説、つまり山中の山人山姥《やまうば》の伝承の類いは、先住民族の末裔《まつえい》が山中に生き延び今もあるとする証拠であるという仮説で、これが短命であったのに対して、大正中期、この山人論と交替するように唱えられ、戦後の『海上の道』（筑摩書房、一九六一年）まで続くのが「椰子の実」の流離に日本人の来歴を見るイメージである。

柳田の学問は社会観察的な現在学と、文学的情緒たっぷりのロマン主義的民俗学の双方を極端に往還するのが特徴で、その揺れ幅は社会の危機にあっては（例えば関東大震災や敗戦）現在学化する特徴がもう一つあるが、戦時下という「国難」は、柳田にロマン主義的「椰子の実言説」を否応なく政治的に語らせることになった点で例外的だった。

それが『桃太郎の誕生』の戦時再版に見られる、日本と南方の昔話の「類似」を求め「一度は共に住ん」だ、つまり共通の祖先からなる文化圏の所在を主張する枠組みである。

柳田が大正期、「椰子の実」と南方を結びつけた時点では、太平洋諸島から日本列島周辺、そして列島そのものを個別の孤立した「島」として見なすものだった。だから問われるのは「椰子の実」の出自でなく流離した先の島々に成立した個別の文化である。それを柳田は「孤島苦」と呼び、長く西洋から孤立してきた日本の表象とした。それゆえ、柳田の南洋研究は大正期はこう語られる。

海南小記の如きは、至つて小さな咏嘆の記録に過ぎない。もし其中に少しの学問があるとすれば、それは幸ひにして世を同じうする島々の篤学者の、暗示と感化とに出でたものばかりである。南島研究の新しい機運が、一箇旅人の筆を役して表現したものといふ迄であつた。唯自分は旅人であつた故に、常に一箇の島の立場からは、この群島の生活を観なかつた。僅かの世紀の間に作り上げた歴史的差別を標準とはすること無く、南日本の大小遠近の島々に、普遍して居る生活の理法を尋ねて見ようとした。

（柳田國男『海南小記』大岡山書店、一九二五年）

柳田は、島々の間の差異でなく普遍を見ようとする。しかし、いうまでもなく、これはグローバリズムの主張である。対象の地域間の差異をもって、考古学的に民俗学文化の編年を見ようとする観察的な民俗学が必要以上に「普遍」に傾けばロマン主義に崩れるが、この時期はジュネーブで国際連盟大使の地位にあった柳田は、普遍を日本民俗の起源にではなく、グローバルな領域に帰着させようという国際人としての立ち位置があった。それが最初の『桃太郎の誕生』の序文にも現れている。

それがいかに揺らぎ、戦時下の共栄圏を婉曲にだが支える言説の語り手になるのかについては改めて別の論考が必要だが、柳田は『桃太郎の誕生』再版と同時期に刊行された『昔話覚書』の意図を戦後になってこう述懐している。

『昔話覚書』は、前の『昔話と文学』に対立して、彼は一国の文学の文字になる以前というものを考えてみようとした代りに、こちらは主として二つ以上の懸け離れた民族の間に、どうしてこのような一致または類似があるのかを、考えてみようとした試みのつもりであった。

（『昔話覚書』修道社、一九五七年）

この時期、柳田は自身の学問の体系化の一環として、昔話研究については国際的な話型の分類や伝説を踏まえつつ、日本を中心とする資料の空白地帯をどう捉えていくかを構想している。したがって一つ一つの話型における類似と偏差は、昔話の国際的なデータベースに柳田なりの異論を踏まえつつも最終的には収斂する。しかし『昔話覚書』は「二つ以上の懸け離れた民族」の間の「一致」を必要以上にポリティカルに問題にしなくてはならなかった時代に刊行された。だから『昔話覚書』の戦時下版の序ではこうも記した。

歴史を超越した遠い遠い大昔に、同じ一つの焚火にあたっていた者が、別れて年久しく孫から曾孫へ、おおよそまちがいなく、しかも文化に相応する修飾を加えつつ、語り伝えていたのだとしても大へんな奇蹟である。あるいはまた人が隣から隣へ、順送りにどこまでも持ち運んでしかも大切に守り続けているのだとしても、そういう大規模な入り組んだ交通は、まだ文化史の上では何人も説明していないのである。

（『昔話覚書』三省堂、一九四三年）

つまり「類似」「一致」をもって共通の民族文化圏を主張するには学術的な道のりは遠いと婉曲に異論を唱える。しかし最終的には、「日本と四囲の諸民族との心の繋がり、もしくは精神生活の帰趨《きすう》ともいうべきものが、下に隠れてどれだけの一致を具《そな》えていたかということを、見つけ出そうとする努力」を軽んじてはならないと書かざるを得ないのである。それでも、またそういう幻しを胸に描いて進んで行くということが、この困艱時代の一つの慰安でもあろうと思う。

（同前）

と、共栄圏を「四囲」と素気なく書き、その「幻し」の「心の繋がり」を求めることを「慰安」と書く苦渋の言い分に、戦時下の「椰子の実」言説が彼の双極的な往還とは異なる、政治的な抑圧としてその学問に及んでいることがうかがえる。柳田にこのような共栄圏の民俗学を語らせようとする政治的抑圧の背景に自らの明治期の体験が出発的の藤村「椰子の実」の国民歌謡化があったことはまさに数奇なのである。しかもそれが柳田の「桃太郎論」を復刊させた政治的文脈であるのだ。

このように「桃太郎」が「南方」とあからさまに結びつく昭和一七、一八年当時、「椰子の実」もまた、共栄圏の文化的・民族的共通性を表象するアイコンに転じている。

例えば戦時下の代表的な詩人である大木惇夫《あつお》はその詩集『雲と椰子』（図14）で自らの南方従軍を歌うが、その一つに藤村の「椰子の実」と同名の詩がある。そこには以下のくだりがある。

椰子の実は梢にありき、
仰ぎ見て、飢ゑて渇きき。
椰子の実を捥ぎて落せる
肌黒き児をいとしみき。

椰子の実は南にして
日の本の美し果なりき。

（大木惇夫「椰子の實」『雲と椰子』大東亜戦争詩集第二輯、北原出版、一九四五年）

【図14】　大木惇夫『雲と椰子』（北原出版、1945年）

新体詩人・松岡國男が「伊勢の海」で拾った椰子の実を割り、その故郷の「南の島」を思ったように、南方で椰子を割って食《は》み「日本」を思ったという藤村と國男への、本歌取りのごとき詩を寄せているのはでき過ぎた偶然なのだろうか。

あるいは数多《あまた》書かれた南方紀行文の一つである小津幸雄『蘭印風物誌』（刀江書院、一九四〇年）に収録された一文「椰子の実」では熱帯生活に慣れ日常の風景と化した椰子について改めてこう記す。

渚にうかぶ椰子の実
　流離の涙
放浪の詩歌をさそひ、又古来、航海者が『海のココ』の名あらしめたところ、椰子の実には海中に漂流して幾千里の遠くに流れてゆくのがあるといふ。古々椰子の実は波浪のままに漂ひ遠隔の地に達し海岸に打ちあげられて発芽し遂に其の場所に着生し、後次第に繁殖するに至つたといふ、それで古々椰子が海岸に森林状を形成してゐるのだといふ、之が従来植物学者の自然播布説であつたさうである。

（小津幸雄『蘭印風物誌』）

やはり「椰子の実」は南方と日本を繋ぐアイコンなのである。こういった「椰子の実」言説は当然だが、児童書に及ぶ。

その代表ともいえるのが綱島草夫作・麻田一郎画『椰子の実 コロチヤン エトオハナシ』（一九四一年）である。内務省の「示達」による統制後の刊行で、「お母様方へ」という作者連名の一文でこれまでの「多数の低俗な漫画絵本」は「当然一掃されるべきもの」と記す一方、「地図・海流図を挿入」、すなわちその「科学性」を強調する。

【図15】 綱島草夫作・麻田一郎画『椰子の実 コロチヤン エトオハナシ』（綱島書店、1941年）

そして作者らが語るように、絵本には太平洋の「ウミノナガレ」と共栄圏の地図（図15）がそれぞれ示され「トホイトコロノ チヒサナ ハナレジマ」の「ヤシノミ」が「ナミ ニノツテ ニツポンノナイチノ アル ウミベ ヘ ウチアゲラレ」「ニツポン ノ コドモ」に拾われるまでの「タビ」を描く。

柳田の私的体験が藤村「椰子の実」の「国民歌謡」化によって「椰子の実」言説として成立し、「南方」共栄圏を支える国民的キートーンになっているさまがうかがえる。ラジオ番組「国民歌謡」は、日中戦争以前は政治色が薄いと主張される傾向はすでに述べたが、「椰子の実」が醸成した政治性は「南方」言説そのものだといっても過言ではない。その時、「国民歌謡」のプロデューサー奥屋熊郎がそのスタートにあたって「良き流行歌の創造」と「それの全国民への指導的伝達」を掲げた「運動」であった旨をリアルタイムで語っていることは思い出してもいいかもしれない。そこでは「反復放送によって、レコードの流行機能に似た機能をラジオにも働かせる」「反復放送案」が方針として掲げられる。そしてそれが大衆の「国民」化という「文化工作」であったことは、番組「国民歌謡」の作詞・作曲に対して配布された趣意書「新歌謡曲創造運動」の趣意概要の冒頭にこう示されることでうかがえる。

レコード企業の齎らした「流行歌氾濫時代」は今日既にその頂点を下りつつあると観るのが至当でしょう。しかし、時代大衆の感覚に働きかける「流行歌」の魅力は依然として現代の民衆娯楽の王座を占めているのも事実です。即ち民心作興の立場から（又はモーラルな社会観点から）は、兎角の批判が下されるとしても、流行歌を構成する契機なり、分子なりには、大衆の魂を摑むもの――所謂大衆性――の存在することが肯かれます。

（奥屋熊郎「『國民歌謡』の創造運動」「放送」一九三六年七月号）

つまり「国民歌謡」とは「民心作興」の手段であり「レコードの創造した大衆性」が企業主導の大衆性であるのに対して、ラジオ主導の大衆性をつくり出すのがその「運動」だとわかる。そしてその「目標」を奥屋はこうも記す。

（一）歌詞も楽曲も清新、健康、在来の大多数の流行歌を席捲した頽廃的気分から離れること。

（二）家庭でも高らかに、明朗に、又は感激して歌い得る歌曲であること。

（三）時代人の感覚と共鳴する愉悦な歌曲であること。そして欲をいえば生活の疲労や懊悩に浸透する消極的な慰楽にとどめず、明日の生活創造へ働きかける積極的な慰楽分子を努めて多く含むこと。（同前）

一読した範囲で政治色・戦時色は希薄のように思えるが、「頽廃的気分」否定、「明朗」という明るさの強調、「感激して歌い得る」素人参加型、「生活創造への働きかけ」という日常生活への介入といった、この後の国民精神総動員運動からの近衛新体制に至る、ぼくのいうところの「暮し」のファシズムの構成要件がこの時点で正確に示されている点で重要である。「国民歌謡」が、いわばラジオ的大衆の国民化を目論む時、「椰子の実」をその一曲として採用したことは、すでに見たように柳田の戦時下民俗学の中に見え隠れし批判の対象ともなってきた「大東亜民俗学」に柳田自身の昔話論が回収されていく倒錯とも呼応する。

四　スメル文化圏と南方言説

その南方への「文化工作」に「映画」、そして「映画」にあっても音楽的要素が強調されたことはすでに見た。その主張の背景は、一つは「南方」の大衆をレイシズム的に捉えるものと、もう一つは「椰子の実」言説が強調する共栄圏の文化的普遍性の所在を強引に仮説するものとの二通りがあった。

そのうち南方音楽工作において後者の立場をとった者として音楽学者の田辺尚雄《ひさお》がいる。田辺は物理学出身の音楽家で雅楽や東洋音楽史の第一人者だが「スメル文化圏」という特異な、というよりは偽史的言説の戦時下における提唱者として一部では知られる。田辺の主張はこうである。

西洋人は自分たちの優越感から、文化はギリシャやローマから興ったと考えるが、人間の文化が最初に起こったのは大東亜からで、これをスメル文化圏と名づけるものがある（後にその一部が今のアラビア方面に移った）。スメル文化圏の魂を一番そのままにもっているのが日本民族であり、それを統べている「すめらみこと」である。その魂とは、音楽は人間が作ったものではなく、神が人間に作らせたものだということである。大東亜文化を考えるとき、作曲法がうまいかどうかではなく、音楽の中に自分の魂に通じるものが流れているか、魂と同じものがあるということを誰しも感じる。（中略）スメル文化が西の方に移ったということは、単に形式が移っただけで魂は大東亜に残った。大東亜民族の音楽を研究することは、作曲法を研究することではない。（中略）魂にふれた研究は日本人によって行なわれるべきだと考える。こうして初めて音楽方面の大東亜文化の建設が立派にできるのではないかと思う。
（「大東亜民族民謡について」「音楽之友」一九四二年五月号）

このスメル文化圏論に言及しておくのは、それが南方文化政策を決定づけたというよりはこの種の偽史的な南方共栄圏言説が戦時下、さまざまに語られ、それが柳田國男の周辺にまで及んでいたからである。穏当に語るならエスペラント語などの語学の達人として、不穏当に語るなら戦時下の反ユダヤ思想の提唱者の一人となる藤沢親雄《ちかお》はジュネーブの国際連盟大使時代の柳田國男との交流で名が出てくるが、その藤沢が戦時下、大政翼賛会の一員としてゼームス・チャーチワードのムー大陸の翻訳『南洋諸島の古代文化』の刊行に関わったことは偽史マニアにおいては初心者的知識であろう。同書の翻訳は公共劇、つまり翼賛体制下の素人参加型演劇の理論家で戦時下は映画理論と「南方」文化論の語り手の一人でもあった仲木貞一によるが、藤沢が唱えていたのはムー大陸説ではなく「カセイシア大陸」説であった。

カセイシアの全地域が略皇国の想定する大東亜共栄圏の範囲と合致してゐることは、単なる偶然ではない。即ち大東亜共栄圏の建設とは日本を重要なる中核的地位に擁し之と有機的に結ばれてゐたカセイシア大陸の復興なのである。

従つて英国人がオーストラリヤを支配して来たことはまさに日本に対する横領行為であると謂はねばならぬ。

何れにせよ英国人が支那の起源をカセイシアであると結論し、且オーストラリアが其の有機部分であつたと説明してゐることは間接に日本の意図する大東亜共栄圏にオーストラリアが当然含まれねばならぬことを証拠立ててゐるのである。

（藤沢親男『国家と青年』潮文閣、一九四三年）

「ムー大陸」にせよ「カセイシア大陸」にせよ「大東亜共栄圏」と重なりあう巨大な大陸が太平洋上に存在したことは、共栄圏の正当性を昔話のモチーフの類似などというまどろっこしい手続きを踏まずとも主張できる。これがナチスドイツがアーリア民族の出自として真剣に論じたアトランティス大陸説の模倣であることを含め、この種の「戦時下の言説」が存在したのは本書の立ち位置からは無視できないものがある。例えば田辺の「スメル文化圏」論は「スメル（シュメール）」が「すめら」つまり「スメラ」に転じた「スメラ学」という偽史とも連なり、そこでは日本文化をシュメール文明の後継と主張される。この主張は音楽のみならず文化・芸術のあらゆる領域に及ぶのだが、スメル文化圏の所在が日本文化を共栄圏、あるいは世界に発信する根拠となっている点で共通である。「スメラ学」を提唱したグループは小島威彦《たけひこ》（国民精神文化研究所）・仲小路彰を中心に「スメラ学塾」を名乗り、女優・原節子の義兄・熊谷久虎らが参加した。一九四二年には同様の主張をする「アジア復興レオナルド・ダ・ヴィンチ展覧会」（図16）なるイベントが開催される。そこでは日本神話の天地創造に続き「上代統一文化圏」が「黒潮の流れ」によって「天の浮舟の葦舟《あしぶね》の流れ動く道」の上に成立するという「椰子の実」言説の主張がなされている。

> 天つ日嗣ぎのさかえます御代。
> 黒潮の流れに、大度津見の太平洋に環をなし、西は根洲、常世洲、夜見洲、アジア大陸を

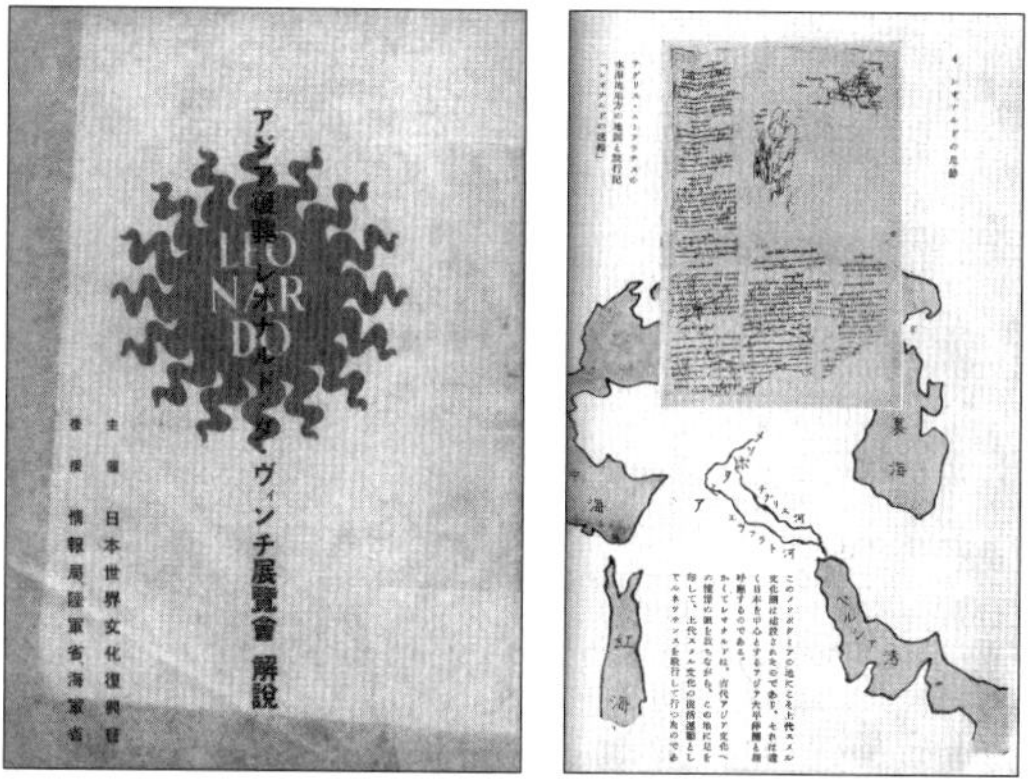

【図16】 ルネサンスは上代日本文化圏と呼応すると説く（日本世界文化復興会主催、情報局、陸軍省、海軍省後援『アジア復興 レオナルド・ダ・ヴィンチ展覧会 解説』1942年）

横切り、中央アジア、南してはイラン高原を越へて、メソポタミア、エジプト、インドへと環る。天の浮舟の葦舟の流れ動く道に、母の慈しみの如き天つ御光り慕ひ仰ぎて上代は栄ゆる。やがて、日本列島を中心に黄河流域、南海の島々には、上代日本文化圏、インダスの流れにモヘンジヨダロ、ハラッパの古代インダス文化、チグリス、ユーフラテスの流れに定着せるには古代バビロニヤ文化、西してはナイルの沃野に古代埃及文明は構築さる。各々の地に創造されし文化は民族の闘争と移動によつて拡散され始む。（「世界歴史大壁画」日本世界文化復興会主催、情報局、陸軍省、海軍省後援『アジア復興 レオナルド・ダ・ヴィンチ展覧会 解説』一九四二年）

つまりこの説に従えば、世界文明そのものが上代日本発によるクールジャパン文化ということになってしまう。そして「椰子の実」言説がいわば「葦舟」言説として語られるのである。そしてダ・ヴィンチはといえば「イタリア・ルネサンス」は「十字軍と蒙古軍の西欧進出」によって「偉大にして豊富なる東アジア文化」の「奪取」によって開花することのアイコンとして位置づけられるだけでなく、こうも記される。

従来、レオナルドをもつて、殆んど単に秀抜なる画家——「モナ・リザ」「最後の晩餐」等の制作者としてのみ尊重され、研究され来つたが、しかも彼の有する多彩多角的なる天才は、決してこれに止まらず、政治、経済、軍事、宗教、科学、工学、技術、機械、生活、道徳、思想等のあらゆる諸領域に対し、超人的なる万能力を発揮し、まさに総力戦的天才の典型、権化の如何なるものなるかを身を以て示してゐる。

(「開催趣意書」、前掲『アジア復興 レオナルド・ダ・ヴィンチ展覧会 解説』)

つまりダ・ヴィンチは脱領域的に芸術やら軍事、生活を横断する「戦争文化」の担い手として「総力戦的天才」であったというのである。偽史運動に機械芸術論が合流した奇怪な趣旨の展覧会が、パンフレットの記述を信じるなら「情報局、陸軍省、海軍省」の後援、イタリア大使マリオ・インデルリを名誉会長、顧問には内閣総理大臣・東條英機以下閣僚、軍の中将、大将の名が並ぶ形で開催された。さすがにその主張は展示を見た中野重治がその日記に一言「言語道断なり」と記していて、やはり常軌を逸していた内容ではあったのだろうと安堵《あんど》するが、批判が殺到したとまでは記録にない。

この展示の基調としての「葦舟」言説はやはり「椰子の実」言説とグラデーションのように繋がっていて、戦時下において、かくも正気と狂気の線引きは難しい。「スメラ学塾」についてはこれ以上、深入りしないが、一方では関連組織である「戦争文化研究所」が提唱した「日本学」、そしてその戦後に連なる（レストラン「キャンティ」のオーナーとなる川添浩史を軸とする）人脈については重要、かつ、興味深いがこれも今のぼくの手に余る。今は「南方」文化論として戦後復刊された柳田の『桃太郎の誕生』の文脈としてある「椰子の実」言説の偽史的広がりの所在の一例として示すに留める。このような奇説が大東亜共栄圏のメディアミックスの政治的根拠を可能にするものとして一方の極として語られたのである。そしてこの偽史と政治との境界の不確かさは案外と今に近いものがある。

五　ユビキタス化する桃太郎

再び「桃太郎」に戻る。

この他、広告にはないが、民俗学系の「桃太郎」関連書としては、高木敏雄『日本神話伝説の研究』（荻原星文館、一九四三年）、南方熊楠《みなかたくまぐす》『南方随筆』（荻原星文館、一九四三年）のいずれも一九二五年、一九二六年刊行の旧刊の復刊がこの時期、なされている。この二著がともに桃太郎についての論考を含んでいることも、そのタイミングや、同社がこの時期、人種論的な日本人論の刊行に熱心だったことを考えた時、偶然とは言い切れなくなっている。

ちなみに、先の「桃太郎」広告一覧には「撃ちてし止《や》まむ」の文字が散見するが、これは一九四三年の陸軍記念日のスローガンで、「撃ちてし止まむ週間」と題し、同年四月映画『敵機空襲』が上映されたからである。このフレーズも映画広告だけでなく、吉本楽劇隊の陸軍記念日特別公演などの広告、「婦人公論」「週刊朝日」など雑誌表紙コピー、企業広告、吉川英治『撃ちてし止まむ』（川流社、一九四三年）、大木惇夫の詩集（『神々のあけぼの―大東亜戦争頌詩集』時代社、一九四四年）と、やはり文学や詩も動員されている。配布されたポスターは五万枚、中でも有楽町の日劇ビルの一〇〇畳大とされた朝日新聞社による巨大写真ポスターはあまりに有

【図17-1】
横山隆一による銀座三越前の桃太郎巨大ポスター。「大漫画で〝撃ちてし止まむ〟」（「読売新聞」1943年3月2日）

【図17-2】
横山隆一による学校配布用フクちゃん鬼退治ポスター。「三月十日陸軍記念日　撃ちてし止まむ　街頭宣伝展示を観る」（「宣伝」1943年4月号）

名である。まさにユビキタスメディアミックスだが、その「撃ちてし止まむ」の読売新聞社による銀座三越前の巨大ポスターが横山隆一の描く桃太郎であり、鬼が英・米の国旗のパンツを履いている。またフクちゃんが鬼を退治するポスターも学校向けに配布された。「桃太郎」は「撃ちてし止まむ」メディアミックスとも接続されているのだ（図17－1、17－2）。

　このように二つのアニメ『桃太郎 海の神兵』『桃太郎の海鷲』は、戦時下のユビキタス的な「桃太郎」の多メディア露出の中にあった。そこでは鬼は英・米にたとえられるが、鬼ヶ島は南方の共栄圏が配される。その植民地解放者としての「日本＝桃太郎」という宝塚歌劇や『海の神兵』に描かれたのと同様のモチーフからなる「桃太郎」劇が、日本支配下の南方で現地の人々の「協働」によって上演されている。新興キネマの大泉撮影所企画部長で、舞台の脚本家でもあった小出英男はシンガポールで宣伝活動に従事し、その体験を『南方演芸記』として刊行している。その中で、同地で「支那少女歌劇」によって「桃太郎」を上演させたことが記されている（図18）。脚本から鬼は英・米、桃太郎は解放者であることを確認しよう。

桃太郎　やい、世界の平和をさわがす悪党どもめ、天に代つて征伐してやる、覚悟しろ！
ローズベル　ははは、何を日本のチビめが、生意気云ふな、世界をさわがさうとどうしようと貴様の知つたことか！
犬　よくも貴様達は海を渡つて、アジアへ侵入し、アジアの宝をかすめ盗つたな！

（『南方演芸記』新紀元社、一九四三年）

小出は現地の人々を主導し、このような解放者日本の「桃太郎」を上演させたが、しかしこれに加えて、マライのオペラ劇場のオペラ劇、そして京劇の劇団も前後して、自ら進んで同地で「桃太郎」を上演したという。

注意すべきは小出がこの三つの同時上演をこう総括していることだ。

この「桃太郎」上演は、恐らく日本に対し、皇軍に対しての彼等の「お世辞」だつたかも知れない。けれども仮令出発は「お世辞」であつても、是により先づ日本の精神に触れた事は事実だ。殊に悪くない成績を示したのであるから、興行と云ふ上からも、更に日本の芝居に手をさしのべて行くであらう。そして次第に「お世辞」を忘れ、日本の芝居により、日本を、日本の精神を理解し、民衆に伝へて行つてくれれば、喜びこれに勝るものはない。（同前）

【図18】 日本統治下シンガポールで宣撫工作として上演された「桃太郎」（小出英男「『桃太郎』誕生記／支那少女歌劇の『桃太郎』」『南方演芸記』新紀元社、1943年頁）

つまりはこの「協働」は日本統治下に入った現地の人々の「お世辞」は、すなわち忖度であったことを小出は理解している。しかしその忖度は、いずれ彼らの本心へと転嫁していくとも平然と述べる。まさに近衛新体制のいう「内面より参与」に他ならない。

このような「南方」において、「桃太郎」を解放の英雄として描く歌劇が上演されたことと、『海の神兵』がその作中に占領地での「アイウエオの歌」のシーンや、さらにはジャワ式の影絵劇による「桃太郎」の解放の英雄化を描くシークエンスを入れたことは、この映画が「南方」での上演を想定していたこととは無縁ではない。小出の報告する忖度された「桃太郎」はいずれ『海の神兵』上映とリンクしていく可能性があった。このように先に見た「アイウエオの歌」「桃太郎」と『海の神兵』は南方での「文化工作」と、「異なる機能」により共振する「協同」の一つとして用意されていた。人々が「協働」で参加させられメディアも「協同」するのである。

「翼賛一家」も共栄圏でのユビキタス化を目論んだが、「桃太郎」もまた、二つのアニメ、二つの歌劇に加え、レコード、そして、いちいち言及はしなかったが「桃太郎」と共栄圏を結びつける記事、「撃ちてし止まむ」のまんがポスター、さらには、柳田國男らの民俗学研究書をも動員する形で、ユビキタス展開されている。表1（269〜270ページ参照）に示した新聞広告の連続も、「桃太郎」のユビキタス性を支えるという図式となっている。

手塚の処女作が「翼賛一家」版「桃太郎」であり得ることをぼくが否定できないのは、こういった「桃太郎」のユビキタスメディアミックスの最末尾にそれが位置された可能性を考え得るからである。

そして、このような戦時下メディアミックスのユビキタス性を考える上で改めて重要なのは、『桃太郎 海の神兵』もまた、「桃太郎」以外のさまざまなユビキタス的戦時下表象を実装するツールである、という点にある。多様なユビキタス的表象とは、例えば「アイウエオの歌」「撃ちてし止まむ」のユビキタス的展開との結びつきとしてあることはすでに見た通りだ。

戦時下のユビキタスメディアミックスの特徴は、指摘したように、ワードや表象が多メディアに連動して展開されることだが、それがキャラクター／コンテンツメディアミックスと異なるのは、小説や詩のタイトルやその一節、雑誌や広告の宣伝コピーの中に組み込まれる、言い方を変えれば他メディアに「引用」される点にある。しかもそれが相互関係的なのである。これが重要である。

そう考えた時、『桃太郎 海の神兵』における「桃太郎」以外のさまざまなイメージ・表象の「引用」に改めて注意を向ける必要がある。

手塚治虫は『海の神兵』をリアルタイムで見、その印象を「文化映画」のようだと日記に書き残していたことは知られる。しかし、この場合、手塚が感じた「文化映画」性とは何なのか。一つは「一種の記録」とも形容していたことから推察できる「非ストーリー様式」である。記録映画は「ストーリー様式」の採否によって、時代劇などの大衆文化からキャラクターや世界を借用した劇映画と区別され、前者の方が「芸術的」と見なされていた。一方で手塚は、物体をあらゆる角度から描くカメラワークの所在にも注目している。それはワンショットにおけるカメラワークだけでなく、複数のカットにおけるカメラアングルの変化でもあることは、九コマのカメラ位置がカットごとに変化する手塚の習作「勝利の日まで」に表現される機銃掃射場面から推察される。

しかし、手塚の感じた「文化映画」性という印象は、そもそもが『桃太郎 海の神兵』におけるさまざまな文化映画からの引用の所在こそが作用してはいないか。

幾度も指摘したように『桃太郎 海の神兵』の中には、ナチスの記録映画監督レニ・リーフェンシュタールを彷彿させる無名の兵士たちのローアングル、ロシアアヴァンギャルドのロトチェンコを彷彿させる塔の鋭角的表現、エイゼンシュテインを連想させるレイヤーと透過光によって再現される夕暮れや戦闘機の飛行場面など、当時の「記録映画」において特徴的な映像技法の多彩な「引用」がなされている。

しかも「文化映画」から引用されているのは「技法」だけではない。ショットや場面などの映像レベルでの文化映画、記録映画、ニュース映画などからの直接的な「引用」が大量に見られる一方、それらは戦争画や絵本、新聞や雑誌の記事やポスターにも繰り返し描かれている。そういう「ユビキタス化」した情報・表象の束として『海の神兵』はある。

その中でもユビキタス化している代表的なイメージとしては、『海の神兵』において、「桃太郎」が「鬼」たちに無条件降伏を迫る場面がある（図19）。これは、日米開戦より早く一九四一年十一月八日に始まる日本軍による蘭印作戦の最初となるマレー作戦において、翌四二年二月十五日のシンガポール陥落後、陸軍大将山下奉文《ともゆき》と、イギリスのマラヤ司令官だったアーサー・パーシバルらとの降伏交渉のくだりのあまりに有名なシーンの「引用」である。この場面はニュース写真、ニュース映画、あるいは戦争画などの画像だけでなく、戦記ものの文章としても繰り返し表現される。また、翼賛体制化、国民が地域などで「協働」で自ら上演する素人演劇の脚本でもこの場面は描かれる。『海の神兵』は海軍省の後援により製作されたが、一九四一年一月十一日、海軍単独によるセレバス島メナドへの空挺作戦を描く。しかし、報道が差し置かれ、陸軍が二月一四日、パレンバン上陸作戦を決行、その戦果が大本営として発表され、

図19　山下・パーシバル会談のユビキタス的引用の反復

【図19-1】　無条件降伏を迫る桃太郎（瀬尾光世『桃太郎 海の神兵』松竹動画研究所、1945年）

【図19-2】　山下・パーシバル会談を報じる写真ニュース（「同盟写真ニュース」1942年2月24日）

【図19-3】　山下・パーシバル会談を報じるニュース映画（「日本ニュース」第90号、1942年2月23日）

【図19-4】　宮本三郎の戦争画「山下、パーシバル両司令官会見図」（朝日新聞社編『大東亜戦美術』朝日新聞東京本社、1943年）

【図19-5】　少年向け雑誌記事中の山下・パーシバル会談。「機械化部隊の前進」『国防科学雑誌機械化』28号、山海堂出版部、1942年）

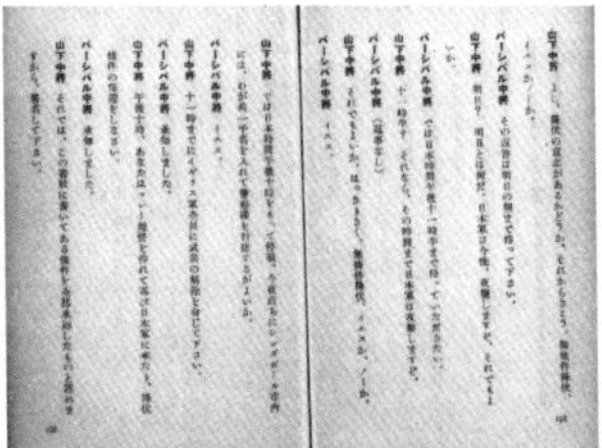

【図19-6】　素人演劇用台本における山下・パーシバル会談のくだり。園池公功（戸外劇『シンガポール陥つ』『勤労文化教本「演劇のつくり方」』芸術学院出版部、1942年）

これが記録映画『空の神兵』（日本映画社、一九四二年）で描かれ、同名の音楽もリリース、メディアミックス化がなされていた。山下奉文の場面ともあいまって、落下傘部隊＝陸軍＝空の神兵というイメージがつくられた。『桃太郎　海の神兵』は、それを修正すべく海軍落下傘部隊を「桃太郎」の指揮下とし、「鬼」との降伏交渉に当たらせたのである。

　つまり誰でも知っている、どこにでもあるユビキタス的表象を「引用」し、海軍落下傘部隊の指揮官を「桃太郎」と差し換えることで『空の神兵』を『海の神兵』にいわばつくり替えたのである。

『桃太郎　海の神兵』における引用はこれに留まらない。例えば、航空部隊の出撃準備から空爆までを描く記録映画『海鷲』（芸術映画社、一九四二年）は、多くの細部が『海の神兵』に「引用」されている。前線基地での兵器の手入れ、休息、偵察機の出撃と帰還、一同整列して出撃、帽子を振って見送る整備兵士、機中から見た戦闘機の重層的な配置や暗い内部から見た光のコントラストといったシークエンスやカットなど、『海鷲』と『海の神兵』は、落下傘降下シーンを除き、一連の流れも含め、細部の「引用」で対応関係にある。例えば、慰問の品の人形が、出撃した機内に吊《つ》るされている印象的なシーンは『海鷲』からの引用である（図20、図21）。鳥籠を挟む場面転換は小津安二郎ふうであり、猿キャラクターの身体が戦闘機化するくだりはデ

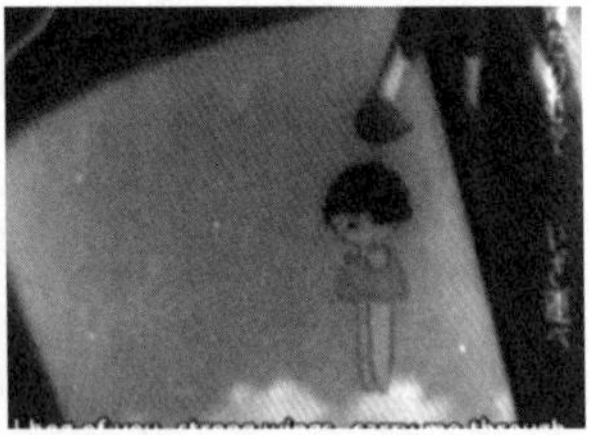

【図20】　アニメ『海の神兵』における軍用機内の人形（瀬尾光世『桃太郎 海の神兵』）

【図21】　記録映画『海鷲』における軍用機内の人形（井上莞『海鷲』芸術映画社、1942年）

イズニーからの引用である。

また、落下傘シーンは実はドイツの落下傘部隊写真の援用に始まり（図22、図23）、図の構図が反復して戦争画で用いられた。『海の神兵』の多くの場面は戦争画としても知られるモチーフである（図23）。戦争画もまた巡回展や複製画の配布などで美術館の外でユビキタス的に接することが求められた表象だった。同様の場面は対外プロパガンダ雑誌『ＦＲＯＮＴＯ』に描かれているため、南方などの外地で『海の神兵』と出会う可能性は十分にあった。

このように『海の神兵』は、現在を生きるぼくのように不勉強な人間が幾ばくかの戦時下映像に触れただけの貧しい経験からだけでも、既視感に満ちあふれている。どこかで見たような映像、シークエンス、惹句《じやつく》などの徹底した繰り返しに感じられるのだ。

こうして見た時、ロラン・バルトを持ち出すのは唐突かもしれないが、『桃太郎 海の神兵』は一つの壮大な「引用の織物」（ロラン・バルト著、花輪光訳『物語の構造分析』みすず書房、一九七九年）

としてあるのではないか。そして『海の神兵』における、このような「間テクスト」性、そして、その「引用の織物」というあり方そのものが最終的には戦時下のメディア表現の目指したあり方ではなかったか。

その時、先の報道技術研究会の戦時下メディアミックス論が「視覚的・聴覚的・言語的報道連関を体系づけること」によって出現する「存在の全円性」といったことの意味するところが、ようやく明らかになりはしないか。それは机上の空論や批評的なメディア理論でなく戦時下の「文化工作」に実装されていた手法だったのである。

すると、ぼくが何度も執拗に問題にしてきた手塚治虫の習作「勝利の日まで」の性格もまた初めて正確に理解できる。

すなわち、この作品も「ユビキタス的情報からなる引用の織物」だったのではないか、と。

まず、この習作は最低でも三作の映像、すなわち、情報局監修の記録映画『勝利の日まで』(日本映画社、一九四三年)および成瀬巳喜男監督の喜劇映画『勝利の日まで』(映画配給社、一九四五年)、そして『桃太郎 海の神兵』が参照されてそれぞれからの引用がある。喜劇映画『勝利の日まで』は喜劇役者総動員というキャスティングだが、十五年戦争下の日米まんががアニメのキャラクター総動員という手塚版の趣向に借用されている可能性は高い。「笑慰弾」という、

【図23-1】
瀬尾光世『桃太郎 海の神兵』

【図22】 ドイツ落下傘部隊
（「ユーモアクラブ」1941年7月号）

【図23-2】
宮本三郎「海軍落下傘部隊メナド奇襲」
（1943年）

【図23-3】
福田豊四郎「落下傘」（1943年）

【図23-4】
高橋亮、題不明
（1948年）

図23 『海の神兵』落下傘シーンと戦争画

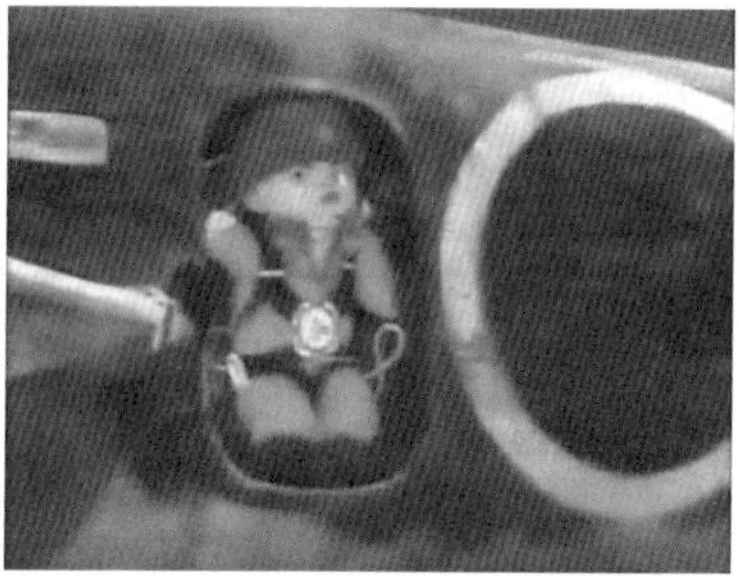

【図23-6】　瀬尾光世『桃太郎 海の神兵』

【図23-5】　鶴田吾郎「神兵パレンバンに降下す」（1942年）

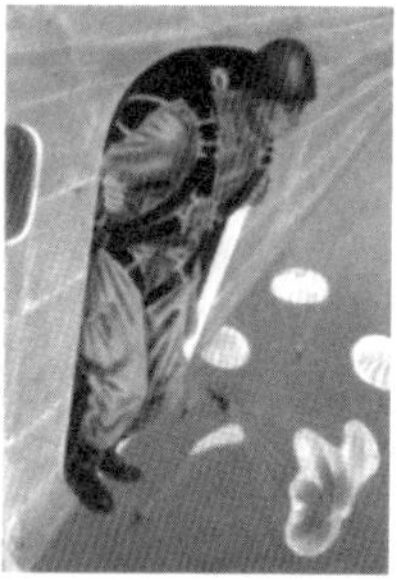

【図23-7】
瀬尾光世『桃太郎 海の神兵』

【図23-8】
『FRONTO』7
「落下傘部隊号」

【図24】　手塚治虫「勝利の日まで南方基地編」に見る「海の神兵」引用場面（手塚プロダクション監修『手塚治虫とキャラクターの世界』三栄書房、2013年）

焼夷《しょうい》弾《だん》から喜劇役者が飛び出し笑いをもたらすという成瀬の『勝利の日まで』の喜劇映画性に対して、リアリズムの焼夷弾の威力を描いて終える手塚の批評性の動機となっている可能性はすでに指摘した。手塚版の未完成部分「南方基地編」の原稿には『海の神兵』からの直截な場面の引用や批評的言及さえ見られる（図24）。『海の神兵』で台詞のみで言及された偵察機搭乗員の死が直接、遺体として表現されるのだ。戦時下のまんがが表現で戦死体の描写は異例である。また『海の神兵』は『海鷲』からの引用が目立つが、手塚の「南方基地編」での『海の神兵』からの引用は『海鷲』のスチール写真集を同時に参照している印象もある（図25）。

　他方、勤労奉仕を主題とする記録映画『勝利の日まで』（日本映画社、一九四三年）も一方の念頭にあったことは、工場労働をするヒゲおやじの予告カットが残ることからうかがえるが、笑慰弾などの表現は防空映画とも呼ばれた「焼夷弾」を題材とするさまざまな記録映画の引用からなるとも考えられる。

また、空襲への防災描写は、焼夷弾を題材とする防空映画だけでなく、防空パンフレットの類に示された防空絵解きの挿画とも重なる。米軍機の機影を判別する際の画像は子供向けに配布された敵機識別用のマニュアルの引用の可能性がある。

空襲に対する防災の実践というテーマとシークエンスごとにタイトルが入る構成は文化映画、記録映画に見られるフォーマットである。物語の不在を含め、文化映画の様式性も踏襲している。

加えて、十五年戦争下のキャラクターを総動員であることはすでに触れたが、テーマが防空であり、舞台が「町内」、そして大和賛平が空襲下の町内の指揮をとっていることから、手塚版「勝利の日まで」の「世界」観は、大政翼賛会のメディアミックス用作品「翼賛一家」のいる町内だとも判断できる。

他方、スローガン「勝利の日まで」、同名の記録映画の製作は一九四三年だが、戦時歌謡、喜劇映画が一九四三年末から一九四五年初頭に多メディア展開され、レコードは「音響文化賞」を受賞、広告コピーへの散発的な展開も確認できる。

こうして見た時、手塚版「勝利の日まで」はアニメ『桃太郎 海の神兵』同様、そして同作

図25　引用の織物としての手塚治虫「勝利の日まで」

【図25-1】 手塚治虫「勝利の日まで」(『幽霊男／勝利の日まで 手塚治虫 過去と未来のイメージ展別冊図録』朝日新聞社、1995年8月3日)

【図25-2】 大日本防空協会帝都支部『隣組防空絵解』1944年

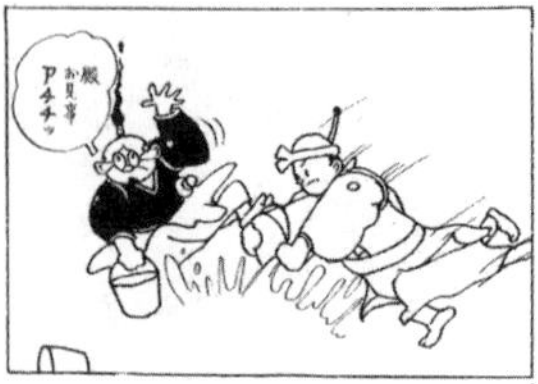

【図25-3】 「勝利の日まで」

【図25-4】 『隣組防空絵解』

【図25-5】 「勝利の日まで」

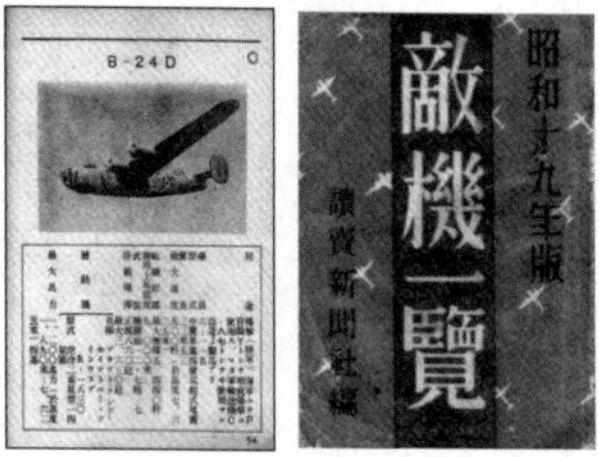

【図25-6】 読売新聞社編『敵機一覧』1944年

【図25-7】
「勝利の日まで」

耳と
國防
音《おん》感《かん》教育
はこのやう
にしてゐる

【図25-8】
「耳と国防 音感教育はこのやうにしてゐる」
「機械化」17号（機械化国防協会、1942年）

【図25-9】 手塚治虫「勝利の日まで 南方基地編」に見る『海の神兵』引用場面（手塚プロダクション監修『手塚治虫とキャラクターの世界』）

【図25-10】 芸術映画社編『海鷲前線基地』東亜書林、1942年

をもその対象とし、互いに参照し引用しあい「引用の織物」化している戦時下の間テクスト的な情報空間そのものであるように思える。だから一つの仮説として述べるのだが、これらの参照元である戦時下の多様な国家広告は互いにリンクしあいながら、報道技術研究会が唱えた「内面的な報道体系」そのもの、つまり、戦時下のユビキタス的表象からの引用の織物の総体であり、手塚少年も『桃太郎 海の神兵』も一つ一つの戦時下の「作品」はそれを「切りとった」一片の布切れに過ぎないのではないか。

報道技術研究会はそのような情報空間をメディア間、情報間だけでなく一方では大東亜共栄圏として、他方では「国民」の「内面」において、理論として仮説しただけでなく、実際につくり上げた。その証拠が戦時表象の「引用の織物」のいわば「一切れ」としての『海の神兵』であり、手塚版「勝利の日まで」であったとさえいえるだろう。

このような内面化した大東亜共栄圏とそれをめぐる情報空間が今、再び対アジアへの歴史認識として私たちの「内面」とオンライン上の情報が互いに照射しあう関係の中に復興している。それは正しい事態とは言い難い。

そこまでいわねば言葉が届かぬ時代だからそうぼくの危惧を記し、本書を終えることにする。

謝辞

大塚英志

本書は以下の雑誌・各論文集に、それぞれの文脈に応じ寄稿した論文、および講義・講演の内容等を、統一的主題に従い再構成したものである。複数の論文・講義を組み合わせ、割愛した記述を元に戻し、新規資料による記述を追加し、全面的に加筆修正を施した。不掲載と表記された原稿は戦争記述に対する双方の立場の相違の結果である。それを含め、各寄稿先の編者には第一稿の執筆機会を与えてくださったこと、感謝いたします。

第一章 「『外地』の翼賛一家 戦時下華北地方・日本統治下朝鮮の事例を中心に」（大塚英志編「TOBIO Critiques #4［東アジアまんがアニメーション研究］」太田出版、二〇二〇年）

第二章 「満蒙開拓青少年義勇軍とまんが表現の国策動員―田河水泡と阪本牙城の事例から」（劉建輝、石川肇編『戦時下の大衆文化 統制・拡張・東アジア』KADOKAWA、二〇二二年）／「田河水泡のまんが教室」（『日文研』66号国際日本文化研究センター、二〇二一年）※不掲載／大塚英志・山本忠宏・蔡錦佳・鈴木麻記「文化工作とまんが教育」（石毛弓、小林宣之編『なぜ学校でマンガを教えるのか?』水声社、二〇一九年）のうち、大塚の担当部分。
第三章「植民地大衆文化研究とは何か―映画『上海の月』とメディアミックス」（劉建輝編『戦時下の大衆文化 統制・拡張・東アジア』KADOKAWA、二〇二二年）／講義「戦時下東宝映画文化工作と戦後日本サブカルチャーの発生」（中国・清華大学、二〇一八年九月二六日）
第四章「戦時下のユビキタス的情報空間―『桃太郎 海の神兵』を題材に」（佐野明子、堀ひかり編著『戦争と日本アニメ「桃太郎 海の神兵」とは何だったのか』青弓社、二〇二二年）／基調講演「戦時下のメディアミックス―プラットフォーマーとしての大政翼賛会」Digital Game Research Association2019 二〇一九年八月七日

なお、執筆にあたっては、中国で秦剛、徐園、韓国で宣政佑、台湾で蔡錦佳の各氏と共同で調査・資料収集を行った。戦争や日本統治が生み出した歴史の空白を僕が理解することへの資料調査を通じての冷静な助力を惜しまなかった各氏の研究者としての誠実さに深く感謝します。また、「市川文書」は映画史研究者牧野守氏から提供されたものを大妻女子大図書館所蔵、および大塚の私蔵の資料によって補完的に検証している。牧野守氏、大妻女子大図書館にも深く感謝します。

大塚英志（おおつか えいじ）
一九五八年生まれ。批評家、まんが原作者。国際日本文化研究センター教授。著書に『物語消費論』（星海社新書）、『「暮し」のファシズム』（筑摩選書）、『大政翼賛会のメディアミックス』（平凡社）、『感情化する社会』（太田出版）など多数。まんが原作に『黒鷺死体宅配便』『八雲百怪』『クウデタア』『恋する民俗学者』（いずれもＫＡＤＯＫＡＷＡ）など多数。

大《だい》東《とう》亜《あ》共《きょう》栄《えい》圏《けん》のクールジャパン

「協働《きょうどう》」する文化工作《ぶんかこうさく》

二〇二二年三月二二日　第一刷発行

集英社新書一一〇七D

著者……大塚英志《おおつかえいじ》
発行者……樋口尚也
発行所……株式会社集英社
東京都千代田区一ツ橋二-五-一〇　郵便番号一〇一-八〇五〇
電話　〇三-三二三〇-六三九一（編集部）
〇三-三二三〇-六〇八〇（読者係）
〇三-三二三〇-六三九三（販売部）書店専用

装幀……原　研哉　　組版……MOTHER
印刷所……大日本印刷株式会社　凸版印刷株式会社
製本所……加藤製本株式会社

定価はカバーに表示してあります。

ISBN 978-4-08-721207-5 C0221